U0687833

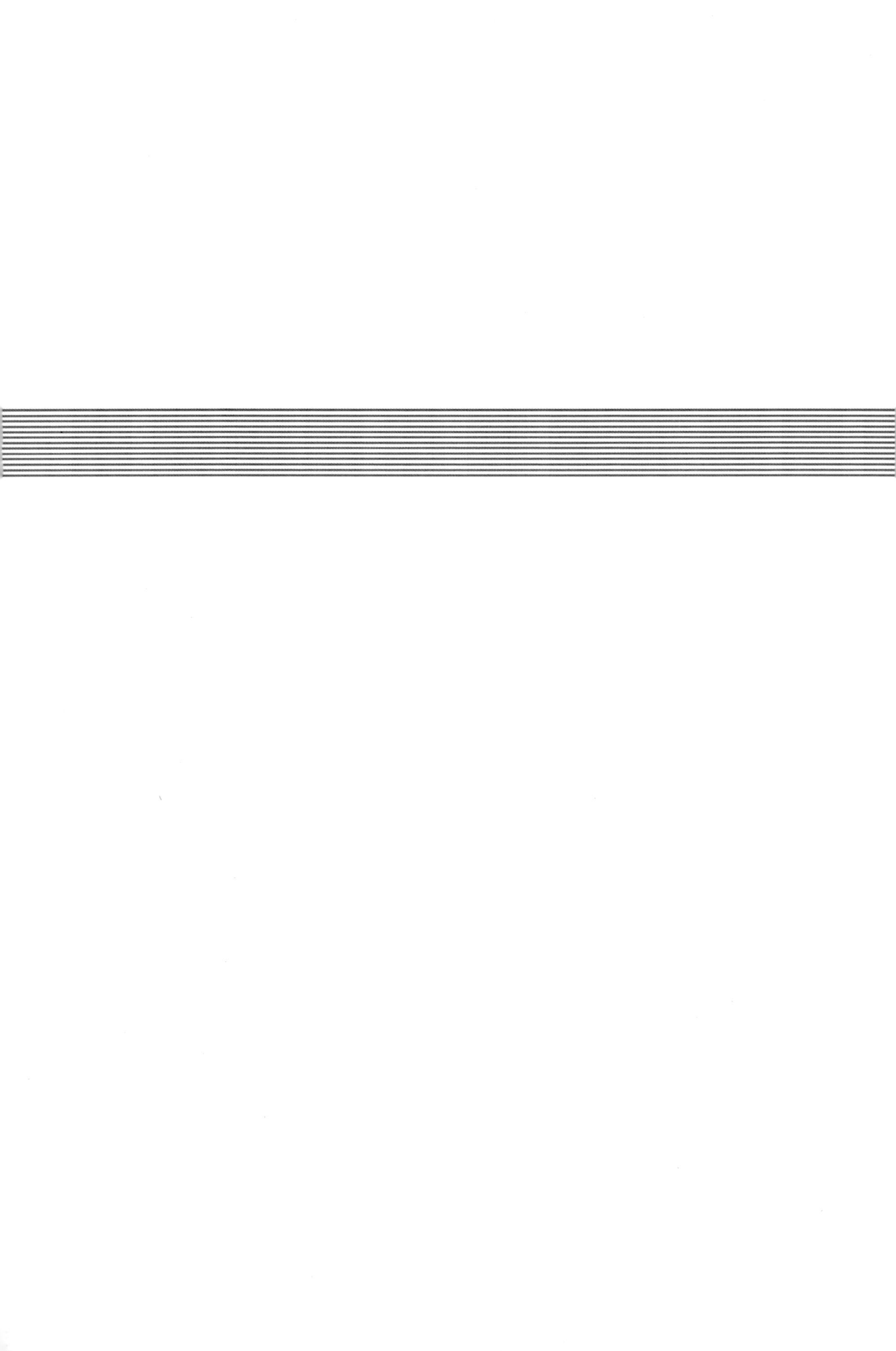

KAIFAXING JINRONG YU
GUOJIA FAZHAN GUANXI

开发性金融与国家发展关系

胡光宇 著

人民出版社

目　录

序

新中国成立以来，中国在960万平方公里的陆地面积和470多万平方公里的海域面积上，经过三十多年的改革开放，在建党100年、新中国成立100年和21世纪100年的国家发展目标要求下，中国内政外交的历史功绩和卓越表现令世界瞩目。

2013年以来，中国与俄罗斯及上海合作组织（以下简称上合组织）的其他4个成员国、英国、巴西、巴基斯坦、阿根廷以及非洲发展中国家等十多个国家，签署了7000多亿美元的投资、贷款、援助等合作协议，同时还提出亚洲基础设施投资银行、金砖国家开发银行、丝路基金等一系列的开发性金融举措。国家在这一时期密集实施开发性金融战略的行动，将会成就一个中国治理影响世界的时代。那么开发性金融在国家发展中将持续起到什么作用？具有什么意义和价值？它将会产生什么影响？其目标是什么？碰到问题又该如何应对和调整？回答这些问题，就要从了解和认识开发性金融与国家发展关系上入手。

一、动态中的国家发展的重大关系

开发性金融与国家发展关系随着时代发展而不断演变，这是因为国家发展所要解决的重大关系也随时代发展而变化。任何重大矛盾关系都始终处于变化发展的动态过程中，即有的矛盾可能会逐渐弱化，有的可能会愈加凸显；旧的矛盾尚未解决，新的矛盾又出现；发展的过程既是不断出现矛盾的过程，也是不断解决矛盾的过程。

毛泽东同志在1956年撰写《论十大关系》时，中国尚处于低收入阶段，人均国民生产总值439美元（按实际购买力PPP美元计算），总人口只有6亿多，刚刚正式发动工业化和现代化，中国还处在十分落后贫困的状态。当时的重大关系体现为：重工业同农业、轻工业的关系；沿海工业和内地工业的关系；经济建设和国防建设的关系；国家、生产单位和生产者个人的关系；中央和地方的关系；汉族和少数民族的关系；党和非党的关系；革命和反革命的关系；是与非的关系；中国和外国的关系。

1995年江泽民同志提出《正确处理社会主义现代化建设中的若干重大关系》时，中国人均GDP为2650美元，总人口已经达到了12亿。江泽民同志所讨论的十二大关系与毛泽东同志讨论的十大关系既有相同之处，如各地区之间关系、中央与地方关系、国防建设与经济建设关系、不同产业之间关系、国家、企业和个人的关系、中国与外国关系；又有许多不同之处，如改革、发展与稳定的关系、速度和效率的关系、经济建设和人口、资源、环境的关系、市场机制和宏观调控的关系、公有制经济与其他所有制经济的关系、物质文明建设和精神文明建设的关系。

2003年7月胡锦涛同志在城乡和区域发展差距巨大、社会发展相对滞后、生态环境恶化的国情背景下提出了以人为本，全面、协调、可持续的科学发展观，进而又提出要统筹兼顾五大发展关系，即城乡发展关系、区域发展关系、经济社会发展关系、人与自然和谐发展关系、国内发展与对外开放关系。

开发性金融与国家发展关系是由国家发展所要解决的重大关系所决定的。这些重大关系就是开发性金融服务国家战略的最大国情背景，因此，辨识世情、国情、党情成为把握开发性金融战略方向的重要理论依据。开发性金融战略思想为国家战略性选择，它将影响国家前途和命运。为了更好地落实、有效地实践国家战略，我们总结分析了开发性金融与国家发展关系，为服务国家战略作出理论贡献，它是党建理论的组成部分，是治理哲学的重要基础，也是开发性金融服务国家战略的基本国情和战略方向。

二、开发性金融与国家发展九大关系

首先，我们通过一组数据来考查开发性金融与国家发展的关系。国家开发银行作为全球最大的开发性金融机构，资产总额10.1万亿元，贷款余额7.8万亿元，不良贷款率0.63%，连续4年入选全球50家最安全银行；城镇化贷款余额4.76万亿元，占全行人民币贷款余额的77%；保障性安居工程建设贷款余额7839亿元，其中棚改贷款余额6362亿元，同业占比80%以上；累计支持铁路里程6万公里，约占全国总里程的50%；累计发放水利建设贷款5044亿元，贷款余额2580亿元，同业占比50%以上；外汇贷款余额近3200亿美元，业务覆盖全球115个国家和地区。以上数据从侧面体现出开发性金融对城镇化、社会民生、基础设施、国际合作等国家发展各方面的重要支撑作用。当然，开发性金融所涉及的国家发展关系远不止这些，我们总结出以下开发性金融与国家发展的九大关系。

1. 开发性金融对国家深化改革与完善治理体系的关系

党的十八届三中全会《中共中央关于全面深化改革若干重大问题的决定》明确指出，全面深化改革的总目标是完善和发展中国特色社会主义制度，推进国家治理体系和治理能力现代化。这说明深化改革是手段、是过程，完善治理体系是目的、是结果。在这一过程和目的里，开发性金融发挥的作用和扮演的角色就是推动政府职能转变和制度建设。政府职能转变需要重新界定政府与市场关系，建立起让市场在资源配置中起决定性作用的治理体系；需要调整政府的职权范围、行为方式、工作重点，在一些领域从“缺位”变为“到位”，从“越位”变为“归位”。开发性金融是政府和市场之间的桥梁，是政府失灵和市场失灵之间有效协调的一种金融形式。开发性金融兼具政策和市场两种属性，是一种金融方法。开发性金融实现了对政府、市场、金融等资源和力量的有效结合，推进了市场建设和政府职能完善，用市场化方式实现政府的发展目标。因此，相比政策性金融，开发性金融的更高的效率体现在对完善政府职能的重要作用上。

2. 开发性金融对更加开放与世界融合的国际关系

自由贸易区、“一带一路”等战略的全面展开表明中国已迈向更加开放及与世界更深度融合的发展阶段。在中国所推动的互联互通下，世界经济地理沿着密度、距离、分割三个维度正进行重塑。所谓互联互通是指：政策沟通、设施联通、贸易畅通、资金融通、民心相通等五大领域的互联互通。其中，设施联通、资金融通对开发性金融的需求尤为明显。根据世界银行的估算，到2020年，亚洲基础设施的投资将达到16万亿美元，每年平均2.3万亿美元。而据亚洲开发银行发布的报告显示，2010—2020年，包括中国在内的亚洲地区所需基建投资超过8万亿美元。现有金融机构，如世界银行和亚洲开发银行，将能很好地满足上述投资需求。另据相关机构估算，丝绸之路经济带方面，区域铁路线路总长在1万公里左右，按照目前每公里建设3000万—5000万元的投资额来看，预计总投资将在3000亿—5000亿元左右。《中共中央关于全面深化改革若干重大问题的决定》提出，建立开发性金融机构，加快同周边国家和区域基础设施互联互通建设，推进丝绸之路经济带、海上丝绸之路建设，形成全方位开放新格局。面对互联互通基础设施建设巨大的需求和缺口，由中国倡议的金砖国家开发银行、上合组织开发银行、亚洲基础设施投资银行、丝路基金等多边开发性金融应运而生，为中国的更加对外开放及与世界的深度融合提供有力支撑。此外，多边国际，尤其是南南国家之间的开发性金融机构正对由西方主导的国际金融秩序发挥再平衡，并促进世界共同发展共同繁荣作用。

20世纪80年代，接受以世界银行为代表的国际金融组织的援助性贷款，这对中国改革开放初期的基础设施、工业发展建设起到了重要作用。在获取资金的同时，中国还学到了开发性金融的战略理念、运营管理方式、风险防控的知识，体会到了开发性金融机构资金和知识援助的价值，及其在促进可持续发展方面的作用。经过20年的政策性和开发性金融的发展，中国开发性金融的业务规模成为世界之最。同时，中国正利用“援助与发展”的开发性金融的思想，通过“一带一路”战略构想，把中国经济社会建设、中国治理经验，输送给周边和世界各国，为人类发展谋福祉，这既是国家治理能力现代化发展的大国责任，也是中华文明的时代体现。

如果说“一带一路”是中国参与编织“全球治理网”的第一缕丝带，那么开发性金融助力“一带一路”构想的实践，则是中国治理能力的体现，也是推动全球化、辐射中国治理世界影响的重要契机。以亚投行为代表的开发性金融机构合作建设与发展思想，有利于周边发展中国家学习借鉴中国经验，分享中国改革开放红利。通过亚投行、金砖国家开发银行、丝路基金、上合组织银联体等一系列金融外交举措，结合“一带一路”的战略构想，中国将构建“援助与发展”的世界共赢发展理念。

3. 开发性金融对经济发展的促进关系

开发性金融从宏观调控、产业结构调整、基础设施现代化、城镇化等主要方面促进经济发展。在经济发展过程中，任何经济主体都避免不了周期性波动，而开发性金融则通过市场建设构造经济平稳增长的制度基础，做到“顺境隐于市，逆境托举市”，也就是在经济快速增长期，开发性金融隐于市场，通过为项目构造市场出口，让出更多的市场空间及引入商业资金发挥作用；在经济下行期，开发性金融通过加大对瓶颈领域的支持力度，为经济平稳增长注入强大动力。

产业结构调整的本质是，资源在不同产业之间的重新分配及资源生产效率的不断提高。然而在市场失灵和政府失灵的情境下，资源的配置无法通过市场和政府两种手段来达到最优化。作为政府与市场之间的桥梁，开发性金融是解决市场失灵和政府失灵的有效手段，进而有效促进产业结构调整。

基础设施所需资金投入大、期限长，项目运营市场化程度一般不高，投资利润率低，投资收益与风险不匹配。这使得以营利为目的的商业性金融介入基础设施建设的积极性不高，而政策性金融的介入则存在资金来源有限和易形成不良贷款的问题。而开发性金融在基础设施建设方面的优势体现在巨额资金投入的可持续性方面。中国基础设施建设近十年取得举世瞩目的成就，其融资主要是由国家开发银行来推动，尤其在市场建设的早期更是如此。据预测，2013—2020 年，中国基础设施投资需要约 40 万亿元，也就是说，8 年时间里，中国每年基础设施投资的需求达 5 万亿元，开发性金融为此提供可持续的巨额资金支撑。

城镇化对中国而言，是继人口红利之后最大的红利，如果处理恰当，能换未来长达 20 年的长足发展。城镇化不仅涉及交通、能源、电信、住房、原材料工业等各种基础设施建设，更涉及中小企业、医疗、教育、住房、就业、文化、收入分配、社会保障和环境保护等方方面面。对于这些领域，传统财政融资日益不足，作用有限；由于前期市场和信用建设不完善，商业性金融也不愿涉足，因此缺乏有效的资金支持。开发性金融通过政府组织增信作用，发挥建设市场、建立机制、建设信用的作用，搭建国家、社会、公众目标和市场之间的桥梁，把这些城镇化所涉及领域转变为政府的热点，最终变为金融的热点，使各方受益，把市场的空白变成商业可持续的业务领域，使这些领域从经济社会发展的薄弱环节变成经济社会发展的推动力和增长极，从而成为开发性金融发展的重要基点和支柱。

4. 开发性金融对社会繁荣与进步的参与关系

中国社会发展存在城乡收入、教育、医疗卫生、社会保障等各方面差距。历代党中央所致力的共同富裕理想，尤其是当前所处的2020年全面建成小康社会的攻坚时期，对政府的再分配能力提出更高要求。一般看法是市场决定了初始收入或市场收入，而政府通过支付转移决定了最终收入。政府的再分配能力很大程度上是通过开发性金融来体现。像减贫、保障性安居工程、就业、助学贷款等商业性金融缺乏动力涉足的领域，开发性金融以普惠金融的形式提供了重要支撑。截至2012年年末，国家开发银行各项民生业务累计发放贷款2.62万亿元，贷款余额1.41万亿元，占全行贷款余额的22%，成为国家开发银行“一体两翼”发展格局中不可或缺的“民生之翼”。

5. 开发性金融对生态文明与科学发展规律的改善关系

气候变化与减排已成为全球共识并付诸行动，其集中体现在各国竞相出台绿色新政。绿色发展是生态文明和科学发展的必然选择，需要进行绿色工业革命及绿色投资的驱动，正成为新的经济增长引擎。据估计，中国在环保、节能、清洁能源、清洁交通领域年均投资需求分别至少达到8000亿、2000亿、5000亿、5000亿元左右，年均总量至少达2万亿元。也就是说，中国在绿色产业上每年需投入约3%的GDP。庞大的绿色投资离不开绿色金融的支撑。由于当前的资源价格并未包含其所造成的自然成本，这导致绿色低碳产品在价格上缺乏竞争优势，相关基础设施的配套支撑不到位，绿色消费的习惯、认知和责任感没养成，绿色产业在开发初期无法达到商业性金融的融资标准等诸多问题，使得绿色发展面临投入不足的制约。绿色信贷在商业银行资产占比仅为1%左右，资金缺口高达20倍，仅靠政府资金或民间资本根本无法解决。这就需要通过开发性金融的组织增信来承担低碳项目的融资风险。开发性金融的前期支持，提升了企业信用状况，从而为商业性融资创造了条件。开发性金融由于自身的巨大融资优势，具备了这种聚集各种社会资本、实现资源优化配置的功能，所以开发性金融成为实现绿色经济发展的重要推动力和杠杆。

6. 开发性金融对知识信息化与科学创新的影响关系

国家兴衰的核心问题在于能否创新，并且持续地创新。中国进入21世纪是大规模创新的时代、加速创新的时代、全面创新的时代。中国进入由创新驱动的新常态，全面深化改革旨在激发一切创造活力。随着创新要素、人力资源在经济社会发展中日益占主导地位，资本的概念逐渐从金钱、物质拓展向人力资本、知识资本。知本的主导作用必将驱动智慧经济的兴起，但目前仍处于新兴状态，所以需要开发性金融的推动。金融一般可分为需求带动型和供给引导型。对于新兴产业，由于还没形成有效需求，所以供给引导型金融更适合，而开发性金融正是供给引导型金融，主动和相对先行地为智慧经济提供支撑。2006年科技部与国家开发银行签署了贷款总额为500亿元的“十一五”期间支持自主创新开发性金融合作协议，这实际上是《国家中长期科学和技术发展规划纲要（2006—2020年）》配套政策中第一条得到落实的金融政策，也是开发性金融支持自主创新的具体举措。

7. 开发性金融对现代管理创新与金融可持续发展机制的构建关系

准公共产品的不可或缺性和市场机制与政府财政机制无法单方面有效提供的局限性，决定了准公共产品有效提供的唯一可能的途径：市场机制的“无形之手”与政府财政机制的“有形之手”联手。开发性金融的准公共性质决定了其管理运营也是走政府机制与市场机制结合模式。在中国，三家政策性银行走出的不同发展轨迹中，国家开发银行的突出业绩体现了这一模式的优势。国家开发银行通过多元化产权结构、完善公司治理结构、风险防控体系、拓宽筹融资渠道、创新融资技术以及正展开的全面深化改革等，不仅推动自身现代管理创新和可持续发展，也在重塑着服务对象的运营管理和可持续发展模式。

例如，2004年国家开发银行提出建立“政府选择项目入口、开发性金融孵化、实现市场出口”的融资机制。政府选择项目入口，就是由政府按照国家产业政策和地区规划，整合内部资源，择优选择项目。实现市场出口，就是依据企业的发展趋势，针对借款性质、用途和使用情况等设计不同的偿还机制。在“入口”和“出口”之间的开发性金融孵化，需要通过“四项建设”来完成，即治理结构建设、法人建设、现金流建设和信用建设。为规范融资平台“四项建设”，国家开发银行构建起平台达标评价体系，促使各级政府纷纷出台政策，通过制度安排，使平台获得股权、土地储备、特许经营权等优质资源，培育平台公司的内部现金流；同时适度将财政建设性资金、投资补偿、税费返还、其他体制性收入等转化为平台公司的外部现金流，逐步摆脱对财政资源和财政补贴还款的依赖。在国家开发银行推动下，各地融资平台逐步完善、实力显著增强、信用等级稳步提升、管理日趋规范、现金流迅速增加、融资和还款能力不断提高、经营风险和信贷风险得到有效控制。

8. 开发性金融对国家安全与国防建设的执行关系

2014年4月15日，中央国家安全委员会主席习近平在主持召开中央国家安全委员会第一次会议提出总体国家安全观时指出，“发展是安全的基础，安全是发展的条件”，国家发展与国家安全相互依存，所以国家安全是开发性金融与国家发展不可或缺的条件，也是开发性金融服务的领域。中央国家安全委员会的成立标志着党对国家安全的重视上升到前所未有的高度，衍生出的是庞大国家安全产业和国家安全红利。国家安全相关概念指数上涨体现了其所具有的商业投资价值。由于国家安全的公共性、准公共性、敏感性以及巨大的国家安全成本，意味着开发性金融的支撑不可或缺。军工产业、国家稳定、“走出去”的风险保险等都需要开发性金融提供支持。例如，基本所有的军工央企都是国家开发银行的客户，国家开发银行在现代国防建设中发挥不可替代的作用，登月计划、铀资源与核工业等国家核心机密工程都有国家开发银行的参与。又如，根据北京克危克险投资顾问有限公司的研究，中国在对外直接投资存量的6600亿美元中，1亿美元以上的大投资项目有600个，其中失败的项目高达100个，这100个失败的大项目投资额为2200亿美元。目前中国政府已成立了作为政策性金融的中国出口信用保险公司，为中国企业对外投资提供征用、汇兑限制、战争及政治暴乱、政治风险四大类保险业务，以确保在损失实际发生之后获得部分或全部的赔偿。尽管如此，中国企业“走出去”仍面临一系列安全问题，开发性金融在服务国家安全问题上面临一系列问题有待解决。

9. 开发性金融对国家发展战略的服务关系

开发性金融服务国家战略首先建立在认识国情的基础上，在认识—实践—再认识—再实践的螺旋式上升过程中不断提升服务国家战略的能力。“规划先行”是开发性金融认识国情的具体体现，是开发性金融的知识性和智库性特征。规划先行理念由国家开发银行提出，紧紧围绕国家中长期发展战略，提出与时俱进地做好科学发展规划，大力开展区域、产业、社会、市场、国际合作、富民及系统性融资规划编制，不断丰富规划先行内涵。规划先行已成为开发性金融理论和实践的重要组成部分及业务发展的基本模式。

“规划先行”也是开发性金融作为知识性银行提供技术援助的主要方式。自20世纪80年代以世界银行为代表的国际开发性金融组织对中国的援助性贷款所发挥的作用不仅仅局限于投资，还包括技术援助、政策咨询、项目咨询、人员培训、国际经验与学习和借鉴等多个方面。发展知识与贷款相比有着更为明显的外部效应，如果说援助贷款具有的是局部性的贡献，那么政策知识则具有全局性的效果。在受益的同时，我们也正利用开发性金融的“援助与发展”思想，通过世界最大规模开发性金融组织国家开发银行和由中国主导建设的亚投行、丝路基金等国际开发性金融组织，为国内较落后地区和周边及世界各国提供技术援助。

开发性金融以市场化方式来运作经营国家战略，在市场对资源配置起决定性作用的情况下，开发性金融对国家发展战略的作用日益凸显。2003年10月，党的十六届三中全会通过《中共中央关于完善社会主义市场经济体制若干问题的决定》，同年，国家开发银行成立5个部门，其中包括企业局。企业局的成立还有一个重要的历史背景，2003年4月，国务院成立国有资产管理监督委员会，促进国有资本向关系国家安全和国民经济的重要行业和关键领域集中。企业局和央企的合作不仅主动承担国家战略的大部分领域的治理工作，而且通过对央企的贷款及其他形式的合作，使得央企更好地承担和实现国家在国有经济领域改革和发展应有的经济、制度、社会、环境价值。所以，企业局对国家战略的贡献是多重效应的叠加，即实现自己的功能，利用宏观经济功能发挥乘数效应，再通过辅助深入影响其他优势主体，通过这些主体更好更强的能动性，发挥更大的乘数效应，这就是国家开发银行的价值，同时也使得国家开发银行更能明确自己在国家战略中的具体能力和价值，像三棱镜效应一样，一股现代化社会主义的治理力量通过中央企业的折射在各个领域实现价值和作出贡献。

中国的重大战略举措都有相应的开发性金融跟进，而且只有具备相应实力的开发性金融为支撑，该战略举措才成为可能。“一带一路”正是在亚投行、丝路基金的支撑下得以展开的。中国正处在国家战略对外延伸，国家战略空间拓展的关键时期，这意味着中国开发性金融体系也将实现相应的延伸和拓展，以便更全面地覆盖国家战略实践。

“四个全面”是当前国家全面发展的战略布局和集中体现。一方面，它要求开发性金融自身进行全面深化改革，依法治企，从严治企，以更完善的自身为国家发展提供更完善的服务，2015年4月国务院批复同意《国家开发银行深化改革方案》已为此拉开了开发性金融全面深化改革序幕；另一方面，它要求开发性金融对国家发展提供更全面的支撑和服务，重点包括服务于政府职能转变、服务于经济结构调整升级、服务于社会建设和民生改善、服务于对外开放。

在空间上，开发性金融为国家全面发展提供全面支撑。在时间上，开发性金融所起的推动作用犹如时间隧道，促使漫长的国家发展进程大为缩减，全球经济、社会、治理网络跨越从彼此分割走向互联互通，加快从中国治理全球化到全球治理中国化的历史进程。之所以能实现这样的效用，是因为中国的国家发展没有单凭市场之手自发地推进，而是通过开发性金融作为连接政府与市场的桥梁，结合具有集中力量办大事这一社会主义制度优越性的政府之手来共同推动。中国具有像国家开发银行这样的世界最大规模的开发性金融机构，也有着日趋完善的开发性金融体系，从而能全面、有力地推进国家和世界的发展进程。

绪　论

重塑开发性金融服务国家战略体系

将“千年未有的大变局”转变为“千年未有的大时代”，就会缔造出“千年未有的世界领袖”，这个“世界领袖”是中国历史和中国人民实践所给予世界和时代的贡献结晶，是对人类发展进步最大贡献的集中体现。世界级的领袖！他不同于统治世界，他是世界的贡献者、公共服务的领导者，他会团结、影响、造福全世界人民！

改革开放三十多年来，中国经济改革与制度建设不断创新，中国向复兴之路大步迈进，进入经济社会繁荣稳定、迅速发展并赶超世界先进国家的新时代。中国特色社会主义道路、中国特色市场经济建设是中国复兴之路上的伟大创造，孕育出了党的十八大的道路自信、理论自信、制度自信，而中国特色的开发性金融的实践发展也成功塑造了开发性金融机构服务国家的战略，与国家改革发展、兴盛同行的组织自信。

1994 年 4 月，根据党的十四届三中全会精神，顺应社会主义市场经济体制和投融资体制的改革的需要，国家开发银行应运而生，并伴随着国家经济社会发展和改革开放走过了 21 年的历程。成立 21 年来，国家开发银行牢牢把握中国国情和发展的阶段性特征，顺应国际趋势和时代要求，始终坚持以服务国家战略为使命，走出了一条具有中国特色的开发性金融之路，为促进中国经济社会发展、提升综合国力和国际竞争力作出了积极贡献。

当前，中国进入了全面深化改革的关键时期。党的十八届三中全会研究了全面深化改革的若干重大问题，对改革进行了总体部署与统筹，制定了经济、政治、文化、社会、生态等领域共计 60 项的改革任务。随着各领域改革的全面推进，新一轮的改革大潮为开发性金融发展带来了新机遇，也对开发性金融的发展带来了新挑战，并对其金融服务提出更高的要求。面对错综复杂的国内外形势，如何认清局势、如何选择定位、如何在新时期主动承担责任和服务国家战略是中国开发性金融当前的重要工作任务。

重塑开发性金融服务国家战略，厘清开发性金融服务国家的战略思路与策略，分析开发性金融与国家发展的关系，明确开发性金融的发展目标与定位，确定现阶段的任务和工作重点，是实现开发性金融自身跨越式发展、发挥开发性金融服务国家战略不可替代作用、促进经济社会快速可持续健康发展的重要保证。

一、开发性金融承载着服务国家战略的重要使命

1993 年 11 月，党的十四届三中全会通过《中共中央关于建设社会主义市场经济体制若干问题的决定》，明确提出要加快金融体制改革，实行政策性业务和商业性业务分离，组建国家开发银行。同年 12 月国务院出台了《关于金融体制改革的决定》，部署了国家开发银行的组建工作。1994 年 3 月 17 日，国家开发银行正式成立，为更有效地集中资金保证国家重点建设和缓解经济发展瓶颈制约作出了重要贡献。1998 年，国家开发银行摒弃传统的政策性银行业务模式，主动面向市场筛选项目，在市场中寻找自身定位，以市场化方式服务发展战略和目标，集中力量支持国家亟须发展的重点领域和薄弱环节，业务也由传统的“两基一支”拓展到社会民生、国际合作等新领域，逐渐走出了一条“政府热点、雪中送炭、规划先行、信用建设、融资推动”的中国特色开发性金融之路。2003 年 10 月，党的十六届三中全会召开，并通过《中共中央关于完善社会主义市场经济体制若干问题的决定》，国家开发银行根据会议精神，从基本国情出发，以探寻政府与市场关系为突破口，不断探索中国特色开发性金融的实现路径。2008 年以来，国家开发银行继续坚持以市场化方式服务国家战略目标，创新金融模式，构筑政府与市场之间的桥梁，大力扶持国家重点项目建设和产业结构调整，坚持发挥开发性金融服务国家战略的积极作用，在促进区域经济协调发展、推动产业转型升级、应对国际金融危机、服务国家经济外交中作出了重要贡献。

（一）支持国家重大项目、重点领域建设，有效缓解国民经济的瓶颈制约

国家开发银行紧密结合国家发展需要，根据国家发展战略和规划的总体要求，发挥中长期的投融资优势，集中资金向煤炭、电力、石油石化、铁路、电信、交通、有色、军工和航空等国民经济关键领域和主干行业倾斜，支持了南水北调、大型核电、三峡工程、西电东送等一大批国家重点项目，与中国铁路总公司等 18 家央企签订了开发性金融的合作协议。

（二）积极探索以市场化手段服务国家“走出去”战略

中国加入 WTO 以后，为了应对经济金融全球化的挑战，国家开发银行及时调整思

路，把传统的“两基一支”的业务拓展到国际合作领域。2005年以后国际业务迅猛发展，国家开发银行围绕国家经济外交战略，发挥开发性金融的优势和作用，以开发性金融的方法成功地运作了一大批政策性、资源型的重大项目，如海外资源开发、区域国际合作、央企“走出去”等国际合作业务，实现了国际业务的快速发展与经营业绩的稳步提升。

（三）发挥逆周期调节作用，服务经济稳增长

2008年，国际金融危机愈演愈烈，中国经济受到严重冲击，外部需求萎缩、工业增速下滑、投资增长后劲不足。为了应对国际金融危机，国家开发银行全力落实国家“保增长、扩内需、调结构”的政策措施，立足于业务实际，合理规划发展目标与任务，运用开发性金融工具稳定市场、平抑经济周期波动，助力国家宏观调控，服务经济的稳步增长。

（四）改善民生，促进社会和谐可持续发展

国家开发银行积极履行其社会责任，通过把握信贷的投放重点，加大信贷支持力度，树立“人人享有平等融资权”的理念，创新融资模式，鼎力支持保障性住房、中小企业发展、“三农”问题解决、医疗卫生、生态环保等重点民生领域，对改善民生、促进社会和谐稳定发展具有重要现实意义，对促进中国经济社会发展起到了积极作用。

二、开发性金融面临的发展环境

（一）历史环境——师学长技

“往古者，所以知今也”。20世纪90年代，中国的政策性金融尚处于起步和探索阶段，而国外的政策性金融已发展了几十年甚至上百年，积累了较为成熟的经验。开发性金融机构最早出现在19世纪的欧洲，二战后在世界范围大规模兴起，在实现战后经济复苏和经济起飞中扮演了重要角色。世界银行、亚洲开发银行、德国复兴信贷银行、美国房贷协会、韩国产业银行、巴西开发银行等都是国际知名的开发性金融机构。综观各国开发性金融机构的发展情况，由于所在国的历史背景、经济社会环境、工业化发展水平和优势不同，其发展模式也不尽相同。

他山之石，可以攻玉。在潜心思考、深入总结国外开发性金融的有益探索和成功经验的基础上，可以为构建和完善与中国经济社会发展相适应的中长期投融资体系提供历史借鉴，从而探索出一条具有中国特色、体现中国国情、服务国家战略的开发性金融之路。

（二）国际环境——复杂多变

国际环境多变，二战后逐渐恢复的世界经济依然伴随着冷战的阴霾。第三次工业革

命的到来客观上促进了经济全球化的不断推进。1998 年，中国第一次感受到金融危机对国家发展的挑战，为了应对危机，中国及时发展实体经济，一跃成为世界制造工厂。面对中国的快速崛起，国际非友好势力开始试图采用金融手段来影响和压制中国，鉴于此，国家开发银行提出了“市场环境下，银行框架内”的发展思想，通过改革信贷体制，成功地提高资产质量，降低了资产不良率，提升了风险防控能力。2003 年开始的伊拉克战争、石油黄金等资源的争夺造成国际经济局势的动荡不安，再一次地重塑了全球金融秩序。2006 年已经开始显现的美国次贷危机，翌年立即席卷美国、欧盟和日本等世界主要金融市场，随着拥有 150 年历史的雷曼兄弟的破产倒闭，次贷危机逐步演变成全球性的金融危机。危机过后，现如今的世界经济进入了深度调整期，受到金融危机波及的国家都逐步呈现出复苏的态势，但发展中仍然面临诸多不确定因素，结构性问题仍未得到解决。

作为中国开发性金融的生力军，国家开发银行积极贯彻落实中央为应对金融危机所出台的“保增长，扩内需、调结构”的政策措施。在应对国际危机中，国家开发银行大力推进“一体两翼”发展，以市场化方式服务国家战略的能力不断增强。在一次次危机中，国家开发银行与国家始终命运相连、风雨同舟、患难与共。

同时，后危机时代，一方面，以中国为代表的发展中国家和新兴市场国家已然成为世界经济发展的新引擎，世界政治经济格局重心逐渐向亚洲转移；另一方面，2011 年，美国重返亚太，搞所谓再平衡战略。开发性金融的存在是应对世界不确定性、复杂性和多变性的一种常规金融手段，在国家经济发展和国际竞争中产生越来越重要的影响。各国的开发性金融经过多年发展各具特色，而中国作为世界上最大的发展中国家，中国模式、中国道路更加需要中国特色的开发性金融。

（三）国内环境——改革深化

中国从新中国成立初期到现今历经了“大跃进”、“文革”和政治风波三个社会发展不稳定时期。改革开放后，经过 20 世纪 80 年代的探索期，在 1992 年邓小平南方谈话之后，中国经济社会发展进入了快车道。但随着经济的不断发展，中国的宏观经济形势越发错综复杂，所面临的问题与挑战也日益凸显。经济增长速度逐步放缓，生产要素发生深刻变化，环境污染、资源浪费、产能过剩等一系列问题正严重制约中国经济的稳步、协调、可持续发展，呈现出经济增长速度换挡期、结构调整阵痛期、前期刺激政策消化期“三期叠加”的阶段性特征。与此同时，在社会建设方面支持力度仍然不足，在住房、教育、医疗、就业等重要的民生领域仍显落后，居民的需求得不到充分满足，消费潜力也未得到充分发挥。

党的十八届三中全会以来，中国进入了全面深化改革阶段，“开发性金融机构”的命题在中共中央文件中首次被提出，体现出国家对深化金融改革，发挥开发性金融服务国民经济发展战略、推进经济结构调整和转型升级的重要作用予以高度重视，提出了更高更广泛的要求。

（四）金融行业环境——竞争加剧

国家开发银行是中国最大、最早成立的政策性金融机构，经过 20 年的发展，已经成为国家大金融的重要组成部分。2015 年，国家开发银行定位为开发性金融机构。开发性金融机构也在国内外的竞争环境中发展，竞争既来自业务，也来自意识形态的分歧；既来自传统商业金融行业，也来自国内外开发性金融领域。

随着金融市场改革的不断深化，“金融红海”竞争手段日趋丰富，金融脱媒力度不断加大，以互联网金融为代表的新金融形式迅速发展。在国内，传统商业金融、政策性金融、互联网金融逐步形成“三足鼎立”的复杂竞争局面。在日趋激烈的竞争环境下，传统商业金融与互联网金融职能逐渐完善，进一步提升了金融市场资金配置效率，加剧了市场竞争。而开发性金融在激烈的竞争中，优势也在逐步丧失。在人民币中长期贷款业务上，国家开发银行缺少区别于其他商业银行的特色产品和优势服务；在资金成本、审批效率和融资结构设计等方面还存在劣势，相关业务开发难度大，份额下滑明显；在外汇业务方面，由于近些年世界经济疲软，融资需求减少，加之商业银行纷纷加强对“走出去”业务的开发，国家开发银行在应对市场变化、开拓创新产品和服务方面与同业相比较为滞后，贷款利率优势也逐步丧失，外汇业务的竞争力有所下降。

三、开发性金融可持续发展能力分析

（一）发展优势

开发性金融具有融资、组织、客户、人才、价格等多方面优势。融资优势主要体现在中长期项目的融资，国家开发银行是中国中长期融资主力银行，多年来充分发挥开发性金融中长期的融资优势，成功运作了一大批关系国计民生的重大项目，服务于国家中长期重大发展战略。组织优势是指开发性金融银政合作的创新型思路，通过组织增信，用国家信用、政府信用进行融资，将政府的组织协调优势、企业的平台主体优势与开发性金融的中长期融资优势有机结合，通过市场科学合理地配置资源，极大提高贷款的质量水平。客户优势是指开发性金融服务的对象是信用等级高、资金实力雄厚、资产质量优良、违约风险较低的优质客户，广泛覆盖国民经济命脉行业如基建、交通、电力、石油石化、军工等行业，发挥着不可替代的行业引导和战略支撑作用。人才优势集中体现在专业人才队伍力量强大，国家开发银行在成立之初就引入了大批经验丰富的行业专家，在项目开发、评审等方面具有他行无法比拟的优势，而年轻骨干的培养也为未来发展储备了优秀后备人才。价格优势是指开发性金融的贷款利率较同业银行低，对投资者来说更具吸引力，在竞争中占优势，有利于资金的融通运转。

（二）发展劣势

在政治与经济的双重压力下，开发性金融的发展劣势主要体现在两方面。一是开发性金融资金成本高，收益水平低，国家开发银行的融资主要来源于债券发行。近些年，随着国家宏观货币政策进一步“收紧”，融资成本也在不断攀升。资金成本的进一步提高极大影响开发性金融的发展，利差空间小导致相关业务在保证收益要求的前提下无法开展。同时开发性金融是以服务国家战略为发展使命，贷款项目多是国家支持的战略项目，需要优惠利率来体现国家对项目的支持。这在一定程度上也造成了开发性金融收益水平低的局面。二是开发性金融的服务产品种类单一、创新不足。近些年，随着国家开发银行的不断改革发展，业务品种逐渐丰富，已经成为集“投、贷、债、租、证”于一体的“全牌照”银行，但在实际业务方面，中间业务产品种类较少，产品结构较为单一，且目前主要的盈利还是来源于贷款的利差收入，缺少新增的利润点。此外，开发性金融的发展还存在业务流程烦琐、工作流程不科学、信息系统建设较为落后等问题。

（三）主要机遇

党的十八届三中全会掀起了新一轮全面深化改革的浪潮，这也为开发性金融的发展带来了新机遇、新空间、新思路。党的十八届三中全会明确了市场在资源配置中的决定性作用，强调通过财税改革、金融改革、国企改革等多领域改革，对中国的经济金融环境进行深度调整。此外，经济外交在对外政策中地位的凸显也为开发性金融的发展带来了新机遇。中国在经济外交中的持续发力为开发性金融国际业务的发展开拓了新空间。

2013 年，习近平主席出访非洲，提出将继续扩大同非洲的投融资合作，落实好 3 年内向非洲提供 200 亿美元贷款额度的承诺，实施好“非洲跨国跨区域基础设施建设合作伙伴关系”。2014 年，李克强总理在《政府工作报告》中指出，将“抓紧规划建设丝绸之路经济带、21 世纪海上丝绸之路，推进孟中印缅、中巴经济走廊建设，推出一批重大支撑项目，加快基础设施互联互通，拓展国际经济技术合作新空间”的策略。同时，开放型经济体建设也为开发性金融的国际合作业务发展提供了诸多机会。一方面，将国内产能过剩行业、劳动力密集型行业向东南亚、非洲、拉美等处于经济发展期且劳动力成本低廉的国家转移；另一方面，将优势行业向发达国家扩散，拓宽业务市场，提高技术水平，实现产业的全面升级。

（四）主要挑战

首先，整体经济下行的压力为开发性金融的发展带来了挑战。中国经济下行压力增大，经济内生增长动力尚待加强，部分行业产能过剩问题依然严重，资源环境约束进一步凸显。其次，开发性金融机构与商业银行相比，其市场营销、产品和服务创新以及服务意识和效率等方面不具备优势，甚至呈现明显的劣势。随着国有企业改革等不断深化，企业行为将更注重盈利性，也更注重服务质量和效率，开发性金融机构的经营发展将会面临极大的竞争压力。最后，金融脱媒程度的不断提高也意味着企业对银行的依赖程度日益下降，伴随着中国企业的国际化发展，境外资本市场筹资能力也逐步加强，金融脱媒化更加显著。此外，开发性金融服务国家战略定位与以经济效益为核心经营理念存在一定的冲突，导致盈利空间及能力受限。

开发性金融承载着助力改革、服务国家战略的历史使命。“世异则事异，事异则备变”，面对错综复杂的国内外形势，开发性金融应顺应时代变迁与社会发展趋势，基于本国国情，深刻剖析开发性金融与国家发展的关系，加快自身的适应性调整与改革，破解制约发展的体制机制，更好地为国家战略服务。

四、理顺关系，重塑开发性金融服务国家战略

辨识战略关系，理顺开发性金融与国家发展之间的关系，有利于挖掘有效的内外部资源，充分发挥开发性金融在国家发展中的重要作用。毛泽东 1956 年在探索适合中国国情的社会主义道路时提出了《论十大关系》、1995 年江泽民在把握改革开放与社会主义现代化建设总体大局的基础上也提出《论十二大关系》，随后胡锦涛又提出了城乡发展关系、区域发展关系、经济社会发展关系、人与自然和谐发展关系、国内发展与对外开放关系等五大发展关系。2014 年习近平总书记提出应关注国家重大治理关系，从而为推动“中国治理全球化”向“全球治理中国化”转变起到战略性重要作用。开发性金融作为国家大金融的重要组成部分，与改革同行，与国家发展同呼吸共命运，就必须走出一条独具中国特色的开发性金融发展之路，成为建设中国特色社会主义事业的中坚力量。

基于此，我们提出了开发性金融与国家发展的十大关系，即开发性金融对中国共产党领导的拥护与支撑关系、开发性金融对国家深化改革与完善治理体系的关系、开发性金融对更加开放与世界融合的国际关系、开发性金融对经济发展的促进关系、开发性金融对社会繁荣与进步的参与关系、开发性金融对生态文明与科学发展规律的改善关系、开发性金融对知识信息化与科学创新的影响关系、开发性金融对现代管理创新与金融可持续发展机制的构建关系、开发性金融对国家安全与国防建设的执行关系、开发性金融对国家发展战略的服务关系。只有理顺这十大关系，才能更好地认清开发性金融服务国家战略的重要作用，进行准确的自我定位与发展，履行战略责任，制定科学详尽且符合国情发展与开发性金融自身建设的战略思路、重要策略，将服务国家战略任务和促进开

发性金融发展结合到具体可操作的总体建议中去，不论是对国家经济社会发展，还是对行业自身可持续发展都具有重大意义。

重塑开发性金融服务国家战略，在理顺开发性金融与国家发展关系的基础上，探寻新阶段、新时期的新任务及战略新目标。如今的中国仍处于社会主义初级阶段，新旧矛盾交织，发展不平衡，面临着诸多前所未有的挑战。在进行工业化、信息化、城镇化、市场化、国际化“新五化”的关键时期，开发性金融必须投身改革，服务制度建设，鼎力支持国家战略目标的实现。

“周虽旧邦，其命维新”，在错综复杂的新形势下，中国开发性金融的发展进入了新的发展阶段，迎来发展机遇的同时，也迎来了诸多挑战。在新的历史征程上，重塑开发性金融服务国家发展战略，走出一条独具中国特色的开发性金融之路，以创办业绩优良、制度先进、勇于担当、受人尊敬、国际一流的开发性金融机构为发展目标，为建设中国特色社会主义道路、全面建成小康社会、实现中华民族的伟大复兴作出新的发展贡献。

第一章

中国开发性金融伴随国家改革开放不断成长

第一节 中国特色社会主义建设需要开发性金融不断发展

1978年以后，邓小平同志总结新中国成立30年以来的社会主义建设经验，尤其吸取了“大跃进”和“文化大革命”的深刻教训，他明确提出“中国之路”的历史任务，即“中国的事情要按照中国的情况来办，要依靠中国人自己的力量来办”，“把马克思主义的普遍真理同中国的具体实际结合起来，走自己的道路，建设有中国特色的社会主义，这就是我们总结长期历史经验得出的基本结论”。① 要实现中国特色社会主义建设的目标，遵循中国特色社会主义建设的基本原则，贯彻落实中国特色社会主义建设的重要举措，应对中国特色社会主义建设道路上所面临的严峻挑战，需要大量资本的投入运作，需要开发性金融紧跟中国“新五化”的步伐，主动建构市场，发挥中长期投融资的优势和作用，为中国特色社会主义建设作出积极贡献。

一、中国特色社会主义政治经济发展建设的目标

中国特色社会主义建设是一个不断摸索、不断实践的过程。发展目标也随着中国特色社会主义建设的不断推进而及时进行调整更新。中国以“五年”为单位对国家发展进行总体规划与全面布局。从1953年起编制了第一个五年计划开始算起，到目前为止，中国一共实行了十二个五年计划或规划。② 从五年计划或规划的指标制定及目标构成的

① 《邓小平文选》第3卷，人民出版社1993年版，第3页。

② 从第十一个“五年计划”开始更名为“五年规划”。

不断变化中，也反映出国家政策、职能定位、发展方向的不断调整，反映出从经济建设型政府向公共服务型政府的转变过程（见表1-1）。

表1-1 各五年计划（规划）不同类型的量化指标比例（“六五”—“十一五”）

（单位:%）

指标	“六五”	“七五”	“八五”	“九五”	“十五”	“十一五”
经济增长	15.2	21.4	26.9	23.5	10.0	9.1
经济结构	45.5	35.7	30.8	23.5	23.3	13.6
经济类指标合计	60.7	57.1	57.7	47.0	33.3	22.7
教育科技	15.2	7.1	3.8	11.8	23.3	9.1
人口资源环境	3.0	3.6	7.7	11.8	20.0	36.3
人民生活	21.2	32.1	30.8	29.4	23.3	31.8
社会类指标合计	39.3	42.9	42.3	53.0	66.7	77.3

资料来源：胡鞍钢：《对“十二五”规划〈纲要〉的评价：创新科学发展宏伟蓝图》，中国科学院—清华大学国情研究中心《国情报告》2011年第12期。

从表1-1中规划指标的演变可以明显看出国家战略的调整。从“六五”到“十一五”，再到“十二五”规划都在延续传统的基础上保持创新，指令性指标的减少，社会和生态指标的增多也反映了政府职能的显著转变，体现了中国政府开创中国特色社会主义新局面的政治决心。

早在21世纪初，党的十六大报告①和十六届六中全会决定②中就勾画出未来中国经济社会的发展蓝图：到2020年，在中国广袤的疆域上，由十几亿人民所共同建设的中国特色社会主义社会成功实现了全面建设小康社会、构建社会主义和谐社会、国际社会的千年发展目标。这三大目标相互补充、相互联系，相互交融。第一，全面建设小康社会，一方面实现政治、经济、社会、文化等各领域的全面发展；另一方面发展成果惠及全国人民，特别是惠及广大的农村人口、贫困人口和弱势群体。第二，构建社会主义和谐社会，强调公平与正义，缩小城乡之间、区域之间、阶层之间的发展差距，减少社会矛盾，化解社会冲突，增强社会凝聚力，实现社会和谐稳定。第三，实现国际社会的千年发展目标，强调中国的国内发展对世界人民的贡献力量，关注人们的基本生存状况，在消除贫困饥饿、提高人口素质、重视社会公平、保障人类安全、维护自然环境等方面

①《全面建设小康社会，开创中国特色社会主义事业新局面——在中国共产党第十六次全国代表大会上的报告》提出了到2020年“两步走”全面建设小康社会的四大战略目标和任务。

②《中共中央关于构建社会主义和谐社会若干重大问题的决定》（2006年10月11日中国共产党第十六届中央委员会第六次全体会议通过）提出到2020年构建社会主义和谐社会的九大目标和任务。

履行大国责任。

在全面建设小康社会、构建社会主义和谐社会、实现千年发展目标的基础上，中国21世纪初期的中国特色社会主义建设目标可以概括为“增长、强国、富民、和谐稳定、国家安全、提高国际竞争力、可持续发展”这七大具体指标（见表1-2）。

表1-2　中国国家发展目标（2020）

1	增长目标	GDP翻两番，居世界首位，GDP年平均增长率达到7.2%，成为世界第二贸易大国
2	强国目标	中美综合国力相对差距缩小到1.5倍左右
3	富民目标	全面建成小康社会，2020年极度贫困人口减少一半；普及小学、初中教育，提高高中和高等教育普及率，分别达到85%左右和40%以上；儿童死亡率降低2/3，孕妇死亡率降低3/4，控制艾滋病发病率和其他传染病；农村人口获得初级卫生保健社会保障体系
4	和谐稳定目标	构建社会主义和谐社会：城镇失业保险、医疗保险和基本养老保险覆盖率达到85%以上，农村社会医疗保险覆盖率达到75%以上；劳动争议控制在5‰以内，刑事案件发案率控制在10万分之600左右，治安案件发案率控制在10万分之800左右
5	国家安全目标	维护国家安全统一，提升高技术条件下的全方位作战能力；和平解决与周边国家的领土和领海争端；引导亚洲一体化进程，尽早建立亚洲一体化经济共同体
6	国际竞争力目标	从目前的世界第30—40位进入世界前列（前十位以内），尤其提高金融、基础设施、科技、教育等方面的国际竞争力
7	可持续发展目标	人口增长率进入零增长阶段；森林覆盖率达到23.4%；化肥、农药等农业面源污染基本得到治理；加强防御各种灾害的安全网建设，建立应急处理机制和紧急救援体系

资料来源：胡鞍钢：《中国现代化之路：回顾与展望（1950—2050）》，中国科学院—清华大学国情研究中心《国情报告》2006年第9期，第582页。

二、中国特色社会主义政治经济发展建设的基本原则

中国特色社会主义的建设与发展必须遵循一定的指导方针，不能盲从，必须基于自身国情，审慎地剖析国内外局势，依据中国经济社会发展的特定阶段与特殊时期，制定相应的发展战略。这个发展战略不是固定不变的，它需要根据中国国情的变化而进行相应调整。但是，不管用什么方式，采取什么发展战略，都需要坚持建设中国特色社会主义的基本原则不动摇，以其为准绳，大力推进中国社会主义的科学发展，促进中国社会主义现代化建设。

（一）必须保持经济平稳较快发展

满足人民日益增长的物质文化需要，提高中国的国际地位，归根结底要促进中国经济持续快速发展。目前是中国的重要战略机遇期，要抓住机遇继续推进经济平稳较快地

发展，中国还处于城镇化、工业化、知识信息化、国际化、农业现代化、绿色化快速发展阶段，基础设施建设、产业发展、居民消费、生态恢复、环境保护、应对气候变化等方面有巨大发展空间，中国居民消费水平相对较低，仍有巨大的需求潜力，这为促进经济平稳较快增长创造了有利的条件。同时，我们还要看到，因全球金融危机的影响，发达国家消费需求有所萎缩，这导致中国国内产能过剩且需要较长时间进行消化和调整，中国经济运行中不稳定、不平衡、不健康的因素并未根本消除。因此，必须充分发挥市场机制对资源配置起决定性作用这一市场特性，同时，加强和完善国家宏观调控，正确把握经济发展趋势的变化，保持社会供求总量基本平衡，既要防止经济过热，避免经济大起，又要防止经济衰退，避免经济大落，实现经济又好又快的发展。

（二）必须加快转变经济发展方式

坚持扩大国内需求，特别是消费需求的方针，推动产业结构优化升级，促进经济增长由主要依靠投资、出口拉动向依靠消费、投资、出口协调拉动转变，要以提高居民收入水平和扩大最终消费需求为重点，调整国民收入分配格局，提高居民收入在国民总收入中的比重，不断增强最终消费能力；由主要依靠工业特别是重工业带动向依靠第一、第二、第三产业协同带动转变。坚持走中国特色新型工业道路，大力推进信息化与工业化融合，振兴装备制造业，提升高新技术产业，发展信息、生物、新材料、航空航天、海洋、健康等战略性新兴产业，发展现代服务业，提高其占经济总量和就业总量的比重，从而实现国家由主要依靠增加物质资源消耗向主要依靠科技进步、劳动者素质提高、管理创新转变。

（三）必须提高全面创新能力

科学技术是经济发展、社会进步的强大动力。必须更加注重利用科学技术寻求重大突破，依靠科技进步促进全面发展，全面建设创新型国家。

全面创新能力是指一个国家（特别是本国企业）研究与开发的核心能力，它包括在全球范围内从事原始创新、集成创新和消化吸收再创新三大能力。坚持走中国特色的全面创新道路，是提高综合国力和国际竞争力的关键。国家要加大研究与开发投入，强化建设国家创新体系和国家知识基础设施及网络平台，重点资助基础科学、交叉科学、前沿技术、重大装备制造、农业科技、节能减排、可再生能源、生态环境、人口健康等社会公益科技研究。加快实施《国家中长期科学和技术发展规划纲要》和国家知识产权战略，充分利用国际科技人才和科技资源，努力造就世界一流科学家、科技领军人才，大力培养成千上万为国服务的各类创新人才和专门人才。重点支持新能源、新材料、生物医药、现代通信等战略性新兴产业的发展；加快发展低碳经济、绿色经济，努力占领国际产业竞争的制高点。

（四）必须着力保障和改善民生

科学发展的根本目的就是不断满足人民群众日益增长的物质文化需求，让人民群众过上好生活，实现富民目标。把保障和改善民生作为全面建成小康社会的出发点和落脚点，更加注重完善社会保障体系和发展社会事业，努力使全体人民学有所教、劳有所得、病有所医、老有所养、住有所居。

扩大公共服务，促进社会公平正义，推动建设和谐社会。优先发展教育，实现教育机会公平，建设全民学习、终身学习的学习型社会；扩大就业，积极鼓励自谋职业、自主创业带动就业，加强就业培训，形成城乡劳动者平等就业制度；建立基本医疗卫生制度，实现全民服务覆盖；促进城乡居民收入增长，加快完善城乡社会保障体系；完善社会管理体系，保障社会安定团结。基本形成城乡、区域发展一体化格局，逐步实现城乡、区域人口基本公共服务均等化。更加关注低收入、贫困人口和残疾人口的民生问题。

（五）必须坚持绿色发展，建设绿色中国

节约资源、保护环境、生态安全既是中国的核心国家利益，也是中国的长期基本国策。建设资源节约型社会，坚持开发和节约并举、节约优先的方针，以提高能源、资源利用效率为核心，以节能、节水、节地、节材为重点，形成节约型生产方式和消费方式。建设环境友好型社会，从源头防治污染，减少污染物排放总量，改善人们的生产生活环境质量，尊重自然规律。加强自然保护，促进生态修复，构建不同主体功能区，扭转生态恶化趋势。发展循环经济，推进资源循环利用和清洁生产，从源头上减少污染排放。建设气候适应型社会，发展低碳经济，探索低能源消耗、低污染排放、低温室气体排放的绿色经济模式，开发低碳产品、低碳技术、低碳能源，创新低碳绿色消费方式，发展绿色能源特别是可再生能源，进一步提高森林覆盖率和林木蓄积量，增加森林固碳作用。实施国家综合防灾减灾战略，全面提高国家和全社会抵抗自然灾害能力，切实保障人民群众生命财产安全。

（六）必须深化改革，全面开放

改革开放是强国之路，是中国发展进步的活力源泉。我们要锐意推进各方面体制改革，不动摇、不懈怠、不折腾。进一步深化改革开放，构建充满活力的体制机制。坚持社会主义市场经济的改革方向，完善现代企业制度和现代产权制度，建立反映市场供求状况和资源稀缺程度的价格形成机制，更大程度地发挥市场在资源配置中的决定性作用，提高资源配置效率。毫不动摇地巩固和发展公有制经济，毫不动摇地鼓励、支持、引导非公有制经济发展。继续深化财税金融体制改革，健全资本市场和银行体系，完善人民币汇率形成机制。深化收入分配体制改革，调整国民收入分配格局，提高居民收入比重，缩小收入分配差距。切实转变政府职能，健全国家宏观调控体系。坚持对内开放，形成生产要素自由流动、市场竞争充分、规模效应明显的统一大市场，使各地区更好地发挥比较优势、专业化优势以及地区产业特色优势。坚持对外开放的基本国策，在更大范围、更广领域、更高层次上参与国际经济技术合作和竞争，防范国际经济风险，扩大开放领域，优化开放结构，提高开放质量，完善内外联动、互利共赢、安全高效的开放型经济体系。积极稳妥地推进政治体制改革。

（七）必须统筹国际国内两个大局

作为新兴的世界强国，中国发展与世界联系将更为紧密和一体化，这将带给中国历史性机遇，同时，中国也将受到更大影响，面临更大压力，承担更大责任。必须统筹国际、国内两个大局，积极主动应对国际挑战，化挑战为机遇，从变化的形势中捕捉和把握难得的发展机遇，在逆境中发现和培育有利因素，从国际国内资源的优势互补中创造发展条件，更好地利用国际国内两个市场、两种资源。不但要“引进来”，更要主动“走出去”；不但要做好自己的事情，也要承担更大的国际责任；不但要参与全球化，也要积极领导全球化。努力促进同世界各国在政治上的平等互信，在经济上的互利共赢，在文化上的交流借鉴，在安全上的对话协作，同世界各国共同建设繁荣的和谐、绿色世界。

（八）必须提高保障国家安全的能力

国际环境复杂多变，不稳定、不确定、不平衡、不安全因素增多，对中国经济、社会和安全构成多种挑战。坚持经济建设和国防建设协调发展方针，充分利用经济社会发展成果推进国防和军队现代化建设，不断提高军队应对多种安全威胁的能力。要切实保障全体人民的生产生活安全、社会安全、食品安全和环境安全，提高各级政府应对突发事件的能力，依法进行社会治理，保证社会稳定。

三、中国特色社会主义政治经济建设需要开发性金融

推动中国特色社会主义建设，不仅需要国家强有力的政策支持，充足的资金支持也必不可少。在中国特色社会主义的建设过程中，为了满足国家战略部署及经济社会发展的需求，急需大量的资金投入国家优先或急需发展的重点领域。充足的资金支持是实现国家战略目标，促进国民经济社会发展的重要保障。而中国在发展的过程中，由于金融体系不健全、市场建设不完善、制度缺损等因素的存在，传统的政策性金融与商业性金融都无法满足经济社会对资金的需求，因此融资问题也成为制约中国经济发展的一个关键因素。中国的融资困境主要体现在基础设施融资困境、农业融资困境、进出口信贷融资困境、中小企业的融资困境这四个方面。①

① 李志辉、黎维彬：《中国开发性金融理论、政策与实践》，中国金融出版社2010年版，第36页。

（一）基础设施融资困境

基础设施是国民经济和社会发展的重要组成部分，主要包括交通、供水供电、园林绿化、邮电通信、医疗卫生、文化教育等市政公用工程和公共服务设施，是保证国家社会经济活动正常进行的物质工程保障。作为经济增长的物质基础，健全完善的基础设施能够提高整个国家经济的规模效应，有效地推动经济社会的发展变革。在世界银行发布的《1994 年世界发展报告》中就曾指出“基础设施存量增长 1%，国内生产总值（GDP）就会增长 1%”。可以说，没有基础设施为根基的现代化建设是不可能实现的。

然而中国的基础设施投资总量严重不足，远远低于国际水平。世界银行报告中建议，发展中国家的基础设施建设投入应该占全部固定资产投资的 9%—15%，占 GDP 的 3%—5%。而根据相关数据显示，中国在 2001—2005 年，国内的城市基础设施投入占 GDP 的比例分别为 2.18%、2.61%、3.3%、2.98%和 3.07%，再去除农村固定资产占全社会固定资产投资的比重影响，中国的基础设施建设低于或刚达到世界银行所建议的基础设施投入水平的最低标准。同时，根据中国的发展规划，到 2020 年，中国的城镇化水平将达到 60%，而城镇化水平每新增 1 个百分点就意味着新增了 1000 多万的城镇人口。城镇人口的快速扩张必然会对基础设施的发展提出更高的要求。

长期以来，中国的基础设施建设主要依靠的是政府的财政支持，特别是改革开放以前，基础设施建设全部由政府包办，不允许任何其他资本参与。改革开放后，基础设施的投资渠道逐步放宽，然而由于基础设施项目投资规模大、投资回报低、投资周期长的特性，以营利为目的的商业银行不愿介入，融资渠道仍十分有限。而传统的政策性金融机构缺乏激励与监督机制，资金来源主要依靠国家财政补贴，也决定了作为“第二财政”的政策性金融机构在基础设施建设中效率低下，不良贷款率居高不下。融资渠道单一无疑也加重了财政危机，随着经济的发展，基础设施投资不足的矛盾日益凸显出来，融资乏力严重制约了国家和地区经济社会的发展。

（二）农业融资困境

随着经济的发展，农村的信贷困境越发明显，主要表现在以下两个方面：

其一，信贷投入比重呈现明显的下降趋势（见表 1-3），农村贷款额占金融机构的贷款总额的比重在 1994 年之前始终保持在 30%以上的水平，此后就开始呈现出下降的趋势。虽然金融机构的贷款数额从 1991 年的 18044 亿元一直攀升到 2006 年 225347.2 亿元，农村贷款额也增长了 3.3 倍。但农村贷款的增长幅度明显要小于金融机构的增长，因此，其所占份额从 1994 年开始不断减少，呈明显的下降趋势，到 2006 年，农村信贷投入比重仅为 12.2%，较 1991 年降低了 23%。如果对农村信贷的净投入，即存贷差进行考量，就会发现长期以来金融机构对农村的贷款投入为负值，存款金额高于贷款金额，这意味着农村的资金大量流出。

表 1-3　金融机构农村贷款情况

年份	农村贷款额（亿元）	金融机构贷款额（亿元）	农村信贷投入比重（%）	年份	农村贷款额（亿元）	金融机构贷款额（亿元）	农村信贷投入比重（%）
1991	6345. 4	18044. 0	35. 2	1999	23175. 3	93734. 3	24. 7
1992	7891. 6	21615. 3	36. 5	2000	23350. 4	99371. 1	23. 5
1993	8227. 9	26461. 1	31. 1	2001	24913. 0	112314. 7	22. 2
1994	9684. 1	40810. 1	23. 7	2002	26934. 7	131293. 9	20. 5
1995	13247. 2	50538. 0	26. 2	2003	28449. 7	158996. 2	17. 9
1996	16412. 3	61152. 8	26. 8	2004	22150. 9	178197. 8	12. 4
1997	19846. 9	74914. 1	26. 4	2005	23604. 7	194690. 4	12. 1
1998	21751. 2	86524. 1	25. 1	2006	27528. 0	225347. 2	12. 2

资料来源：《中国金融年鉴》（2003—2006 年）；《中国农村金融统计年鉴》（1991—1996 年）；《中国农业银行统计年鉴》（1997—2006 年）。

农村信贷结构失调，中长期贷款比重低，农业贷款主要以短期为主（见图 1-1）。从整体的农业贷款结构中可以看出，短期贷款始终保持在一个较高的水平，2000 年短期贷款的比重为 87. 9%，2001 年达到了最高水平 89. 8%，此后随着对农村投入的加大，结构失调的情况已有明显改善，短期贷款逐渐呈现出下降趋势，但 2006 年，中长期贷款比重仍低于短期贷款的比重，中长期贷款和短期贷款的比重分别为 47%、53%。

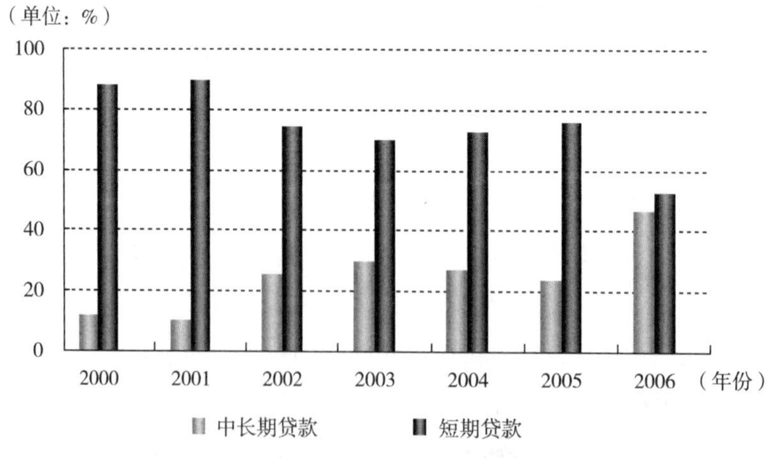

图 1-1　农业贷款短期、中长期贷款比率

资料来源：图 1-1 的数据是从《中国金融年鉴》，中国金融年鉴出版社从 2003 到 2006 年每年的年鉴整理而成；以及《中国农业银行统计年鉴》，中国统计出版社从 1997 到 2006 年每年的年鉴整理而成。

农村的商业性信贷主要来自中国农业银行与农村信用社，但随着这些政策性和商业性金融机构结构及发展方向的调整，农业融资境况越发艰难，中国农业银行对农村信贷的投入越来越少，更多地将信贷向城市或沿海等发达地区转移，以增加资金的盈利性。农村信用社的农户贷款一直处于不稳定状态，所占份额不高，且以短期贷款为主。

同时，成立了农业发展银行作为农村商业性金融的补充。农业发展银行作为中国的政策性金融机构，其资金投入虽然进入了农村地区，但主要关注于农产品的流通，对农业基本建设和农村开发方面的投入较少，其业务覆盖范围狭窄，已无法满足农业各方面发展的需要。同商业性金融相似，其信贷投资项目具有短期性，且贷出款项不到位，加之回收乏力，直接对基础货币产生严重影响。

（三）进出口信贷融资困境

对于中国进出口信贷而言，自 1994 年进出口银行成立后，逐步形成了以政策性金融机构为主、商业性金融机构为辅的进出口信贷体系。但纵观整个进出口信贷体系，中国的国际贸易投融资的业务发展仍较为缓慢，同时存在政策性融资与商业性融资双重融资困境，难以适应对外贸易的需要。

对中国进出口银行而言，由于政策性金融的资金来源渠道狭窄，供给后劲不足且成本较高等问题的存在，在一定程度上降低了政策性金融机构抵抗风险的能力，影响其业务的进一步开拓。进出口银行的出口买方信贷利率设置不合理也极大影响贷款经济效益的提高。同时，风险管理制度的不完善也使得企业获得政策性金融进出口信贷支持的难度攀升。

而以营利为经营目标的商业性金融更是不愿意且不会主动地对进出口贸易进行投资。第一，中国外贸企业普遍存在风险意识淡薄、成本意识差的问题，且早期的外贸企业严重依赖银行，导致资产负债率居高不下，财务状况不佳，这不但影响了外贸企业的融资能力，也加大了商业性银行面临款项回收的风险。第二，国际贸易的特性决定了进出口贸易的高风险性，且涉及的风险种类众多，如国家风险、外汇风险、利率风险、合规风险、信用风险、道德风险等。风险的复杂性造成风险预测及防控的难度加大，有悖于商业性银行的金融理念。第三，对于资金雄厚的商业性金融机构来说，融资与结算相结合、期限短、流动性强且金额较小的贸易融资更具有投资的吸引力，因为这类贸易融资风险小且资金回收快，而风险高、回收周期长、流动性弱的中长期进出口贸易则陷入资金供给不足的困境。第四，随着中国国有银行的商业化改革，贷款方式也由原来的以信用贷款为主转向以抵押贷款为主。抵押贷款在其实践操作中，在抵押权完备、抵押权合同合规、抵押权实现、抵押权人受偿方面遭遇困境，担保流于形式，无法成为有效的防范风险的手段，对抵押贷款的使用效果产生直接影响。这四个方面因素的影响，最终导致进出口贸易无法获得商业性贷款的支持。

（四）中小企业融资困境

改革开放以来，在国家政策的支持下，中国的中小型企业也获得了迅猛发展，成为中国社会主义市场经济建设中的重要力量，在国民经济发展中发挥着越来越重要的作用。然而，长期以来中小企业都面临着融资难的问题，严重影响和制约中小企业的发展。

从中小企业的融资模式来看，中小企业的融资主要分为内源融资和外源融资两种。内源融资是指企业将自己的留存盈利、折旧、定额负债这些储蓄转化为投资进行内容融通的行为。外源融资则是通过银行贷款、股票发行、企业债券等形式向企业之外的其他经济主体进行筹资的行为。中国中小企业融资主要以内源融资为主，在外源融资中主要通过金融机构的债券融资，同时，与大企业相比，中小企业也更加依赖于商业信用、设备租赁等非金融机构或其他非正规的融资渠道。这些融资特征一方面体现了中小企业具有较强的经营和金融灵活性，另一方面也体现出中小企业在发展中面临融资瓶颈的约束。

中小企业融资难，总结其原因，有着较为复杂的历史和现实因素。第一，中小企业自身的局限性是造成中小企业融资难的根本原因。这包括企业规模小、制度建设不规范、信息披露不完全等因素。对于商业性金融机构来说，单位贷款的交易成本明显高于向大企业大规模贷款交易成本，融资规模的劣势也意味着商业性金融机构要为中小企业的单位贷款付出更高的管理成本。同时，由于中小企业信息披露的不完全性导致借贷双方的信息不对称问题严重，存在着道德风险与逆向选择行为，商业性金融机构出于安全稳健的经营原则，不愿意向中小企业提供信贷。第二，中国的担保机制不健全。一般来说，中小企业的道德风险及信息不对称问题可以通过提供充足抵押担保做保障加以解决。然而，由于中国目前产权市场发育不完全及金融机构的创新力度不足，在抵押方面商业性银行只接受房产和流动性较强有价证券作为抵押品，而中小企业由于发展规模的局限，不足以提供充足的资产进行抵押，而信用担保的机制发育缓慢还未成形，不能弥补资产抵押产生的缺口。第三，政府对中小企业的融资帮助极为有限。为了避免政府直接干预市场，政府对于中小企业的扶持主要是财政补贴、税收减免以及政策引导等，但就目前而言力度仍然较小。中小企业发展的缓慢，极大制约了中国经济社会的可持续健康发展。

商业银行与传统的政策性金融机构由于自身的发展局限，无法满足国家经济社会发展的融资需求，使得国民经济遭遇发展瓶颈，制约了中国特色社会主义现代化建设，迫切需要创新金融支持模式来帮助中国摆脱中长期的融资困境。国家在这种形势下提出要加快进行社会主义市场经济体制改革。1993 年十四届三中全会通过的《中共中央关于建设社会主义市场经济体制若干问题的决定》，明确提出要加快金融体制的改革。开发性金融也正是在这样一个市场经济体制与投融资体制改革的大背景下应运而生的。

第二节　中国开发性金融的诞生与发展

随着经济社会形势及国际环境的改变，传统的政策性金融机构无论是在组织形式，还是经营运作上，都越来越不能适应国民经济社会发展的需要，自身的可持续发展也面临着严峻的挑战。发展的局限与困境促使政策性金融机构开始进行改革尝试，开发性金融应运而生。中国开发性金融的诞生，是以国家开发银行的成立为标志。国家开发银行从政策性金融机构逐步过渡到开发性金融机构，经历了一个不断探索的过程。

一、开发性金融概述

迄今为止，世界开发性金融已有近两百年的历史。第一家具有开发性金融性质的金融机构出现在法国。但开发性金融真正被世人熟知并得到广泛关注和蓬勃发展则是在二战结束后。由于战争的影响，许多国家的经济和社会受到不同程度的破坏，急需大量资金用于经济的恢复与重建。然而当时资本市场并不发达，占市场主导地位的商业性金融也不愿意主动涉足这些投资高、回报小、周期长、风险大的基础建设项目领域。在这一背景下，开发性金融开始出现，用国家信用进行融资，以弥补市场机制的缺陷，政府干预金融领域成为一种较为普遍的方式。特别是对日本、德国等许多面临危机的国家来说，开发性金融在其经济建设与发展中扮演了重要的角色。世界银行（WBG）、亚洲开发银行（ADB）、德国复兴信贷银行（KfW）、韩国产业银行（KDB）、美国省政府全民抵押协会（Ginnie Mae）等，都是国际知名的开发性金融机构，这些机构在国家及区域经济的发展中都承担了重要的职能，作出了巨大的贡献。

（一）开发性金融的定义与内涵

对于开发性金融，国内外并没有统一的定义。一般来说，开发性金融是单一国家或国家联合体通过建立具有国家信用的金融机构（通常为银行），为特定需求者提供中长期信用，同时以建设市场和健全制度的方式，加快经济发展，实现长期经济增长以及其他政府目标的一种金融形式。[①] 在中国，“开发性金融”一词由中国国家开发银行董事

---

① 国家开发银行、中国人民大学联合课题组：《开发性金融论纲》，中国人民大学出版社2006年版，第75页。

长陈元在2003年首次提出，他认为开发性金融是一种金融形态和金融方法，是中国国情下的产物。它以服务国家战略为宗旨，以中长期投融资为手段，依托国家信用，通过市场化运作，缓解经济社会发展瓶颈的制约，维护国家金融稳定，增强经济竞争力。①

开发性金融是政策性金融的深化与发展，是政策性金融的高级形态。同时，开发性金融与商业性金融虽然同为现代金融体系，但二者有着完全不同的目标和范围。

（二）开发性金融的特征

1. 开发性金融以国家信用为基础

国家信用是一种主权信用，反映了国家的偿债能力和意愿，是对一国外债偿付能力、经济实力和增长前景、经济体制等方面作出高度概括的评价。开发性金融机构法定享有准主权级的国家信用，资本金由国家提供，被赋予了发行金融债券的特许权。可以说，国家信用是开发性金融市场化运作的基础和保障。对于开发性金融而言，国家信用主要体现在将主权级的国家信用运用到资本市场和债券市场，用信用进行融资，极大提高了融资能力与水平，从而对国家优先且重点发展的行业、产业、区域进行中长期的大数额贷款，并通过资本的配置来引导行业、产业、区域进行战略调整与升级，从而推动整个国民经济的发展。

2. 开发性金融以市场业绩为支柱

开发性金融的主要特点就是将国家信用与市场业绩相结合，其中强调市场业绩也是开发性金融与政策性金融最大的区别。开发性金融不同于政策性金融只求保本微利的经营理念，它讲求的是以市场业绩为支柱，不以牺牲资产质量和信用建设为代价。用财政补贴来弥补缺损维持经营生存的做法，一方面会引发大量的道德风险，导致不良贷款比率的不断上升；另一方面，对于国家财政来说是极大的负担。良好的市场业绩是维护和增强国家和政府信用的重要保障，有利于增强政府信用的市场形象。开发性金融用优良的市场业绩、良好的资产质量和盈利能力来维持自身的可持续发展。中国的国家开发银行在多年的探索中，实现了“不依靠政府补贴、坚持以良好的市场业绩配合政府特定意图的实现、走可持续发展之路”的战略目标。

3. 开发性金融以服务国家经济社会发展为目标

开发性金融始终坚持以服务国家经济社会发展为目标，依据国家发展战略部署对特定领域进行服务。对于中国的开发性金融来说，国家开发银行立足于全面建设小康社会的要求，支持基础设施、基础产业和支柱产业，缓解瓶颈问题，克服资源约束，调整产业结构；围绕全面建设小康社会的新瓶颈问题，打通融资渠道，以融资参与西部大开

① 陈元：《政府与市场之间——开发性金融的中国探索》，中信出版社2012年版，第6页。

发、东北老工业基地振兴，解决“三农”问题，参与国有企业改革以及中小企业、县域经济、就业、“走出去”战略、公共卫生、环境治理等领域的建设。①

4. 开发性金融以组织增信为基本原理

国家及政府的组织增信是开发性金融发挥国家信用效用的有效途径，也是政府和开发性金融机构之间的一种合作方式。通过国家及政府的组织增信，可以充分发挥政府的组织和政治优势，将其与开发性金融机构的融资优势相结合，形成政府与开发性金融的强大合力，有利于弥补现有金融制度的缺陷、市场体系的不健全，进而提高经济运行效率，实现国家经济和社会发展目标。组织增信的核心在于以国家信用为基础，建立信用体系和风险防控体系来优化信用资源配置，有效控制信用风险，降低整体风险水平，从而促进开发性金融机构自身经营目标的实现、国家经济社会的发展和核心竞争力的全面提升。

5. 开发性金融以市场建设和制度建设为主要方法

一方面，开发性金融通过市场建设和培育的方式来实现政府发展目标。一般情况下，市场缺损的领域往往是政府关注且优先发展的重要领域，在这些领域，市场机制缺失、投资风险大、资本回报率低，商业性金融机构不愿意涉足，但这些领域却是开发性金融机构的核心建设领域。开发性金融不会选择进入已经高度成熟的商业化市场，而是通过市场建设的方式，将资本投向国家政策鼓励发展的领域，在没有市场的地方主动培育市场，在市场机制不健全的地方充分完善市场。

另一方面，开发性金融通过制度建设来实现政府发展目标。制度的完善和发展对于经济的繁荣与发展、社会的和谐与稳定意义重大。开发性金融在其长期发展实践中进行制度创新，创建了一套按照市场化规范运作的融资新模式；创建了财政融资和信贷融资有机结合的具体模式；创建了金融、财政、企业三者与经济和谐发展的新路径。

二、从政策性金融到开发性金融

（一）中国政策性金融的产生与发展

依据《中华金融辞库》对政策性金融的解释，政策性金融是指在一国政府的支持和鼓励下，以国家信用为基础，严格按照国家规定的范围和对象，以优惠的存货款利率或条件，直接或间接为贯彻、配合国家特定经济和社会发展政策而进行的一种特殊性资金融通行为。而政策性金融机构，即是指“那些由政府创立，参股或保证的，不以营利为目的，专门为贯彻、配合社会经济政策或意图，在特定的业务领域内，直接或间接

① 陈元：《发挥开发性金融促进制度建设的作用——学习贯彻十六届三中全会精神专论》，《人民日报》2003年12月8日。

地从事政策性融资活动，充当政府发展经济，促进社会进步，进行宏观经济管理工具的金融机构”。①

1994年，国家开发银行、中国进出口银行以及中国农业发展银行分别从中国建设银行、中国银行和中国农业银行中分离出来，这标志着政策性金融业务与商业性金融业务相分离，中国独立的政策性金融体系开始形成。作为中国金融体系的重要组成部分，政策性金融体系虽然组建时间不长，但在产业结构调整、资源优化配置、弥补市场缺陷以及国民经济的协调发展等方面都发挥了不可替代的作用，对整个金融体制改革作出了重大贡献。但随着国际新环境、新形势的出现，政策性金融所面临的问题与挑战也日益严峻，无论是对自身的可持续发展还是对政策性金融职能的发挥都造成了阻碍，越来越无法满足经济社会发展的需要。

（二）政策性金融存在的问题

1. 政策性金融缺乏激励和监管机制

政策性金融机构的资金来源依靠国家财政补贴，不论是对资本成本，还是货款利差及坏账损失，都由国家财政承担。资金的依附性也决定了政策性金融机构没有自主选择贷款主体的权利，政府直接操控政策性金融机构的投融资决策、项目选择和日常经营活动，这导致金融机构运营效率低下，市场业绩不理想。同时，由于政策性金融机构的特殊性，监管机构很难用衡量一般金融机构的标准对其进行考核和监管，再加上政策性金融机构所开展的业务集中在成本高、周期长、风险大、收益小的领域，业务上的特殊性也使缺乏激励和监督机制的政策性金融机构面临巨大的经营风险，无法保证资产质量。

2. 政策性金融业务范围和经营品种单一

传统的政策性金融机构的业务范围和经营品种过于单一，主要是发放中、长期贷款，提供大额的贷款承诺，发行债券等几种形式，缺少国际开发性金融机构所从事的债券、股本投资以及担保等手段，呈现出单一性、局限性的特点，无法适应金融产品多样的需求②。随着金融体制改革的不断深入和开放程度的不断加大，客户对于金融产品的需求也日趋多样化，政策性金融机构只有不断地拓宽业务范围、创新金融产品与服务，才能更好地促进政策性目标和经营性目标的实现。

3. 政策性金融的可持续发展受限

政策性金融机构以服务整个社会经济发展为第一要务，不以营利为经营目标，因此中国政策性银行市场业绩始终不甚理想，有的甚至亏损经营，不良贷款率居高不下。这

① 黄国龙、颜军林：《关于政策性金融的研究》，《中山大学学报（社科版增刊）》1998年第51期，第118—131页。

② 李志辉、黎维彬：《中国开发性金融理论、政策与实践》，中国金融出版社2010年版，第16—17页。

也严重威胁到中国金融的安全与稳定，不利于政策性金融机构自身的可持续发展。

（三）开发性金融的兴起

自 20 世纪 70 年代以来，全球的经济环境发生了巨大变化，经济全球化的浪潮开始兴起，到了 20 世纪 90 年代，经济全球化的趋势越发明显。经济的全球化也引发了金融的全球化，金融市场的竞争也日益加剧，这要求不论是发达国家还是发展中国家都要顺应经济发展态势，进行金融体制、机构的重组和变革。政策性银行在金融体制的变革中也发生了深刻的变革：

（1）一些政策性银行被其他银行所兼并，一些则因为经营不善而被迫关闭。

（2）一些政策性银行在完成使命之后转型为商业性的金融机构或全能银行，如菲律宾发展银行在 1989 年重组后转变为商业银行；新加坡的星展银行则不断地拓宽业务范围，逐步发展成为完全商业化运作的全能银行。

（3）还有一些政策性银行在进行调整和重组后，采取不同的战略措施来适应新的环境变化，以信用进行融资，将国家信用与市场业绩相结合，逐步转变为综合性的开发性金融机构。

中国正处于社会主义建设的初级阶段，资本市场建设不够完善，金融市场及体制建设也尚处于初级阶段。随着国内外环境的不断变化，新的经济环境也对中国的政策性金融提出了更高的要求。1997 年亚洲金融危机爆发，中国出现了内需不足、经济疲软、市场失灵与制度缺损等一系列问题，各大金融机构的潜在风险与日俱增。因此，要想继续发挥政策性金融在服务国家发展战略、促进经济增长、实现经济社会协调发展等方面的作用，就要求政策性金融进行创新发展，朝着更高级阶段迈进。开发性金融正是在政策性金融的改革实践中逐步兴起的。

三、中国的开发性金融机构

开发性金融在中国的机构载体是国家开发银行。1994 年 3 月 17 日，在六大投资公司的基础上成立了国家开发银行，为国务院直属的政策性金融机构。在当时传统财政融资的观念指导下，国家开发银行积累了巨额的不良贷款，经营举步维艰。而亚洲金融危机的爆发，更是让中国遭遇了改革开放以来第一次通货紧缩，加剧了金融体系的信贷风险及系统性风险。在这样的形势下，国家开发银行被迫进行改革。从 1998 年开始，国家开发银行以信贷风险控制为改革的核心内容，并先后进行了三次信贷改革。改革内容分别为控制贷款增量风险、化解存量不良贷款以及将评审体制、内部管理、市场业绩与国际接轨。大刀阔斧的信贷改革奠定了开发性金融的现实基础，并初步完成了政策性金融机构向开发性金融机构的转变。2001 年，国家开发银行原董事长陈元在金融债券承销会上，第一次从制度演进的角度提出了财政、信贷、证券三种融资手段间的相互关系理论。该理论的提出不仅成为开发性金融重要的理论基础，还标志着国家开发银行正式进入了“开发性金融阶段”。2008 年，国家开发银行进行全面商业化改革，12 月 16 日，国家开发银行改组为国家开发银行股份有限公司，成为第一家进行商业化改革的政策性银行，这也意味着中国的政策性金融机构改革取得重大进展。

（一）国家开发银行的主要任务

国家开发银行成立之初，按照国务院国发〔1994〕22 号文件《国家开发银行章程》规定，其主要任务是集中资金支持基础设施、基础产业和支柱产业大中型基本建设、技术改造项目及其配套工程（“两基一支”）建设，并对所投项目在资金总量和资金结构配置上负有宏观调控职责。在全面建成小康社会的新时期，国家开发银行立足社会主义初级阶段经济社会发展的瓶颈制约和市场缺损的国情特点，按照科学发展观的要求和宏观调控政策目标，运用开发性金融的建设市场方法，建立长期稳定的资金来源，筹集和引导社会资金，重点支持“两基一支”和高新技术产业及其配套工程建设，以及政府亟须发展的其他领域，完善风险约束机制，推进市场建设，促进城乡、区域、经济社会、人与自然、国内和对外开放的协调发展，实现政府持续稳定发展和安全的目标。

（二）国家开发银行的资金来源

陈元在其《政府与市场》一书中提到：“从 1998 年到国家开发银行第一天起，国家就没给过一分钱亏损补贴，只是通过每年返税，完成了对国家开发银行最初 500 亿元资本金的注资承诺。所以，国家开发银行的每一分钱都必须在市场当中运营出来。”现阶段，国家开发银行的资金来源以国内外债券市场筹资为主。1998 年 9 月，国家开发银行首次探索市场化发债，并于 2002 年全部实现了市场化发债。至 2012 年，已成为仅次于财政部的第二大债券发行体。2003 年国家开发银行债券发行量首次超过国债，发行债券金额为 4200 亿元人民币。截至 2012 年，国家开发银行债券余额超 5 万亿元，占整个债券市场余额 1/5 以上，为中国最大的债券银行。

（三）国家开发银行的业务范围

《国家开发银行章程》规定国家开发银行可经营和办理下列业务：（1）管理和运用国家核拨的预算内经营性建设基金和贴息资金；（2）向国内金融机构发行金融债券和向社会发行财政担保建设债券；（3）办理有关的外国政府和国际金融组织贷款的转贷，经国家批准在国外发行债券，根据国家利用外资计划筹借国际商业贷款等；（4）向国家基础设施、基础产业和支柱产业的大中型基本建设和技术改造等政策性项目及其配套工程发放政策性贷款；（5）办理建设项目贷款条件评审、咨询和担保等业务，为重点建设项目物色国内外合资伙伴，提供投资机会和投资信息；（6）经批准的其他业务。就实际操作而言，业务范围可概述为：规划业务、信贷业务、资金业务、结算业务、中间业务、金融合作与创新、子公司业务等等。

（四）国家开发银行的项目运作程序

国家开发银行的项目运作主要可划分为六个阶段：（1）项目建议书阶段。国家计委、国家经贸委将需要由国家开发银行配置资金的项目，在审批后送到国家开发银行进行项目的贷款条件评审和财务评估。若涉及外资项目或国外贷款项目，则国家计委需要同国家开发银行一同商议后，再行审批，同时国家开发银行参与项目的相关谈判等工作。（2）可行性研究阶段。国家开发银行在项目贷款条件审查和财务评估论证后，对项目提出选择意见和相应的资金配置初步方案，形成项目可行性研究报告，再交由国家计委、国家经贸委审批。（3）设计阶段。根据项目的设计和建设准备情况，国家开发银行与有关单位签订经济合同。（4）年度计划。根据国家确定的年度投资规模，属于国家开发银行筹集和安排资金的项目均纳入年度投资计划。（5）年度新开工项目。对具备年度新开工条件的项目，国家开发银行与国家计委、国家经贸委协商后，按照其投产、守卫、续建、新开工的先后顺序及其贷款计划规模与平衡共同确定项目资金配置。（6）项目咨询工作。国家开发银行参与国家计委、国家经贸委委托中国国际工程咨询公司的项目评估工作。

（五）国家开发银行的组织框架

国家开发银行的总部设在北京，经批准可在国内外设置必要的办事机构。国家开发银行的金融业务要接受中国人民银行的指导与监督，有关资金拨付业务，要优先委托中国建设银行办理。在6个国家专业投资公司并入国家开发银行的同时，新组建一个国家开发投资公司，并明确其与国家开发银行和中国建设银行之间的关系。在财务管理方面，国家开发银行执行财务部规定的财务会计制度，其财务接受具有审计职能的部门、会计师事务所的审计监督。此外，还设立了国家开发银行监事会，人员由国家计委、国家经贸委、财政部、中国人民银行、审计署、外经贸部等部门各出一名负责人以及其他国务院指定人员组成，并报国务院批准。监事会不干预开行的具体业务，主要职责在于监督政策执行情况、资金使用情况和资产经营状况，并提出国家开发银行行长的任免建议。

经过20年的改革和发展，目前国家开发银行已经成长为中国长期投融资领域的主力银行、中国最大的债券银行、最大的外汇贷款银行、最大的对外投融资合作银行，其主要经营指标均达到国际先进水平。

第三节　中国开发性金融发展的阶段及评价

国家开发银行已经完成了政策性金融向开发性金融的成功过渡，近十年来，在开发性金融理论的指导下取得了巨大成效，整体竞争力显著增强，在国际上也占据着重要的地位。但毕竟中国的开发性金融实践时间不长，仍然会面临许多问题和挑战，需要立足于中国国情，充分吸收和借鉴世界各国及区域组织开发性金融机构的成功经验，总结梳理开发性金融的理论框架，促进中国的开发性金融不断完善。

一、中国开发性金融的发展阶段

依据国内外开发性金融的实践发展情况，可将开发性金融的发展分为三个阶段，即政策性金融阶段、制度建设阶段和战略性开发性金融阶段。三个阶段展现的是由低层次向高层次不断发展、递进的发展过程。[①] 从中国目前的开发性金融发展来看，国家开发银行已经成功跨越了政策性金融阶段，进入了制度建设阶段，今后还要为步入战略性开发性金融阶段作出更多的努力。

（一）政策性金融阶段

目前，除了国家开发银行成功实现由政策性金融机构向开发性金融机构的转型外，中国的进出口银行和中国农业发展银行仍属于政策性金融阶段，亟待金融体制改革的全面深化。而国家开发银行在1994—1998年处于政策性金融阶段，主要以政策性金融业务为主。这时期的开发性金融是作为国家财政的延伸而存在，政府掌控着开发性金融的投融资决策、项目选择等，运用财政性手段干预金融市场来弥补市场失灵，充分发挥政策性银行的政治优势与组织优势，筹集和引导资金支持国家“两基一支”重点项目的建设。国家开发银行也正是在政策性金融阶段，以“自主经营、独立核算、保本微利、自我约束”为经营方针，构建了政策性项目的运作和规范化的管理体系，初步建立了较为稳定的融资渠道。但政策性金融的市场回报率低，往往需要用国家的财政资金来弥补运营亏损，经营效率低下，大大阻碍了政策性金融职能的发挥。同时，政策性金融只能针对区域、行业、项目提供资金支持，无法有效解决市场失灵和制度缺损等问题。因此，国家开发银行在1998年进行了改革调整，逐步过渡到了开发性金融阶段。

---

① 国家开发银行、中国人民人大联合课题组：《开发性金融论纲》，中国人民大学出版社2006年版，第84—87页。

（二）制度建设阶段

制度建设阶段是开发性金融发展的第二阶段。该阶段的主要特征是将国家信用与市场业绩相结合，通过市场建设和制度建设的方式实现政府的发展目标。国家开发银行正处于这个发展时期，提出了“在市场环境下、银行框架内”办行的新思路，开始探索以市场化方式服务国家发展战略的开发性金融办行路径。2005 年 11 月，中国人民银行行长周小川在一篇名为《加快金融体制改革》的文章中对“十一五”期间的金融改革思路进行了阐述，“目前，中国政策性银行的发展进入了一个新阶段，为适应新形势，传统的政策性银行要转变成符合市场经济需要的、财务上可持续的、具有一定竞争性的开发性金融机构。为达到这一目标，一是建立现代企业制度，实现各政策性银行自身持续发展。二是一行一策，针对各行的不同情况，分别制定金融改革方案，有目的、有步骤、分阶段实施。三是建立开发性金融机构管理模式，实现国家制定项目和自主经营的开发性项目分账管理、专项核算”。2008 年，面对国际金融危机的冲击，国家开发银行一方面充分发挥宏观经济调控作用，切实贯彻国家“保增长、扩内需、调结构”的政策措施；另一方面继续平稳推进股份制的改革，构建了现代企业的治理结构框架。

（三）战略性开发性金融阶段

战略性开发性金融阶段是开发性金融未来的发展方向。随着金融市场的充分发育，制度建设的不断完善，开发性金融完成了国家基础制度建设的历史使命，国家信用逐步与金融分离，经济运行完全纳入市场的发展框架中，作为一个市场主体参与运行，这时候的开发性金融也可以称为开发商业性金融。金融理论体系从经济效益和投融资期限两个维度入手可以划分为四个区域，分别是传统商业性金融、传统政策性金融、开发商业性金融和开发政策性金融（见图 1-2）。

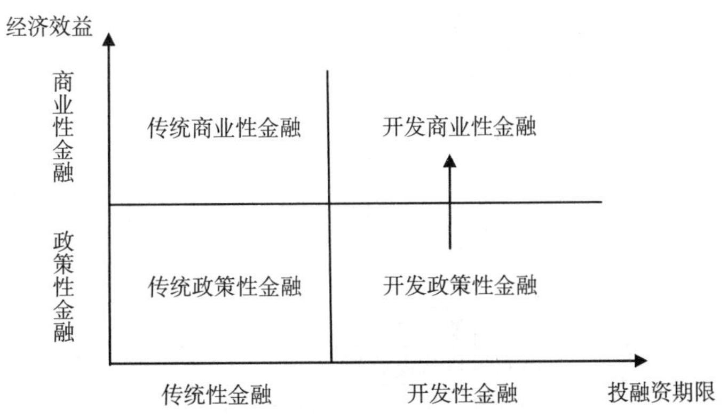

图 1-2　政策性金融、商业性金融、开发性金融和传统性金融的关系

资料来源：袁乐平、陈森、袁振华：《开发性金融：新的内涵、理论定位及改革方向》，《江西社会科学》2012 年第 1 期，第 97—98 页。

开发性金融成为一个市场主体进行商业化转型主要有三个方向：一是转型为传统性的商业银行；二是转型为开发性商业银行；三是转型成为兼具传统性和开发性的全能银行。中国未来的开发性金融转型要结合中国发展国情，基于自身的业务实践，在借鉴国外开发性金融的成功经验基础上，审慎地选择中国开发性金融的转型方向。

二、中国开发性金融的发展

中国的开发性金融经过20年的发展已经成为国家大金融的重要组成部分。国家开发银行结合国内外发展需求，创建出全功能、全牌照的运营模式，创新了国际开发性金融，在国际上获得了举足轻重的地位。

（一）开发性金融的评价指标

开发性金融的评价指标主要可分成促进开发性金融与服务国家战略两大类。促进开发性金融的指标主要指开发性金融机构的资产状况与经营情况，服务国家战略则体现在绿色发展、区域协调发展、产业转型升级、国防建设、科教兴国、新型城镇化、对外开放、基础设施现代化等国家战略中开发性金融的作用体现。在这基础上，我们可以对指标进行细化，分成经济类、环境类和社会类指标，在每个具体分类下再进行细化，由此形成一个较为完整的评价指标，见表1-4。

表1-4　开发性金融机构主要量化评价指标

分　类	指　标　名　称	单　位
经济类指标	总资产	亿元
	贷款金额	亿元
	不良贷款率	%
	贷款拨备率	%
	发行债券余额	亿元
	资本充足率	%
	净利润	亿元
	股东权益	亿元
	ROA	%
	ROE	%
	“两基一支”贷款发放额	亿元
	中西部贷款发放额	亿元
	外币贷款余额	亿美元
	外币贷款不良率	%
	新农村贷款发放额	亿元
	中低收入家庭住房贷款发放额	亿元
	助学贷款发放额	亿元
	医疗卫生贷款发放额	亿元
	应急贷款发放额	亿元

续表

分 类	指 标 名 称	单 位
环境类指标	贷款项目环评率	%
	环保及节能减排贷款发放额	亿元
	其中：流域、城市环境综合治理 工业污染治理和资源综合利用 清洁能源和十大节能工程	亿元
社会类指标	保障性安居工程贷款发放额	亿元
	累计保障性安居工程贷款惠及人数	万人
	助学贷款覆盖人数	万人

（二）中国开发性金融的地位

目前国家开发银行已经成长成为中国中长期投融资的主力银行、中国最大的债券银行、中国最大的外汇贷款银行、中国最大的对外投融资合作银行以及全球最大的开发性金融机构。

据 2014 年国家开发银行年报显示，全年集团净利润 977 亿元，贷款余额 7.94 万亿元，贷款拨备率为 3.43%，其中发放人民币贷款 1.84 万亿元，外币贷款余额突破 2600 亿美元。在债券筹资方面，国家开发银行全年发行人民币债券 1.17 万亿元，累计发债突破 10 万亿元。发行柜台债 67 亿元，拓展交易所发债，上交所发债 180 亿元，发行 25 亿元香港人民币债，首发 20 亿元伦敦人民币债，助推人民币国际化进程。

国家开发银行的不良贷款率处于业内领先水平。国家开发银行不断深化与政府、企业及其他金融机构之间的合作，加强对光伏、煤炭等高风险行业的风险管控，实施重点风险管控客户名单管理机制，科学设计风险管理体系，建立风险管理责任制，有效地管控风险保障开发性金融的可持续发展。截至 2014 年年末，国家开发银行的不良贷款率为 0.65%，连续 39 个季度保持在 1%以内，与同业银行相比较，国家开发银行的不良贷款率始终居领先地位（见图 1-3）。

国家开发银行是全球最大的开发性金融机构。公开数据显示，2011 年，国家开发银行总资产接近 1 万亿美元，相当于世界银行总资产（3138 亿美元）的 3 倍，在新兴市场发放的贷款总额为 1390.9 亿美元，而同期世界银行对发展中国家的贷款只有 430 亿美元。同时，根据年报显示，截至 2014 年年底，国家开发银行总资产超过 10 万亿元，贷款余额近 8 万亿元，继续保持全球最大开发性金融机构的地位。

三、中国开发性金融成功经验总结

国家开发银行自成立以来，历经 20 年的奋斗历程，走出了一条具有中国特色的开

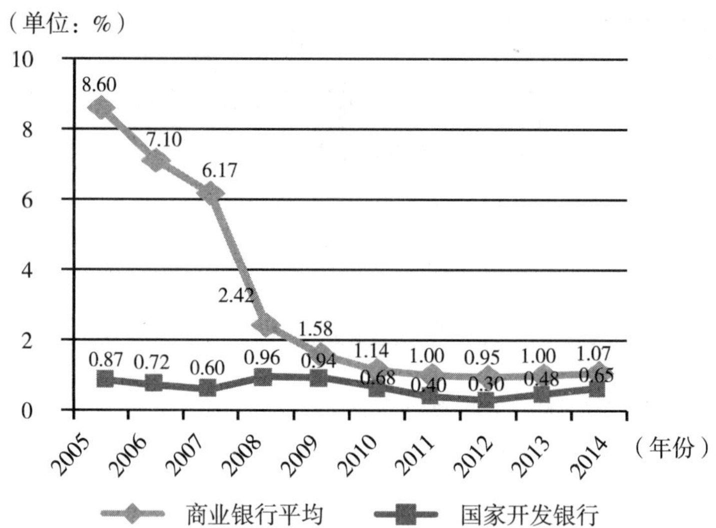

图 1-3　2005—2014 年国家开发银行不良贷款率同业比较

发性金融之路，积累了不少宝贵的经验，具体有以下几点①：

（一）以服务国家发展战略为宗旨

国家开发银行始终坚持把国家利益作为第一要务，立足社会主义初级阶段的国情特点和实际的发展需要，贯彻落实国家经济发展战略，运用开发性金融方法，切实把握国家的发展重点，缓解经济社会发展的瓶颈制约和弥补市场失灵与制度缺损，为经济社会发展提供稳定长久的支撑，最终实现服务国家战略与自身发展的有机统一。

（二）以国家信用为依托

国家信用是开发性金融机构市场化运作的基础，是服务国家经济发展战略的基本政策保障。国家开发银行运用国家信用，在政府和市场间架起连接的桥梁，充分发挥政府和市场两个优势，将政府的组织优势与开发性金融的融资优势相结合，不断进行市场建设和制度建设，用良好的市场业绩维护国家信用，保证资金质量，从而维护和增强国家信用的政府形象，更好地为国家战略及经济发展目标服务。

（三）以资金运用保本微利为原则

开发性金融虽然不以营利为首要目标，不单纯追求股东利益，但与政策性金融不同，既不是财政部门的延伸，也不是不求回报的社会福利机构，而是以“服务发展、管控风险、适当盈利”为经营方针，坚持以市场业绩为主导，通过算大账、算战略利益账，保证资产质量和收益目标的实现，推动开发性金融机构的可持续健康发展。

---

① 胡怀邦：《开发性金融的国家使命》，《中国金融》2014 年第 8 期，第 9—11 页。

（四）以市场化为基本运作模式

开发性金融机构坚持采用市场化的运作方式，主动建设市场，通过制度建设和基础设施的不断完善，在市场空白、缺失的领域逐步建设和培育市场，打通发展中的瓶颈，提高开发性金融的可持续发展能力，增强服务国家战略的主动性和作用力。采用市场化运作的开发性金融效率更高、作用更强、影响力更大、风险防控更严。

（五）以银政合作和社会共建为主要抓手

国家开发银行20年的探索发现，中国经济发展中存在的市场缺损可以通过银政合作来弥补，“银政一家”与“银政对立”都是不可取的。通过银政合作，可以整合各类资源，将政府的组织协调作用、市场的资源配置作用、金融的中长期投融资作用、企业的主体和平台作用、社会各方的监督作用集中起来，形成合力，共同推进市场建设，为市场发挥配置资源作用创造条件。

（六）以“规划先行”为工作切入点

好的规划是紧密结合国情发展需要，基于机构的业务实践制定出合理、科学的发展目标与方向。开发性金融以“规划先行”为工作的切入点，立足于中国社会主义初级阶段的国情，以前瞻性、战略性的眼光看待中国的发展，深刻剖析中国内外经济环境的发展变化及趋势特征，通过市场建设的方式大批量、高效率地开发和培育投融资项目，大大减少盲目投资带来的资源消耗和经营亏损，避免产能过剩、重复建设等问题的出现，通过合理的部署与规划，实现开发性金融的科学发展。

（七）以中长期投融资推动为载体

国家经济的持续稳定发展离不开中长期资金的支持。可以说，中长期投融资是经济社会发展的基础和动力。开发性金融发挥专业优势，建设中长期投融资市场和体制，克服期限错配风险，在支持项目建设的同时，以每一笔融资为载体，注入市场、信用和制度建设的要求，促进形成健康市场主体，提高投融资效率。

四、中国开发性金融的发展方向

中国的开发性金融取得成效的同时，我们必须清醒认识到目前中国开发性金融的发展也存在着诸多问题亟待解决。在结合本国国情基础上，学习借鉴国外发达国家开发性金融的成功经验，将会为中国开发性金融的改革与未来的发展提供新思路。

（一）目前开发性金融存在的主要问题

1. 法律体系不健全，缺乏专门的监管体系

自1994年政策性银行成立以来，中国尚未出台专门的政策性金融相关的法律法规。国家开发银行作为中国的政策性银行，在有着银行的一般属性的同时又有其特殊属性，

特殊的性质和定位决定其必须进行单独的立法。同时，中国三大政策银行建立和运作的章程及方案仅是一般性的行政规范文件，立法层次较低，因而规范性及可操作性也较差。

此外，依据国务院国发〔1994〕22号文件《国家开发银行章程》规定，国家开发银行在金融业务上接受中国人民银行的指导和监督。在1995年颁布的《中国人民银行法》中也规定了中国人民银行对国家政策性银行的金融业务负有指导和监督的责任，但规定过于模糊，没有明确的操作细则。2004年2月1日开始施行的《银行业监督管理法》第二条规定："国务院银行业监督管理机构负责对全国银行业金融机构及其业务活动监督管理的工作。本法所称银行业金融机构，是指在中华人民共和国境内设立的商业银行、城市信用合作社、农村信用合作社等吸收公众存款的金融机构以及政策性银行。"因此，依据《银行业监督管理法》的法律条文，国家开发银行的监管机构变为银监会。从法规中可以看出，银监会对于国家开发银行的监督与其他的银行业金融机构并无差别，没有专门的监管法律，无法体现国家开发银行作为一个开发性金融机构在监管考核管理上的特殊性。国家开发银行不管是在经营理念、业务范围、运作机制等方面与一般的银行业机构都存在较大的差异，无差异化的监督考核不但失之偏颇，无法科学、准确地反映机构发展情况，还会直接影响国家开发银行的可持续健康发展。

2. 资金来源较为单一，融资成本与风险升高

国家开发银行资金来源渠道主要有同业及其他金融机构存放款项、向政府和其他金融机构借款、吸收存款、发行债券及次级债券和其他渠道（见表1-5）。但是从总体上看，长期以来中国的筹资渠道仍然以发行债券为主要方式。截至2013年年底，国家开发银行发行债券余额达到58406亿元，同比增长10.15%，占总负债的76.59%。筹资渠道的单一加上市场化筹资机制的匮乏，将会极大增加国家开发银行的融资风险。

表1-5　国家开发银行的负债结构

人民币百万元或百分比	2013年		2012年	
	金额（百万）	占比（%）	金额（百万）	占比（%）
同业及其他金融机构存放款项	1095102	14.36	1077657	15.35
向政府和其他金融机构借款	455109	5.97	426645	6.08
发行债券	5840590	76.59	5302197	75.51
其中：次级债券	119513	1.57	119589	1.7
其他	235202	3.08	215244	3.07
合计	7626003	100	7021843	100

资料来源：国家开发银行：《2013年年度报告》。

同时，国家开发银行的主要定位及业务要求就是开展中长期的信贷及投资。中长期贷款具有投资周期长、金额高、资金回笼慢、收益低、风险高的特点，而国家开发银行作为中国的开发性金融机构，其主要使命就是为国民经济重大中长期发展战略服务，因此，国家开发银行的基本定位一直是中长期的投融资机构。根据国家开发银行 2013 年发行人民币债券的分布来看，中长期（即 1 年以上）的债券高达 84%（见图 1-4）。一旦未来经济形势发生变化，中长期投融资项目受到影响无法保证本息的按时偿还，这就意味着国家开发银行将面临巨大的投资风险。

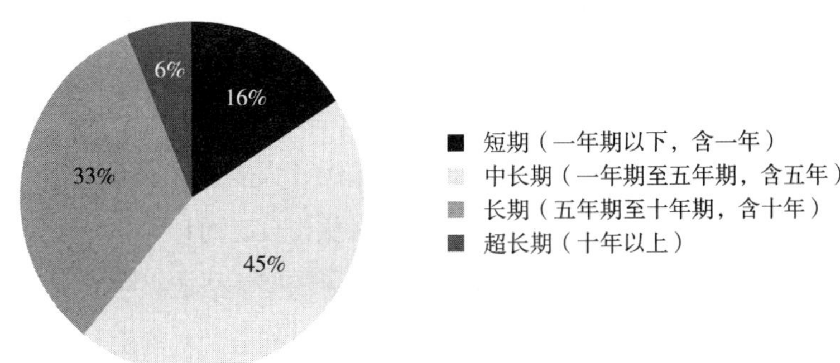

图 1-4　2013 年国家开发银行发行债券期限分布

资料来源：国家开发银行：《2013 年年度报告》，国家开发银行网站 http：//www. cdb. com. cn/bgxz/ndbg/ndbg2013/。

3. 资本金补充不足，经营风险加剧

国家开发银行的注册资本金为 500 亿元，拨付时并没有全额一次性到账，而是分成两个批次，先拨付了 362 亿元，其余的款项则采用税收的方式陆续进行拨付。在此后很长的一段时期内，国家就没有再对国家开发银行进行注资。与之相反，国家对于四大商业银行似乎更加“优待”，2004 年国家向中国银行、中国建设银行各注资 225 亿美元，向中国交通银行注资 30 亿元人民币；2005 年又向工行注资 150 亿美元，此外四大商业银行还剥离了超过 2. 1 万亿人民币的不良资产。而对于本应更需要国家政策支持的开发性金融而言，国家开发银行从 1998 年起，除了每年返税完成 500 亿注资承诺外，就再没有给过一分钱亏损补贴，全是凭借国家开发银行自身经营积累。因此，在国家不补充资本金的情况下，光靠国家开发银行自身的经营创收，很容易出现资本短缺问题，难以分散风险，运转难度进一步加大。2005 年，国家开发银行的资本充足率为 9. 15%，低于国外金融同业水平。2013 年，资本充足率虽然提升至 11. 28%，但仍处于相对较低的水平。

4. 信息建设落后，人力资源不足

近年来，随着各类信息系统的逐步完善，原先单纯依靠人力进行数据统计的局面得到了一定改善，但原有政策性银行改制遗留下的管理问题仍未彻底消除，与商业银行相比，国家开发银行信息系统的建设仍然相对落后，科技化水平也比较低，这也导致大量重复性工作的出现，极大影响了工作效率的提高，管理成本也在不断上升。此外，国家开发银行是从政策性金融机构过渡而来，原先机构的运行体制带有比较浓厚的行政色彩，而在国家开发银行开始商业化改革时，市场化的经营管理模式也需要有相应专业技术性人才，但就目前而言，国家开发银行中专业的商业化管理、经营投资决策及风险评估人才相对较少，人力资源不足的问题会影响到国家开发银行未来的发展。

（二）开发性金融的改革建议

1. 构建完善的法律法规与监管体系

健全的法律法规与监管体系是开发性金融在金融市场平稳健康运行的重要保障因素。综观世界各国关于开发性金融机构的立法情况，大多数国家不论是成立开发性金融机构较早的美国、德国等，还是成立开发性金融机构较晚的日本、韩国等都采用先立法后建行的模式，即先制定开发性金融银行法，然后依据该法成立相应的开发性银行。而这些政策性银行法都是单独立法，依据要成立的开发性金融机构的特点、宗旨、经营目标、业务范围、组织体制来进行相应的开发性银行的独立立法。例如，德国的《德国复兴信贷银行法》、韩国颁布的《韩国产业银行法》，美国针对不同的开发性金融机构所制定的法律法规组成了一个完善的开发性金融的法律体系，立法领域集中在农业、中小企业、住房、进出口等，相应地颁布了《联邦土地银行法》《联邦中期信贷银行法》《1932 年住房贷款银行法》《美国进出口银行法》等。因此，中国的开发性金融应借鉴国外的立法模式，坚持“一行一法”，使开发性金融机构有法可依。

在监管举措方面，除了要颁布专门的法律，还需要明确政府对开发性金融机构的监管内容。《德国复兴信贷银行法》《韩国开发银行法》和《日本政策投资银行法》都在其法律条文中明确规定，政府要对开发性金融机构的资金来源与运用、业务范围、项目选择、计划与经营理念、内部权力结构等方面进行监督。例如，韩国对韩国产业银行的监督就是由财政经济部、金融监管委员会、审计监察委员会和国会进行的全方位多角度的监管。中国也应根据本国的具体情况，制定严格的金融监管举措。

2. 拓宽融资渠道，防范风险

切实有效地拓宽融资渠道可以通过两种方式来实现：一是全面开展金融合作，包括与同业金融机构之间的合作及与非银行金融机构的合作。在与同业金融机构的合作中，充分发挥国家开发银行信用等级高、投资成本低和商业银行营业网点多、业务范围广以及支付体系完善的优势，通过国家开发银行主动牵头组建银团的方式，加强与工行、农行、建行、中行、交行五大商业银行的合作，发挥重大项目银团筹组助力军作用。与非银行金融机构的合作对象主要是证券公司及保险公司，强调在探讨资金业务、资源共享、担保业务及债券业务等方面进行合作，采用搭建融资支持和风险控制平台，拓展中间业务的新模式。二是应当加大国家开发银行的融资创新力度，结合国内外的金融形式，及时推出创新的金融产品与服务，拓展资金融资渠道。例如，在国家基础产业、基础设施和支柱产业领域，可以有选择地向社会公开进行融资，从而分散融资风险；在“三农”贷款领域，则可以有针对性地对农民发放各类创新的金融产品来吸收资金①。

3. 多管齐下，保证资产质量

针对中长期投融资可能出现的信用风险、市场风险、系统性风险而导致贷出款项无法顺利收回、不良贷款率上升、资产质量下降的情况，应该采用多管齐下的方法，来防控风险，提高贷款的质量。

第一，加强与政府的合作，发挥政府的组织和政治优势，用政府信用对贷款进行担保。从国外开发性金融的实践来看，一些开发性金融的成功与政府对开发性金融的大力支持是密不可分的。政府通过金融管制、利率管制、向开发性银行提供借款、补偿经营亏损以及提供贴息和减免税收的方式，来支持开发性金融的发展。例如，日本政府对于日本的政策投资银行采取了免交全部国家税、地方税和法人税的举措，并从每年的利润中提取出法定的准备金作为日本政策投资银行的资本，对日本的开发性银行给予极大的支持。对中国的国家开发银行而言，在进行商业化改革转型时期，也必须要加强与政府的合作，进一步完善政府的信用建设，通过组织增信来保证资本质量。

第二，国家开发银行应当大力研发中长期贷款的衍生产品，以此来分散和化解中长期贷款的集中风险。国家开发银行可以积极借鉴国外资产证券化产品的成功尝试，加快中国新的贷款衍生产品的研发力度，推出既能够满足市场需求，又能够实现多方共赢的衍生产品。进而逐步实现贷款结构的优化及资产负债的风险防控，提高资产的流动性。

第三，综合运用多种手段来逐步提高资本的充足率，充实国家开发银行的资本金。充足的资本金不但有助于提升投资者对国家开发银行债券的信心，而且对转型过程中国家开发银行造成的压力也会有效缓解。目前，国际上普遍认为合理的资本充足率应该保持在15%—20%，而国家开发银行目前的资本充足率尚未达到这一标准。对资本金的补充可以通过外汇投资公司对国家开发银行进行外汇注资，或者申请债券上市及吸引国外战略投资者等方式来实现。

4. 加强内部建设，提高竞争优势

推进内部改革，坚持“服务战略、管控风险、适当盈利”，打造始终保持创新活力

---

① 冯雪、姜尚：《国家开发银行转型后面临的主要风险及对策建议——基于全球经济下滑背景的思考》，《中国金融》2009年第12期。

和持续提升服务能力的银行。转变经营理念和业务发展方式，围绕国家战略重点调整业务结构，提升服务发展的质量和效益。统筹推进流程再造，加快形成职能清晰、管理顺畅、协同高效的业务流程体系和管理机制。强化综合经营优势，深化“一个开行、一个客户、一套服务”的集团一体化管理，加强集团协同发展能力建设。① 在风险防控方面，建立健全有效的全面风险管理体系，制定清晰的风险管理战略和完善的风险管理政策，切实强化风险意识，牢固树立稳健经营的理念，落实风险责任制，逐步形成职业化的风险管理团队，巩固一流经营业绩。

（三）开发性金融的发展方向——政策性业务与商业性业务同步协调发展

2008 年，国家开发银行进行了商业化改革，开始逐步由开发性政策银行向开发性商业银行过渡。开发性商业金融机构的特点是不再依托或者部分享有国家信用，强调以自身信用做担保高成本发行债券的方式来获取资金，同时以获取利润、实现股东利益最大化作为主要经营目标，高效率地运用资金。总结来说即“高进高出，盈利经营”。而对于政策形态的开发性金融来说，以“低进低出”为运行模式，以国家的信用做担保低成本地发行债券的方式以获取资金，以服务国家国民经济发展战略为首要目标，强调保本经营，让利商业银行，不与其竞争（见图 1-5）。

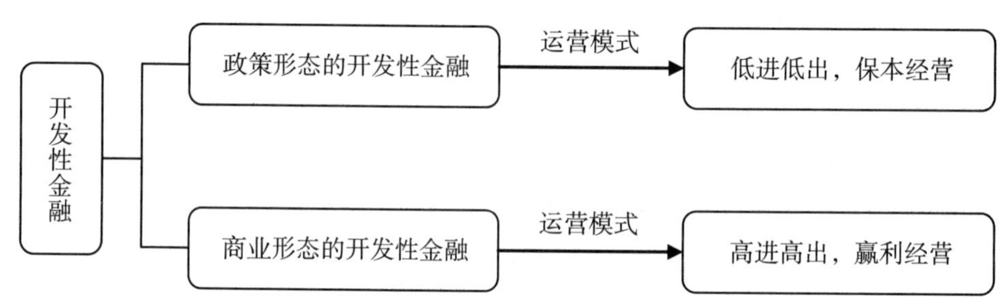

图 1-5 开发性金融的两种运行形态

资料来源：袁乐平、陈森、袁振华：《开发性金融：新的内涵、理论定位及改革方向》，《江西社会科学》2012 年第 1 期。

目前，中国正处于经济转轨的关键时期，经济发展的基础还比较薄弱，市场机制也不健全，金融市场尚待完善，在这一形势下，开发性金融还将在今后较长的一段时期内继续以服务国家发展战略为使命，承担为经济发展和社会建设提供开发性金融服务的重任。因此，基于中国的特殊国情，未来中国开发性金融商业化改革的特点是，政策性业务与商业性业务同时存在，即商业性开发性金融机构既有支持社会发展的政策性业务，又有参与市场竞争的商业性业务。为了促进政策性业务与商业性业务的同步协调发展，

① 胡怀邦：《开发性金融的国家使命》，《中国金融》2014 年第 8 期。

可借鉴国外开发性金融的发展经验，采用母子公司模式或者专项账户管理模式。母子公司的形式，就是在国家开发银行下设子公司，专门从事政策性业务，以国家信用进行融资，而商业性业务则运用自身信用来获得资金，以营利目的为导向进行项目选择。专项账户的管理模式就是在国家开发银行的内部财务管理上分别设立独立的账户，来对应商业性和政策性的业务，保证两类性质业务间法律和财务的独立性，防范道德风险和逆向选择。国家开发银行可以基于具体国情与自身业务实践，探索出最适合国家开发银行发展的新模式。

未来国家开发银行的发展，一方面要继续发挥其金融示范、融资杠杆作用，依据国家发展战略引导社会资金流向；另一方面要建立现代金融企业制度，实行股份制改造，进一步完善经营管理、风险控制体制，将国家开发银行打造成为国际一流的现代金融企业。

第二章

中国开发性金融对国家发展的贡献、价值和作用

第一节　中国开发性金融对国家发展的七大贡献

一、“两基一支”建设贡献

开发性金融对基础设施、基础产业、支柱产业建设具有重要作用。国家开发银行自成立以来，就始终承担着为国家“两基一支”建设项目提供资金支持的重任，在电力、公路、铁路、石油石化、煤炭、邮电通信和公共基础设施等重要行业和关键领域发挥着中长期融资主力银行的作用。2013年，国家开发银行新增贷款中，80%以上投向公路、铁路、电力、城市公共基础设施等八大领域建设，承诺贷款20141亿元，占“两基一支”贷款的90.8%。

在电力行业，2000—2005年，国家开发银行对电力行业的贷款累计总额占整个电力行业总投资的21%。2005年电力行业贷款更是达到了全行贷款发放总额的五分之一，建成了多个世界级的大型电力项目，如三峡电站、田湾核电站、西电东输等项目。2013年，国家开发银行继续大力支持传统燃煤电厂综合升级改造和核电、水电、风电等新能源与可再生能源项目建设，重点推进江苏田湾核电二期、澜沧江上游苗尾水电站等项目，支持并网光伏电站建设，缓解光伏行业过剩产能，促进能源结构调整。截至2013年年底，国家开发银行电力资产贷款余额已达7505亿元，累计支持建成电力装机容量6.5亿千瓦。

在公路建设领域，截至2013年年末，国家开发银行累计发放贷款18803亿元，贷款余额12382亿元，同业占比超过30%。累计支持建设的公路里程146万公里，其中高

速公路7.5万公里，占全国通车高速公路里程的比例超过70%。

在铁路行业，截至2013年年末，国家开发银行铁路行业贷款余额为人民币5411亿元，继续保持同业领先位置，为中国铁路总公司提供的贷款占其全部融资的三分之一，支持铁路项目总长为6万公里，约占全国的一半。为推动实现中国铁路网中长期建设目标、促进铁路装备制造科技进步和技术创新、提升中国铁路行业现代化经营水平作出了重大贡献。

在石油石化行业，国家开发银行充分发挥融资优势，不断加强与中石油、中石化、中海油等大型国有企业的战略合作，重点支持石油天然气的勘探开发、大型石油炼化、重点管线等项目。国家开发银行积极创新金融手段，帮助企业获取海外油气资源，打通油气进口通道，为国家能源安全战略作出积极贡献。

在煤炭行业，截至2013年年末，国家开发银行煤炭行业贷款余额人民币1575亿元，国家开发银行以促进煤炭产业升级转型为重点，积极推动煤制油、煤制天然气等煤炭深加工领域发展和相关企业的兼并重组，重点融资支持神华宁煤400万吨/年煤炭液化、内蒙古汇能集团长滩2000万吨/年露天煤矿等项目建设。

在邮电通信行业，国家开发银行重点支持华为、中兴通讯等为代表的拥有自主知识产权的企业，积极响应国家产业政策，融资支持“宽带中国”“智慧城市”等基础设施建设，继续推动中国电信设备企业扩大国际市场，深化与境外大型电信运营商合作。截至2013年年末，国家开发银行邮电通信行业贷款余额人民币899亿元。

在农林水利行业，截至2013年年末，国家开发银行农林水利行业贷款余额人民币1910亿元。

在公共基础设施领域，2013年年末，国家开发银行公共基础设施行业贷款余额人民币13248亿元，继续以公共基础设施建设为着力点，完善城市服务功能、提升城市承载能力，大力支持国家新型城镇化发展，推进安徽、辽宁产城一体化试点，苏州小城镇建设。继续推动港口、民航、城市轨道交通等领域建设，支持唐山港京唐港区集装箱码头、广州白云机场扩建，北京、上海、石家庄等城市轨道交通，重庆保税港区、阿里巴巴淘宝城等物流流通基础设施建设。

二、投资拉动贡献

贷款是国家开发银行的核心资产，占总资产的84.64%。1994年，国家开发银行的贷款发放量总额为818亿元，2013年贷款发放量达到69299亿元。19年间增长了将近85倍。同期，中国的GDP由1994年的46669亿元增长到2013年的568845亿元，增长超过12倍。

20 世纪 90 年代以来，中国遭遇了 1997 年亚洲金融危机和 2008 年国际金融危机两次影响较为深远的金融危机。虽然危机的成因、规模、影响和波及范围不相同，但在应对危机的实践中都能看出，开发性金融在其中运用投资拉动经济增长的巨大作用。亚洲金融危机后，国家开发银行响应国家扩大投资、拉动内需的号召，在安徽借力融资平台，首创了一种新的城建模式——“芜湖模式”，并在全国迅速推广。实践证明，融资平台填补了政府投资领域和市场竞争领域之间的真空地带，使有限的财政资金与信贷资金互动，释放出巨大的拉动作用。到 2002 年年底，国家开发银行与全国 30 个省（区、市）进行合作，依托融资平台，累计承诺城市基础设施项目 278 个，总金额达 1941 亿元，贷款余额 1181 亿元。

2008 年，国际金融危机来袭，中国政府出台的 4 万亿元刺激经济方案中，中央政府投资仅 1. 18 万亿元，其余资金需有地方政府配套。随后，由国家开发银行鼎力支持的融资平台成为经济建设中最活跃的主体，促使地方政府在财力紧张的情况下依然保持了较高的投资增速。2009 年，中国中长期贷款新增 5. 15 万亿元，其中基础设施行业增加 2. 5 万亿元。在一定程度上，如果没有开发性金融支持融资平台，地方政府就难以完成资金配套任务，中国就难以应对金融危机带来的冲击，也难以保持经济继续平稳较快发展。①

三、对外开放和服务国家战略贡献

作为全球最大的开发性金融机构和中国最大的对外投融资银行，国家开发银行将开发性金融经验广泛应用到国际合作中，从规划合作入手，与各国金融机构建立双、多边合作机制，分享专业知识和经验。截至 2013 年年末，国家开发银行累计与 81 个国家签订了 243 个合作协议，支持合作国基础设施、中小企业、农业等领域的发展。

2013 年，国家开发银行继续深化与各国政府、企业和金融机构在基础设施、农业、民生、能源等重点领域的项目合作，积极推动落实上合银联体、中国—东盟银联体、金砖国家银行合作机制等多项多边金融合作成果，推动与世界银行在非洲开展务实合作，发挥中非发展基金、中葡基金等对外投资平台作用。积极服务中国企业“走出去”，推动人民币国际化。同时，国家开发银行不断强化风险预警，构筑国际业务风险管控体系，保持资产质量稳定。截至 2013 年年末，外币贷款余额 2505 亿美元，跨境人民币贷款余额 630 亿元，继续保持中国对外投融资主力银行地位，国际合作网络遍及五大洲 114 个国家和地区（见图 2-1）。境外代理行网络进一步发展，国际业务代理行全球布

---

①《国家开发银行史》编辑委员会：《国家开发银行史（1994—2012）》，中国金融出版社 2013 年版，第 182—183 页。

局初具规模，已与106个国家和地区的670家银行建立代理行关系。

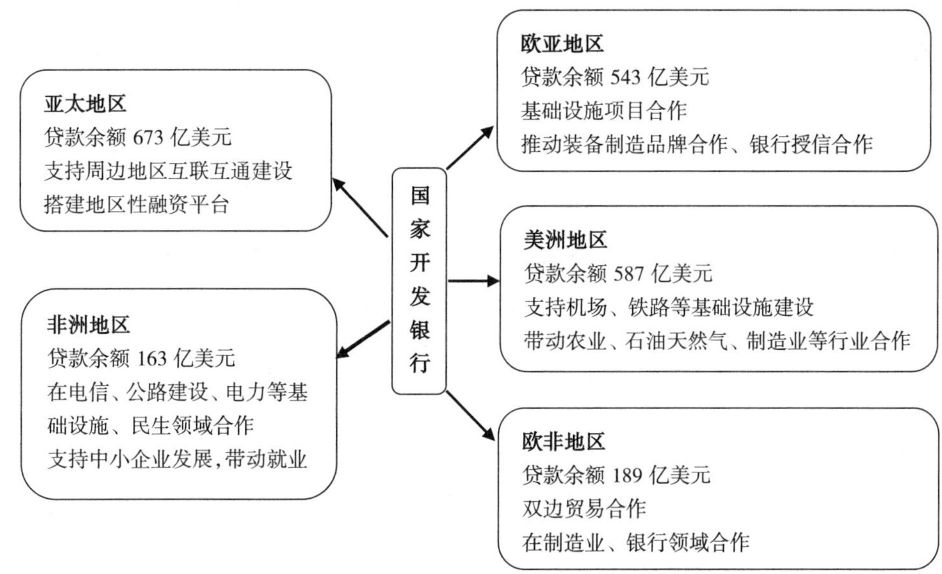

图 2-1　2013 年国家开发银行国际合作分布情况

资料来源：国家开发银行：《2013 年年度报告》，国家开发银行网站 http：//www. cdb. com. cn/bgxz/ndbg/ndbg2013/。

四、技术创新贡献

进入21世纪，科技竞争成为国际综合国力竞争的焦点。在这一背景下，加快中国的技术进步和科技创新显得尤为紧迫。2006年1月，胡锦涛同志在全国科技大会上提出了要建设创新型国家，把增强自主创新能力作为发展科学技术的战略基点。同年7月，国家开发银行就召开了“产业发展、自主创新与开发性金融研讨会”，认真贯彻落实中央精神，提出了进一步支持产业发展和自主创新的工作方向：（1）做好产业发展规划，一方面高度关注社会化程度高的产业，另一方面以自主知识产权为中心，覆盖高端产业，支持企业占据技术高端。（2）以政府信用和企业信用为基础建设健康平台，促进产业整合。（3）积极支持国家重点领域和重大项目发展，促进关键技术创新。（4）充分调动内外部力量，形成产学研结合的推动合力。围绕这些思路，国家开发银行以电信、汽车、机械制造、船舶等领域为重点，不断加大对产业发展和自主创新的支持力度。如在船舶领域，长期以来，国家开发银行积极创新“贷款+租赁”等融资模式，丰富金融手段，支持我国航运业发展。截至2015年6月，累计开发船舶融资项目1000多亿美元，承诺贷款近500亿美元，贷款余额约110亿美元，推动航运企业优化运力结构和船舶工业转型升级，现已成为我国船舶融资业务主力银行之一。

2013年，国家开发银行创新融资机制和模式，推动战略性新兴产业、先进制造业整合和开发，配合有关部委推动战略性新兴产业区域集聚发展试点工作，在江苏、安徽、湖北、广东和深圳“四省一市”试点探索新型平板显示、基因工程、数字医疗设备、生物医药、新材料、智能电网等战略性新兴产业融资模式，支持了京东方 8.5 代线、武汉生物产业基地、海正药业生物工程及深圳一致药业等重点项目，积极开发培育战略性成长型企业，通过“金融+企业”联盟，为三安光电、东旭等优质企业的研发、并购提供融资支持。助力国内航运业、造船业发展，推动中远集团、中国海运等国内骨干航运企业优化运力结构，支持中船集团、中船重工、中远船务等国内重点造船企业向新型节能环保船舶、LNG 船、海洋工程装备等高端领域转型升级。

五、服务减贫、民生的社会发展贡献

保障和改善民生既是加强社会建设的重点内容，也是国家开发银行着力支持的重点领域。2013 年，国家开发银行积极与有关部委和地方政府合作，创新融资模式，引导社会力量共同支持住房、医疗卫生、就业、教育、农业和新农村建设等民生领域发展。深入推进开发式扶贫，2013 年向国家和省级贫困县发放贷款人民币 2221 亿元，发放应急贷款人民币 80 亿元，有力支持了芦山、雅安抗震和对其他灾害的应对。

为支持社会主义新农村建设，2013 年，国家开发银行发放新农村建设贷款人民币 1605 亿元，有力支持了新农村及县域基础设施建设、产业化龙头企业、农村医疗卫生、教育等各项事业的发展。截至 2013 年年末，国家开发银行累计发放新农村建设贷款人民币 14017 亿元，贷款余额人民币 7258 亿元（见图 2-2）。

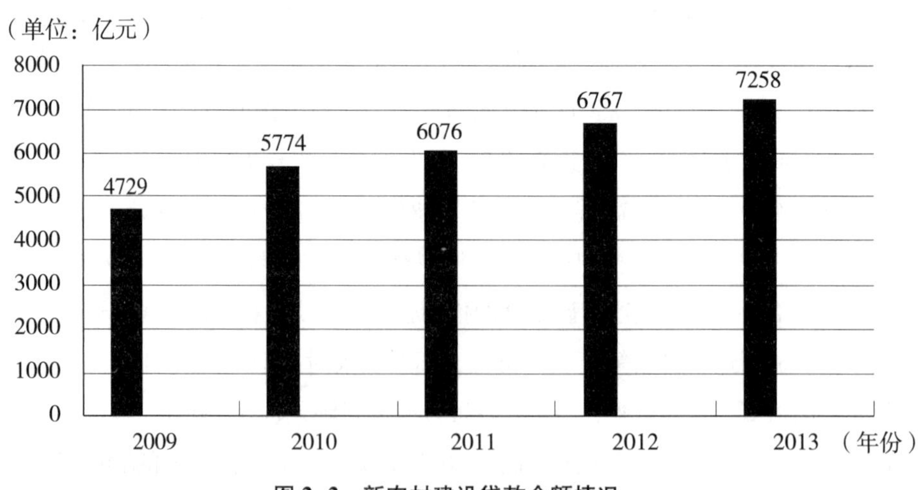

图 2-2　新农村建设贷款余额情况

资料来源：国家开发银行：《2013 年年度报告》，国家开发银行网站 http：//www. cdb. com. cn/bgxz/ndbg/ndbg2013/。

在保障性住房安居方面，以支持棚户区改造为重点，通过创新金融产品，完善制度建设，推动建立可持续的住房保障体系，帮助解决中低收入家庭住房问题。在棚户区改造领域率先实现软贷款特许业务重大突破，2013 年全年新增贷款人民币 1628 亿元，融资支持了北京百万庄、包头北梁、黑龙江哈尔滨、甘肃兰州、吉林全省等重大棚户区改造项目，总建筑面积 6.4 亿平方米，共 835 万套，惠及约 2574 万人。保障性安居工程贷款连续三年实现余额新增超千亿元，同业占比 60%以上。

在扶持中小企业发展方面，国家开发银行积极推进业务创新，探索中小微企业批发贷款新领域、新路径和新产品，不断推进小微企业融资网建设。截至 2013 年年末，中小企业贷款余额人民币 2.08 万亿元，同比增长 14%，惠及中小企业、个体经营户 195 万家，创造就业岗位超过 508 万个，荣获中国中小企业协会颁发的“年度中小企业融资突出贡献奖”。

在教育领域，2013 年，国家开发银行通过完善服务手段、创新管理方法、落实风险补偿金奖励机制，扩大服务外延，以支持创业、就业等方式保障助学贷款业务平稳运营。当年发放助学贷款人民币 125.2 亿元，支持学生 220.9 万人次，满足了全国 80%以上家庭经济困难学生的贷款需求；累计发放助学贷款人民币 544.7 亿元，覆盖全国 25 个省（市）、1928 个县（区）、2689 所高校，支持家庭经济困难学生 994.9 万人次。

在扶贫减贫领域，国家开发银行积极探索金融支持扶贫开发的创新思路、合作机制和推进模式，配合国务院扶贫办等部门及地方政府制定扶贫政策，探索武陵山等连片特困地区扶贫开发的新思路与新模式，将捐赠和信贷支持相结合，见表 2-1。

表 2-1 2013 年国家开发银行与各方合作的扶贫举措

合 作 方	举 措	影响与实效
国务院扶贫办	举办开发性金融扶贫经验交流会	推广成功经验做法，覆盖 22 个省
国家民委	制定《关于支持武陵山区区域发展与扶贫攻坚试点的意见》及实施方案，签订省、部、行等六方合作协议	探索连片特困地区扶贫开发新机制与新模式
中国扶贫基金会	向国家级、省级贫困县的农户发放小额扶贫贷款	发放小额扶贫贷款 7.1 亿元，覆盖 14 个省 63 个国家级、省级贫困县
各地政府	与贵州、四川等政府签订扶贫攻坚合作备忘录	从基础设施、特色产业、教育、医疗等方面全面支持扶贫开发工作
小额贷款公司、保险公司等机构	与宁夏惠民小贷公司等合作开展扶贫小额贷款；与中国平安保险公司在贵州支持特色农村	引导金融力量共同参与扶贫开发

资料来源：国家开发银行：《2013 年可持续发展报告》，第 59 页。

截至2013年年末，国家开发银行向592个国家级贫困县和400余个省级贫困县累计发放贷款人民币1.55万亿元，贷款余额8474亿元，有力支持了这些地区的公共服务、基础设施、特色产业发展，解决贫困群众的交通、医疗等生活难题，助其脱贫致富。

六、制度建设贡献

开发性金融机构的战略导向意义不仅体现在经济建设领域，而且体现于制度建设领域。

一方面，面对经营环境变化，国家开发银行积极转变经营发展理念，按照“服务战略、管控风险、合理盈利”的经营方针，优化业务流程和管理机制，探索提质增效、降本增效的集约化发展道路。通过健全资产负债统筹管理的举措，完善内部资金转移定价，提高贷款综合定价能力。同时，加强市场分析、产品设计和客户营销等方面的工作，做好金融债券发行业务，开辟多元化筹资渠道。2013年国家开发银行首次实现交易所发债和对接互联网金融，参与发行首批同业存单。此外，国家开发银行通过强化综合经营，大力发展中间业务，推动子公司市场化运作，中间业务净收入和子公司净利润同比分别增长22%和46%。在国家开发银行的积极探索之下，资本管理进一步加强，资本内生能力逐步提高，资本约束被强化，风险资产增速得到合理控制，成功地发行铁路专项信贷资产支持证券，盘活了存量资产。与此同时，国家开发银行还改进分支机构绩效考核体系，考核的科学性和可操作性进一步增强，正向激励作用进一步强化。

另一方面，进一步完善股东大会、董事会、监事会、高管层相互协作、相互制约、高效运行的治理架构，推进公司治理规章制度建设，构建科学高效的经营管理决策机制。提高董事会审议效率，推进制定授权方案，发挥董事会各专门委员会专业优势和决策支持作用。完善监事会履职评价机制，提高履职尽职监督力度，提升财务内控监督工作有效性。规范高管层会议议事机制，建立行长办公会、行长专题办公会、总行专业委员会会议工作规则。

也正是由于国家开发银行的制度建设的不断完善，其经济效益得到极大提升，经营业绩继续保持优良。其项目评审、风险管理、财务审计等各项制度的发展形成行业标准，更成为其他政策性金融机构的典范，对中国进出口银行和农业发展银行的制度建设影响深远。

七、生态文明建设与可持续发展贡献

开发性金融始终致力于推动生态文明建设与经济发展、社会进步的有机结合，实施绿色信贷。在支持产业转型升级、新型城镇化建设等过程中坚持将环境保护作为重点，推进资源合理利用与生态保护，应对气候变化，开展绿色信贷，增强大气污染治理、循环经济、流域治理、污水处理、生态环境保护、工业节能技改、清洁及可再生能源利用等重点领域的建设，推动低碳城市建设，见表2-2。

表2-2　2011—2013年国家开发银行生态文明建设投入情况

	2011年	2012年	2013年
环保及节能减排贷款发放额（亿元）	2261	2491	1962
其中：流域、城市环境综合治理（亿元）	720	892	720
工业污染治理和资源综合利用（亿元）	348	502	348
清洁能源和十大节能工程（亿元）	1213	1097	1213

资料来源：国家开发银行：《2013年年度报告》，国家开发银行网站 http：//www. cdb. com. cn/bgxz/ndbg/ndbg2013/。

近年来，中国许多地区遭遇持续雾霾天气，引发了全社会对大气质量的高度关注。2013年，国家开发银行制定《国家开发银行支持大气污染防治工作方案》，支持工业企业和城镇大气污染防治项目；推进清洁能源在工业生产和居民生活中的广泛应用；与环保部合作，拓宽大气治理项目的融资渠道；支持新能源汽车产业和城市轨道交通发展，降低公众出行的尾气排放。截至2013年年末，国家开发银行环保及节能减排贷款余额8945亿元，同比增长5.8%，支持的项目总计约减排二氧化碳1.7亿吨、二氧化硫2309万吨、二氧化氮99万吨，极大地帮助空气质量的改善。

同时，国家开发银行积极响应联合国“人人享有可持续能源”倡议，支持可持续能源发展。中国被认为是世界最大的可持续能源供应者，是世界风电及光伏产业第一大国。国家开发银行独立承担了中国1/3风电装机容量和60%并网光伏容量的融资支持。截至2013年年末，国家开发银行支持国内水电、风电、光伏发电等清洁能源替代项目1248个，贷款余额3079亿元；向境外可再生能源发电项目发放贷款80.9亿美元，有效支持周边国家、美洲、欧洲等主要国家水电、风电、光伏等可再生能源的建设。

此外，国家开发银行在循环经济、环境的综合治理以及清洁能源方面也给予了极大的资金支持，充分发挥开发性金融在环境保护方面的积极作用，支持能源结构优化升级，推进环境污染防治，助力绿色环保产业发展，为国家的绿色可持续发展作出贡献。

第二节　中国开发性金融对国家发展的三大价值

一、促改革

开发性金融本身就是在探索政府与市场关系的改革，从中国组织化、社会化程度较高、能够集中力量办大事等特点出发，探索形成了把政府组织协调优势和银行融资优势相结合，破解发展瓶颈的有效方法。基于此，形成具有中国特色的开发性金融，并有效地促进中国改革的进一步深化。在国内，开发性金融继续支持“两基一支”领域建设，夯实国民经济发展基础，推动区域、城乡协调发展，促进经济结构调整和发展方式转变，大力改善民生，促进社会和谐稳定。

二、促开放

进入 21 世纪以来，国家开发银行围绕国家能源资源和经济外交战略，注重运用“两个市场、两种资源”，以超前思维和战略眼光在世界范围内设计布局，促进多边金融合作，大力支持国内企业“走出去”，从推动重大国际能源资源合作项目，到支持国内企业开拓国际市场，再到建立区域金融合作机制，国家开发银行展现出了中国金融的力量，发出中国金融的声音，国际业务也得到蓬勃发展。2008 年左右，业务量达到峰值 70%以上，以后大致稳定在 50%左右。用开发性金融服务国家“走出去”战略，就是通过货币载体来帮助国家落实经济外交策略，促进国家经纬战略，体现国家经略。

三、促发展

2002 年 11 月，党的十六大提出了全面建设小康社会的奋斗目标；2003 年 10 月，党的十六届三中全会强调必须坚持以人为本，树立全面、协调、可持续的科学发展观，促进经济社会和人的全面发展。经过多年的实践发展，开发性金融的民生金融业务从无到有、从小到大，逐步形成了独具特色的业务模式和方法。开发性金融主动承担“改善民生”的重要使命，将其工作成果转化为广大人民群众实实在在的权利和利益，转化为支持社会发展的重要力量。此外，在市场机制不完善甚至是失灵的领域，只要是国家战略需要，开发性金融就会通过科学设计、抗风险评审，进行先导性、引导性、弥补性、储备性、遴选性业务支持项目，从而完成国家任务，帮助国家经济社会全面平稳地实现发展。

第三节　中国开发性金融对国家发展的四大作用

一、补充作用

开发性金融对商业性金融所涉及不到或不愿意涉及的领域进行弥补且发挥作用。开发性金融既不同于政府财政，又不同于商业性金融，是具有双重性质的特殊机制，它不仅可以在更加开放的金融市场中发挥对商业金融的补充作用，而且在国民经济发展的特殊阶段还起到金融资源投向的引导作用，起到政府财政和商业性金融机构无可替代的作用。它的这种功能表现在：对技术性、市场性风险较高的领域进行引导性投资，对前景不十分明朗、不确定性较大的新兴产业或国家战略领域进行倡导性投资，对投资回收期较长、收益率较低的项目进行补充性融资，对成长中的优质产业提供优惠利率贷款，以简洁的融资活动或担保来引导商业性金融的资金流向与规模，针对商业性金融主要以提供中短期资金融通而产生的长期资金融通不足这一情况，提供中长期乃至超长期贷款。开发性金融的功能始终是补充且无可替代，它起到完善已有金融体制的整体功能，增强其在社会经济与金融发展中的积极作用。

二、引导作用

开发性金融机构的直接投资和信息产生活动，间接地吸引民间投资进入符合政府意图的投资项目，因为开发性金融机构一旦决定对某些产业提供开发性资金，则反映了国家经济发展的长远目标，有利于增强商业性金融的信息引导，会提高民间投资的收益预期，降低投资风险预期。民间投资的扩大将使该着重发展的行业得到资源的倾斜配置，有利于其发展。这一功能最能体现开发性金融作为先锋集团在经济转型中的作用。在发挥这个功能的过程中，开发性金融机构首先通过自身的先行投资活动改变投资环境，建立投资平台，创建赢利空间，创造商业性金融及民间资本进入的条件，发挥倡导作用。同时，开发性金融机构依据政府意图的投资活动，反映了政府经济发展政策的目标，表明政府的投资倾向与意图，具有很强的引领作用。

三、调控作用

针对经济运行中存在投资需求进一步膨胀、货币信贷增长偏快等问题，开发性金融服从和服务于国家宏观调控的大局，充分发挥开发性金融在促进发展和调整结构中的调控引导作用，严格按照中央银行下达的信贷规模发放贷款。通过国家对开发性金融增信，开发性金融对地方政府增信，更好地贯彻和发挥宏观调控职能。在重点支持的领域内，解决经济社会发展的融资瓶颈，从融资总量和结构上进行控制和调节。

四、示范作用

伴随着经营业绩的提升和新的经营理念的形成，开发性金融的重要性，尤其是其作为改革示范的重要性不断凸显。新的开发性金融模式不仅对国内的银行业和金融体系产生了重要影响，而且在政府投融资体系和宏观调控政策体系中发挥着重要作用。中国特色的开发性金融的制度创新，成为政策性金融发展改革的典范，中国特色开发性金融之路的成功探索也为其他发展中国家开发性金融的发展提供了借鉴。

第三章
中国开发性金融的创新与实践

第一节　开发性金融制度建设的创新与实践

中国开发性金融的探索实践是以国家开发银行为先锋进行的。国家开发银行作为开发性金融的主要机构载体，经过十余年的摸索尝试，在借鉴国外开发性金融的实践经验的基础上，针对中国自身的国情和改革发展的需要，采取引进、消化、吸收、再创新的方式，成功走出一条符合中国经济社会发展实际，科学、高效且实用的开发性金融运行道路。国家开发银行坚持贯彻“政府热点、雪中送炭、规划先行、信用建设、融资推动”的指导思想，以“推进信用建设、制度建设和市场建设，高效率地支持经济发展”为运行目标，将国家信用与机构信用相结合，创新地探索出“政府选择项目入口—开发性金融孵化—实现市场出口”的运行模式。同时，国家开发银行还构建了具有中国融资市场特色的市场化的评审体系、信用建设体系及风险管控体系等。这些创新性的制度建设不仅是国家开发银行自身发展的有益尝试，更是对中国的开发性金融的发展具有宝贵的借鉴意义。

一、开发性金融的运行模式

国家开发银行的运行模式大致可以概括为“政府选择项目入口—开发性金融孵化—实现市场出口”三个主要环节（见图3-1）。其中，政府选择项目入口是指地方政府依据国家的政策与战略规划，通过整合地区资源，审慎地选择项目向开发性金融机构申请借款。而国家开发银行在确认项目和划拨的借款数额时，要根据其申请地区的经济发展水平、财政收支状况及历来履约情况、信用程度等方面进行权衡。开发性金融孵化则是关注于“四大建设”：治理结构建设、法人建设、现金流建设、信用建设，强调政府协调优势与开发性金融机构融资优势的有机结合。实现市场出口，就是在开发性金融孵化的基础上，即依据四大建设的进展水平，针对于不同的借款企业，不同用途、性质的款项定制出多样化的偿还机制。

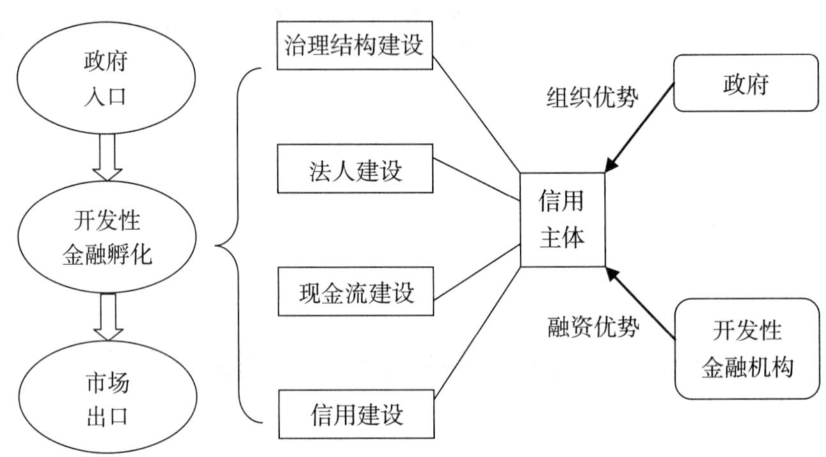

图 3-1　开发性金融的运行模式

（一）政府选择项目入口

作为开发性金融的第一个环节，“政府选择入口”是在政府依据国家产业政策及地区发展需要所提出进行金融借款项目时，国家开发银行对其进行审核的过程。审核的内容不仅对项目本身，还包括对该政府机构和借款主体的信用审核，同时在权衡该地区的经济发展水平、财政收支状况、信用复核情况等因素的基础上，对借款数额进行一定的调整，最终确定开发性金融对于该项目的借款总额。地方政府的加入，使国家开发银行能够更加充分地发挥能动性，与地方政府建立长期稳定的合作关系，对贷款进行打捆统贷。地方政府或地方政府联合体作为借款主体能够有效地发挥政府的组织优势、信用优势，明晰地方经济社会建设的真实需求，从而通过有效的资源整合，真正地促进地方经济社会发展。此外，国家开发银行在此过程中，对部分项目承担一定的开发费用，帮助建立电子路演和外聘“三师”（会计师、律师和业内专家），对项目规模及信用进行总体把控。

（二）开发性金融孵化

开发性金融孵化是开发性金融运行模式中的关键环节，其核心内容就是在政府协调下，强调“四大建设”，即治理结构建设、法人建设、现金流建设和信用建设（见表3-1）。首先，治理结构建设，这其中就包括法人治理结构。而在法人未建立或者尚未完善时，开发性金融则主要依靠政府协调下的治理结构；其次，法人建设主要目的就是通过流动性平衡这个切入点，实现收支流量平衡的法人向资产负债表平衡的法人的成功过渡；再次，现金流建设，其主要依靠通过信用建设均衡现金流和适应不均衡现金流两种方式，依据项目的不同特征，择其一进行建设；最后，信用建设作为四大建设的核心，主要是从国家、地方政府、开发性金融信用逐步孵化、培育出企业信用的过程。

表 3-1　开发性金融孵化的过程

指标 阶段	治理结构建设	法人建设	现金流建设	信用建设
Ⅰ	政府协调	融资窗口 项目业主	自身无现金流 靠政府补贴	完全政府信用
Ⅱ	逐步完善	能够按企业运作	政府补贴开始转 化为企业现金流	部分市场信用 政府信用兜底
Ⅲ	企业	独立市场主体	自身有充足的 现金流来源	以市场信用为主 政府组织增信
Ⅳ	上市公司	现代企业制度	持续现金流	完全市场信用

资料来源：国家开发银行与中国人民大学联合课题组：《开发性金融论纲》，中国人民大学出版社 2006 年版，第 102 页。

国家开发银行在其制度建设的实践过程中，信用建设始终是其发展的重点目标，信用体系也逐步形成并不断完善。由最初的强调项目信用，到初步着眼信用体系构建，再到以政府信用为依托，以市场规则为基准签订开发性金融合作协议，形成了贯穿项目开发、评审、核定、借款发放、款项的收回等全过程和业务领域的信用结构体系。与商业性金融机构所不同，开发性金融机构主要是采用国家信用与机构信用相结合，来实现政府的发展目标。国家开发银行的信用建设主要可以划分为三个主要阶段：一是借款前的组织增信；二是借款期间的信用管理；三是还款期间的信用保障，是一个借、用、还一体化的信用机制。①

1. 前期的组织增信

组织增信是信用建设的重点，国家开发银行以国家和机构的信用为基础，加之地方政府的信用，三方对借款主体进行信用注入。这里的借款主体是由若干资金最终使用者组成的经济联合体构成，通过治理结构优化、资源整合、借款方之间取长补短，可以有效地降低组织系统风险，进一步提升组织系统的信用水平。例如，2004 年 11 月天津城

① 国家开发银行、财政部财政科学研究所联合课题组：《开发性金融与健康财政的和谐发展》，经济科学出版社 2010 年版，第 157 页。

市基础设施建设投资集团有限公司成立，其作为天津市城市基础设施建设的投融资平台，其下还包括道路管网、海河开发、地铁和环境四个全资子公司。在借款主体建立之后，就可以对其实施组织增信。组织增信的方法多样，一方面，可以通过国家、机构、地方政府的信用注入，来提高借款主体的信用指数。同时，通过治理结构、法人、现金流和信用建设，来营造借款主体可持续健康发展的软硬环境。另一方面，帮助借款主体建立全面的风险防控机制，使借款主体学会如何有效地规避和防范风险，减少不必要的损失。此外，还可以发挥政府的作用，对借款主体进行政策上的引导、组织上的协调、人员上的选聘考核等。

2. 中期的信用管理

在与借款主体签订借贷协议后，就必须对借款主体所借款项是否合规进行信用管理。此时的信用管理，可以通过内外机制来实现。内部的信用管理主要是通过信号系统来实现。这个信号系统是由守信信号和失信信号组成，在项目的招投标、工程的实施监管、外部的项目审计环节都有可能会发出信号，根据信号是否为守信来决定款项是否继续发放。外部的信用管理主要是通过外部约束机制的建立来实现，这里主要包括人大、审计部门、信息披露等形式来确保借贷资金能够安全、高效地使用。

3. 后期的信用保障

在还款期间，国家开发银行采取了内外两层的信用保障措施来保证借出款项的顺利收回。内部的信用保障就是长期有效的还款机制的制定，例如，积极推动借款主体进行改革，提高其经营效益或对一些收费项目，进行收益权质押以及第三方担保等方式，来确保借款本息的全部归还。外部的信用保障主要是指国家开发银行主动引入人大、政协、纪委、审计部门的监督，通过将还款项目的资金安排报人大审议批准来实现财政补贴、财政支出的透明化、公开化、制度化。

（三）实现市场出口

实现市场出口是开发性金融借出款项能够顺利偿还的重要一环，依据不同的借款主体、款项性质，开发性金融机构一般会制定出不同的市场化偿还机制，例如一般信贷还款、资本市场发行股票、母公司回购、债券等，来最终实现企业的顺利还款，主要过程见图 3-2。图中列举了三种不同的借款主体的企业类型，分别是公益性企业、具有部分还款能力的企业和完全依靠自身还款的企业。其企业类型不同，企业、政府在其中所承担的还款责任也相应地有所不同，通过制定不同的偿还机制，来提升借款主体的信用水平，降低坏账、赖账、不良贷款的风险，顺利实现借款的全部归还。

二、市场化评审体系的构建

国家开发银行的市场化评审体系主要可以分为两部分：一是贷款项目的评审；二是

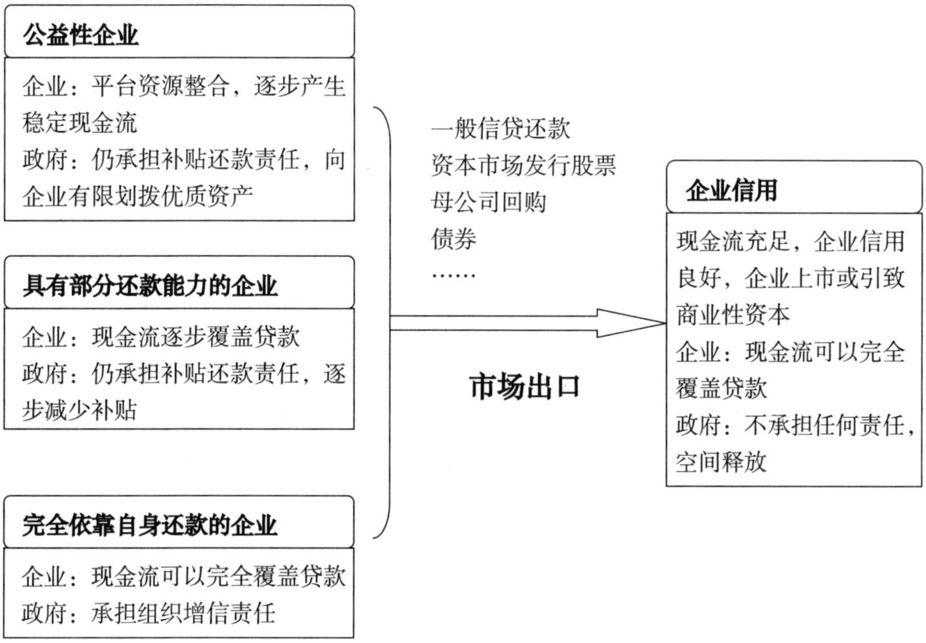

公益性企业
企业：平台资源整合，逐步产生稳定现金流
政府：仍承担补贴还款责任，向企业有限划拨优质资产
具有部分还款能力的企业
企业：现金流逐步覆盖贷款
政府：仍承担补贴还款责任，逐步减少补贴
完全依靠自身还款的企业
企业：现金流可以完全覆盖贷款
政府：承担组织增信责任
一般信贷还款
资本市场发行股票
母公司回购
债券
……
市场出口
企业信用
现金流充足，企业信用良好，企业上市或引致商业性资本
企业：现金流可以完全覆盖贷款
政府：不承担任何责任，空间释放

图 3–2　市场出口的流程

国家开发银行的内部评审（见图 3–3）。贷款项目的评审，主要是以市场方式来实现政府目标为考量。内部评审则不同，评审的内容较前者更为丰富，范围也更加广阔。可以说，国家开发银行构建的市场化评审体系是一整套完整的、科学的且规范性较强的评审体系，是同业评审借贷业务领域的重要发展与创新。

预开发项目
评审计划
贷款评审
贷款审议
审批
合同签订
贷款项目的评审体系
开发性金融市场化评审体系
内部评审体系
信用评审计划
信用评审
电子路演审议
独立审查意见
综合汇总报告
集中评议
行长批准纪要
公布结论

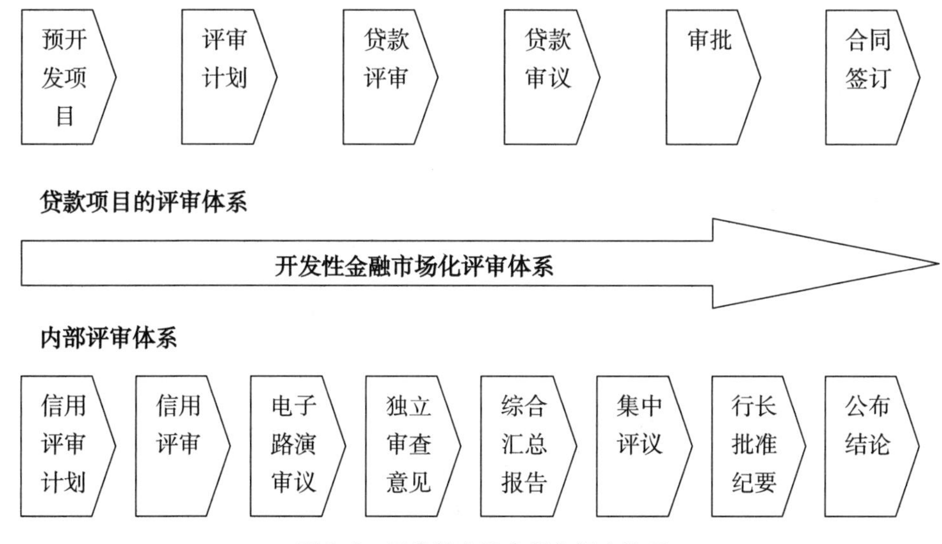

图 3–3　开发性金融市场化评审体系

（一）贷款项目的评审体系

国家开发银行在进行贷款项目的评审工作时，坚持以国家开发银行战略和经营目标为导向，以服务客户为原则，通过贷款评审与审议进行责任明确的内部风险控制，从源头上防控信贷风险，从而服务于开发性金融目标的实现，为国家开发银行提供充足、安全、优质的增量贷款。

贷款项目的评审流程可以分为六个环节，即预开发项目、评审计划、贷款评审、贷款审议、审批和合同签订。其中贷款的评审和贷款审议为核心环节。贷款评审的主要内容是对借款人、项目风险、偿款能力和信用结构评审，以及对贷款资产负债边界、信用风险边界和法律风险边界的判断，评审谈判和外部专家意见，同时还有针对具体行业和特殊类型贷款的专项评审。① 贷款审议的主要内容是开展独立委员会的路演。独立委员会通过电子路演的方式对贷款项目进行审议工作，这部分内容也是国家开发银行在制度建设方面的创新点，可以有效地体现贷款审议的公开性、民主性和科学性。

这样的评审办法在实践中取得了较为显著的效果，国家开发银行的不良贷款比重也大幅度缩小，近些年始终保持了较高的资产质量，从2005年起，不良贷款率始终维持在1%以下水平（见图3-4）。

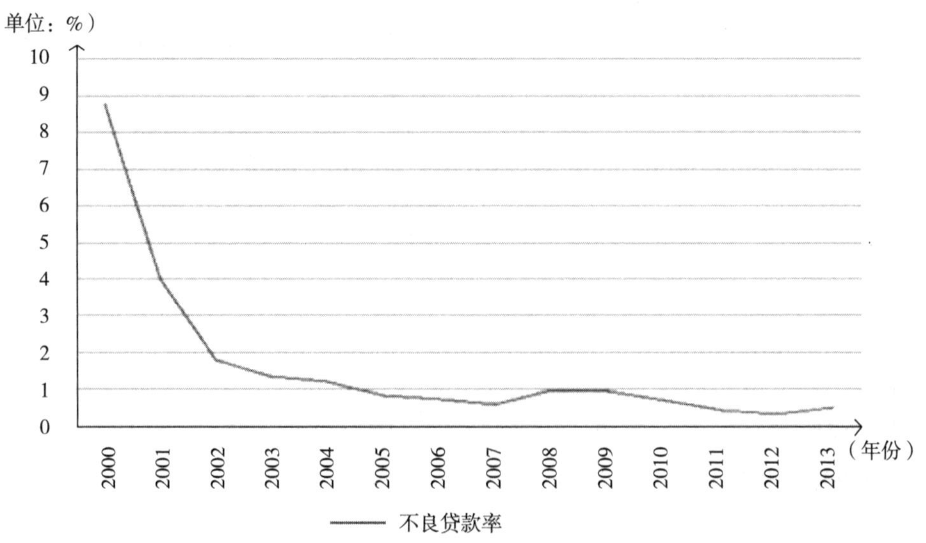

图3-4 国家开发银行不良资产状况（2002—2013年）

资料来源：国家开发银行：《2009年年度报告》《2013年年报》。

① 国家开发银行、中国人民大学联合课题组：《开发性金融论纲》，中国人民大学出版社2006年版，第106页。

（二）机构的内部评审体系

国家开发银行的内部评审体系主要是依据《巴塞尔新资本协议》，在借鉴国外先进的开发性金融机构的经验基础上，结合中国的具体国情和金融特色而建立起来的，主要由国家信用评级、地区信用评级、行业信用评级、客户信用评审和债项评级五部分构成。其中，客户信用评审的内容包括信用评级和发展度评价，这是开发性金融机构内部评审的一大特征。在这五部分内容中，前三者即国家信用评级、地区信用评级以及行业信用评级，是国家开发银行与同业其他内部评级所不同的，体现了开发性金融的特色。而客户信用评审和债项评级这两部分内容不仅很好地体现了《巴塞尔新资本协议》中关于内部评级的理念，也反映了国家开发银行在信用建设过程中应承担的责任。

国家开发银行通过内部评级的举措，可以准确地根据各项指标判定借款主体的信用等级和借款风险，精确地计算每笔资产在交易借贷过程中可能产生的损失，为国家开发银行在进行贷款决策、交易定价、经济资本配置、准备金的计提等业务时提供可靠的依据。

三、全面的风险管理体系①

国家开发银行以“服务战略、管控风险、合理盈利”为经营理念，针对信用风险、市场风险、操作风险、合规风险这四种开发性金融运行过程中极易出现的风险，经过多年的实践发展，已经形成了一个全面的风险管控体系，完善了主要风险的统一集中管理模式，建成了以治理结构引领、数据系统支撑、计量技术保障、关键指标监控的有效运行架构，不断提升风险管理的专业化水平。2013 年，国家开发银行进一步深化全面风险管理，建立了重点风险管控客户名单机制，制定了风险管控的预案。开展风险文化建设，在全行范围内普及“风险管理人人有责”的理念，初步建立管理责任明确、严格认责、尽职免责、失职追责的风险管理责任机制。建立集团客户风险管理框架，对集团客户进行全面识别、管理分类和主协管行认定，开展集团客户的动态监控预警。这一系列措施的施行使得风险管理体系不断完善。截至 2013 年年末，国家开发银行的不良贷款为 345. 84 亿人民币，不良贷款率为 0. 48%。

（一）信用风险

目前国家开发银行所面临的信用风险主要是由借款主体或交易对手因无法履行责任而使银行可能遭受到损失的风险。可以说，作为主要从事和开展中长期信贷与投资等金融业务的开发性金融机构，国家开发银行在长期探索和实践中已经逐步形成了一套以内

① 国家开发银行：《2013 年年度报告》，国家开发银行网站 http：//www. cdb. com. cn/bgxz/ndbg/ndbg2013/。

部评级体系为核心，以项目融资模型为重要工具的关注中长期信贷的信用风险管理体系。在这一体系下，一方面，结合业务发展战略以及围绕资产结构和风险特点，继续加强信用风险管理的基础性工作；另一方面，对政府评级模型、担保公司评级模型、违约损失率模型等信用风险的计量体系进行不断的优化与完善。

信用风险，可以根据银监会制定的《贷款风险分类指引》对信贷资产进行分级管理，根据信用风险的大小可将其划分为正常、关注、次级、可疑、损失五类，后三类均被认为是不良资产。分类的方法则主要以风险为基础，同时采用核心定义、信用评级、重要情况判断与标准相结合的方式来评估资产质量（见图 3-5）。此外，国家开发银行还尝试着对信用风险进行量化，建立了以量化模型为核心的信用风险的量化体系，再配套以内部评级流程、政策及 IT 系统强有力的支撑，实现了整个信用风险评级模型与流程的信息化管理，目前已经形成了较为完善的具有机构自身资产和业务特色的风险量化体系。信用风险的可量化也有助于提高风险评估的精准度，优化违约损失率模型，加强风险管控。

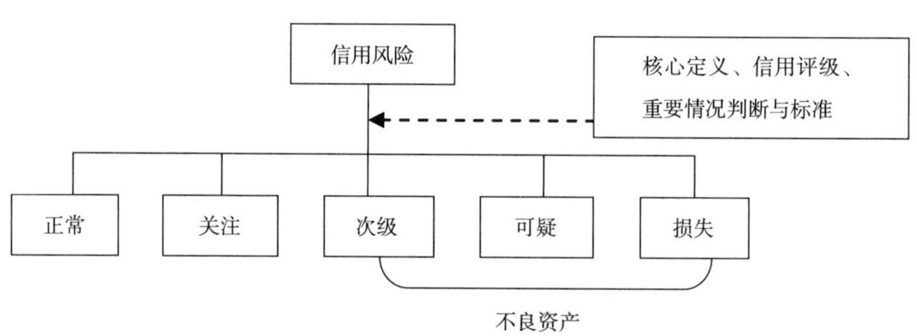

图 3-5　信用风险的分类

此外，国家开发银行还对信用风险进行限额管理和集中度管理，即一方面设置国家限额对信用风险的整体水平进行定期监控，对可能产生的风险提前预防加以控制，另一方面对客户进行综合授信管理，建立重点风险管控的客户名单，并依据不同类别的重点风险客户制定详尽的管控预案。同时监控借贷行业的风险动态，研究其政策导向与产业政策调整、经济波动等系统性风险，制定行业风险的预警指数，对重点行业进行全面的风险管控。

（二）市场风险

市场风险是由市场价格的不利变动对银行表内和表外业务所造成的风险类型。这里所指的市场价格包括利率、汇率、股票价格和商品价格。目前国家开发银行所面临的市场风险主要包括利率风险、汇率风险以及表内外资产的流动性风险。根据国家开发银行 2013 年年报所示，国家开发银行已经采取了一系列措施来应对市场风险，对市场风险进行识别、计量、监控。例如，建立了以风险价值（VaR）[①] 和敏感性指标为核心的市场风险管理体系，综合采用压力测试、返回检验和风险限额等手段来追踪市场风险状况，不断完善市场管理系统和资金交易 SUMMIT 系统等。

1. 利率风险

国家开发银行面对的利率风险来自利率水平、期限结构等要素的不利变动造成的整体收益与经济价值的损失。然而，利率风险的防控可以通过综合运用多种经济分析工具，来计量和判断利率的不利变动会对银行经营所带来的损失。根据银监会的要求，国家开发银行分别设交易账户和银行账户，针对不同的账户类型，运用的利率风险管理测量工具也会有所不同。交易账户的利率风险，主要通过各种利率限额及风险价值（VaR）计量分析、敏感性分析、分币种的风险敞口分析、盯市和盈亏分析进行管控。银行账户的利率风险管理，主要从收益和经济价值两个角度入手，综合运用缺口分析、久期分析、基点价值分析、净利息收入模拟法等方法，通过主动调整资产负债结构及对冲交易等工具进行银行账户利率风险缓释。2013 年，面对利率市场化带来的竞争，国家开发银行积极进行了市场化改革的研究，配合央行建立市场定价自律机制，加强内部利率定价管理，提升风险定价和综合定价能力。

2. 汇率风险

汇率风险对于持有或运用外汇进行经济活动的国家开发银行来说，是指由于汇率的不利变动而导致经营损失的风险。汇率风险有多种，可以分为交易风险、折算风险和经济风险。国家开发银行主要运用外汇敞口、汇率敏感性分析、在险收益（EaR）[②] 法和风险价值（VaR）法等多种工具，来计算衡量汇率变化对其经营活动所造成的影响，并相应地采取贸易融资、金融衍生品的运用、改变贸易结算方式等进行汇率风险缓释。

3. 流动性风险

与其他风险类型相比，流动性风险出现的原因更加复杂，更类似于一种综合性风险，不管是资产流通计划的不完善，还是市场、信用等风险领域的管理缺陷，都有可能导致流动性风险的出现。流动性风险主要分为两种：资产流动性风险和负债流动性风险。资产的流动性风险主要指，到期应偿还的资产不能如期足额地收回，以至于无法及时获得充足的资金满足到期负债和新增的贷款及其他融资需求。负债流动性风险是指，由于银行所筹集的资金因为内外因素的变化而发生不规则的变动，这样的变动迫使银行

① VaR：风险价值，Value at Risk 的简称，VaR 等于在市场正常波动下，某一金融资产或证券组合的最大可能损失。更为确切的是指，在一定概率水平（置信度）下，某一金融资产或证券组合价值在未来特定时期内的最大可能损失。

② EaR：在险收益，Earnings at Risk 的简称。EaR 等于收益期望值与置信区间的左侧最小值之间的差异，表示在一定的置信度内，可能面临的风险损失。

进行资产负债的调整，造成流动性风险的出现。国家开发银行针对自身的资产负债特点，对流动性储备进行有效的管理，在保证银行资金支付需求的同时，进一步提高储备运作的收益。

（三）操作风险

操作风险，简而言之，是由人员、系统、流程以及外部事件所引起的风险类型。具体的表现形式多种多样，不完善或有问题的内部程序、员工和信息科技系统，以及外部事件所造成损失的风险属于操作风险。2013 年，国家开发银行加大信息科技系统风险排查，组织开展 IT 基础设施、网络运维、交易系统、业务系统及人员风险等 4 次评估或风险排查工作，针对发现的问题进行系统优化。加强案件防控工作规范化管理，开展案防制度建设，继续保持“零案件”的工作成效。继续推进法律风险管理体系建设，确立以法治手段管控风险的新思路，通过前瞻性法律研判、法律工作机制前移、嵌入式法律服务、法律手段保全资产等方式，实现覆盖经营管理全流程的法律支持和风险管控，提升了本行法律风险事前防范能力、事中应变能力和事后化解能力。强化国际法律规则和国别法律研究，增强国际业务法律风险的防范能力。

（四）合规风险

依据《巴塞尔新资本协议》对合规风险的定义，合规风险可以概括为银行因为没有遵循国家法律规则、行业监管要求及行为准则而可能遭受的法律制裁、监管处罚、重大财务损失和声誉损失的风险，其主要内涵在于强调因为银行自身不合规行为所导致其遭受损失。合规风险较其他的风险类型，无论是从性质上，还是从损失结果上都更加严重。与传统的信用风险、市场风险和操作风险不同，合规风险主要在于判别银行的经营过程是否守法。然而对中国来说，“合规文化”目前还比较缺失，人们的“合规”意识也较为淡薄。

国家开发银行在其发展实践过程中，一方面，树立起主动合规的意识，在行内塑造合规人人有责的理念，克服被动的合规心态；另一方面，不断加强合规、内控的风险管理的体系建设，组建合规部门，制定合规政策，对银行自身可能存在的问题进行自查整改，加强规章制度的合规性的审查和反洗钱的管理等，进一步完善合规风险管理机制，有效提升银行的内控管理水平。

第二节　开发性金融完善中国的金融理论

随着中国市场经济体制的不断完善，金融体制的深化改革，开发性金融的内涵日益丰富，外延也逐步扩展。开发性金融的成功实践必须有坚实的金融理论作为支撑。然而当前，中国传统的金融理论已经严重滞后于当前金融机构的实践发展，偏离且不适应于开发性金融的经营实践，这在很大程度上制约了开发性金融改革的进一步深化。因此，中国在结合本国国情，吸取世界各国及地区的政策性金融机构实践的经验教训基础上，通过将西方先进的金融理论与社会主义理论相结合，在业务实践中摸索出一套具有中国特色的、适宜中国发展的开发性金融理论。该理论赋予了开发性金融新的内涵，明确了开发性金融机构的改革方向，大大丰富和完善了中国的金融理论，切实有效地指导了中国开发性金融的发展实践活动。

一、现代金融理论体系

早期金融学产生于古典经济学家对于货币问题的研究，及对货币本质与货币数量等方面问题的探索。在历经了早期金融学、现代金融学和以新制度金融和行为金融学为代表的新金融经济学这三个发展阶段后，金融学已成为一个复杂且较为完整的理论体系。从研究层面上看，现代金融理论可划分为两大类，分别是宏观金融学和微观金融学。在此基础上，依据研究层面和金融市场的完善程度这两个维度，可将现代金融体系再进行细分，即宏观金融学、微观金融学、金融发展理论、不完全市场下的微观金融理论（见图 3-6）。

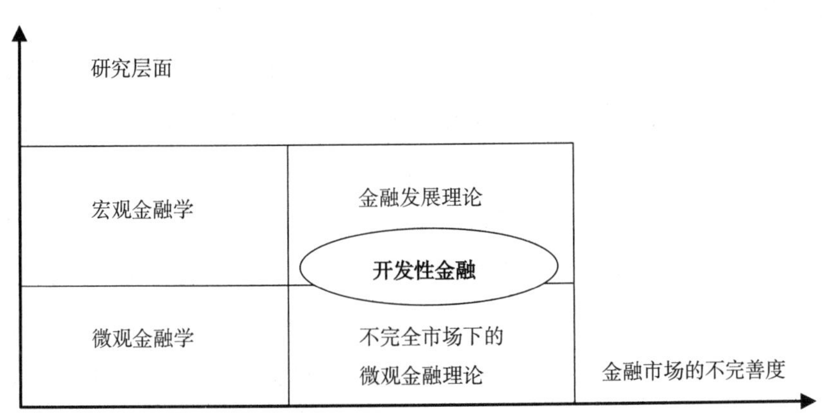

图 3-6 现代金融学理论体系图

宏观金融学是早期金融学研究的主要内容，研究范围主要集中于货币的宏观层面，其中包括货币的本质、形式、制度、供需、职能和作用等方面内容。此外还包括宏观意义上的金融系统的运转及金融现象的解释等方面研究。微观金融学是 20 世纪 50 年代中期发展起来的以金融现象的微观基础为主要研究对象的金融市场价格理论。该理论研究的主要内容及目标是如何在不确定的情况下，最终实现资源的最优配置、市场的均衡和形成合理的金融产品价格体系。

此外，在不完全的金融市场上，微观金融理论主要从微观视角入手，试图分析金融市场失灵的问题、原因及解决路径，对金融参与主体所可能出现的一切非理性行为及金融市场中的信息不对称问题进行研究。例如，斯蒂格利（Stiglits）和韦斯（Weiss）通过对信息不对称及道德风险等因素的引入，全面地从信息结构的角度对信贷配给进行了分析，作出了经典性的证明，成功解释了信贷配给问题。[①] 而在公司金融领域，迈克尔·詹森（Michael C. Jensen）和威廉·麦克林（William Meckling）分析了企业融资的代理成本，提出了“代理成本”概念和企业所有权结构理论，认为企业将通过最小化代理成本来选择最优资本结构。[②]

金融发展理论的研究重点是探究金融发展与经济发展之间的因果关系，通过对金融变量的变化及金融制度变革进行深入剖析，发现且解释说明其对经济发展产生的影响，由此为发展中国家在制定经济金融发展策略时提供政策建议。20 世纪 50 年代，《经济发展中的金融方面》和《金融中介机构与储蓄—投资》这两篇论文的发表解开了金融发展理论的序幕，对理论进行了初步的剖析。而 20 世纪 70 年代，罗纳德·麦金农(R. I. Mckinnon)的《经济发展中的货币与资本》和爱德华·肖（E. S. Shaw）的《经济发展中的金融深化》的发表，奠定了金融发展的基础，标志着金融发展理论进入成熟的发展期。

结合具体实际，我们着重分析不完全市场的金融理论。开发性金融理论既包含宏观层面，又涉及微观层面的内容，是不完全市场金融理论的重要组成部分。从宏观视角来看，开发性金融所积极推动的市场建设的观点与现代金融的发展理论具有共通之处。从微观层面上看，开发性金融中强调依托国家信用，进行组织增信，加大风险防控的举措与不完全市场下微观金融理论中提出的，通过设立适当的机制体系来改善金融市场主体的激励约束情况，以此来减少和防范市场的逆向选择和道德风险的观点相符。例如，国家开发银行主动运用和依托国家信用，将组织优势与银行的融资优势相结合，积极推动企业治理结构、法人、现金流和信用“四个建设”，建立风险分担和防控机制，这也是有效解决金融市场失灵问题的重要举措。

二、金融自由化的实践与反思

（一）金融自由化

金融自由化也被称为“金融深化”，是 20 世纪 70 年代麦金农和肖针对发展中国家

---

① 唐旭：《金融理论前沿课题（第二辑）》，中国金融出版社 2003 年版，第 295—317 页。

② Jensonm，Meckling W.，“Theory of the Firm：ManagerialBehavior，Agency Costs，and Capital Structure ”，*Journal of Financial Economics*，Vol. 5，1976，pp. 16-23.

普遍存在的金融市场发育不完全、资本市场严重扭曲和政府对金融的大力干预等因素严重影响经济发展水平这一发展现状所提出的。他们对金融深化与储蓄、就业与经济增长之间的关系进行严密论证后，发现其中存在正向相关，由此认为发展中国家的金融抑制阻碍了经济的发展，强调了“金融压抑”的危害，见专栏 3-1。因此，金融自由化政策主张解除金融压抑，进行金融改革，实行金融自由化政策，减少政府对金融的过度干预，放松对金融市场及机构的限制，从而促进金融与经济发展间的良性循环。

专栏 3-1　金融抑制的消极作用

- 资本市场效率降低。任何加剧“金融抑制”的措施，都会降低已被限制的由银行导向的资本市场效率。因为如果价格不能真实反映供给与需求之间的关系，价格也不能起到刺激供给、限制需求的作用。
- 经济增长达不到最佳水平。麦金农强调，不管怎样，金融抑制看来极其可能阻碍最初的经济增长。因为通过提高储蓄倾向和资本形成的质量，货币改革能够刺激实际产量增长。
- 限制了银行体系适应经济增长的需要。一个有效的银行体系，可以将私人储蓄引向高收益的投资。然而，在金融抑制下，银行体系的扩展受到了限制，根本达不到理论上的边界，货币实际收益与服务的边际成本往往大于新投资的边际收益，银行业本身出现了缺陷，更无法引导私人储蓄向高收益的领域进行投资。
- 加剧了经济上的分化。发展中国家的一个重要金融现象是汇率抑制，即高估本币价值。其结果是本国商品出口缺乏国际竞争力，限制了本国商品的出口。由于当局是通过金融抑制手段来支持出口贸易，低价从农民手中收购农副产品，且无须作出补偿，但在出口时又给出口商以补贴。这样，就会使贫困的那部分受剥夺而更加贫困，使富裕的人在分配中受益而更加富裕，市场经济的公平原则在这里得不到体现。
- 融资形式受到了限制。金融抑制下对外源融资，尤其是对中小企业的外源融资是采取限制措施的，只有一些政府认为极为重要的大企业才有外源融资的权力。限制外源融资的后果是，阻止了大批企业进行获得最佳生产技术的连续投资。

金融自由化大大地促进了金融的发展。但同时，我们必须注意到金融自由化是把双刃剑。金融自由化的主要方面——资本自由流动、业务范围自由化、利率自由化、金融机构准入自由、管理控制自由——也加剧了金融的脆弱性，加大了金融风险。国内外长期的实践和理论都表明，金融自由化是一个发展趋势，也是国家充分获得经济增长好处的唯一办法。然而，绝不能将金融自由理想化，它是一个长期目标，面临着诸多的现实约束。我们在金融自由化的实践中必须循序渐进，考虑自身的发展现状，相应地设计符合本国国情的金融制度和框架体系。

（二）金融自由化与金融危机

许多国家的金融自由化改革均以金融危机的爆发告终，无论是 1982 年的拉美国家债务危机，还是 1997 年的亚洲金融危机，这些危机的爆发无疑与金融自由化有着莫大的关系（见表 3-2）。以亚洲金融危机为例，20 世纪八九十年代，东南亚国家的金融自由化进程逐步加快，资本市场的发展势头强劲。就泰国而言，在实行金融自由化之后，泰国国内的金融机构数量和业务范围迅猛增加，同时进行了多项金融开放改革措施。

1993 年泰国政府为了吸引外资，开放了金融离岸市场和资本账户。然而，金融市场快速发展繁荣的背后是金融监管体制的缺失，这为之后波及整个亚洲的金融危机埋下伏笔。1997 年夏，泰国政府宣布放弃固定汇率，实行浮动汇率制，宣布当天就引发了外汇和其他金融市场的动乱，金融危机随即爆发，并迅速蔓延开来。最终，东南亚的金融危机演变成亚洲金融风暴。金融危机的爆发往往还伴随着银行危机，这并不只是一个巧合，而是在金融自由化的环境下，由于银行的业务范围及功能属性等原因而产生的必然结果。

表 3-2　拉美和东亚的金融自由化与银行危机

国　家	利率自由化的时间	银行危机
智利	1980—1995	1981—1987
哥伦比亚	1980—1995	1982—1985
厄瓜多尔	1986—1987	1992—1995
圭亚那	1991—1995	1993—1995
墨西哥	1989—1995	1982，1994—1995
巴拉圭	1990—1995	1995
秘鲁	1980—1984，1990—1995	1983—1990
委内瑞拉	1989—1995	1980—1995
乌拉圭	1980—1995	1993—1995
印度尼西亚	1983—1995	1981—1985
韩国	1984—1988	1992—1994
马来西亚	1980—1995	1985—1988
菲律宾	1981—1995	1981—1987
泰国	1989—1995	1983—1987

资料来源：Ash Demirguc-Kunt，Enrica Detragiache，“Financial Liberalization and Financial Fragility”，*in World Bank*：*Annual World Bank Conference on Development Economics*，1998，pp. 309-310.

（三）金融约束论

金融约束论是赫尔曼（Hellman）、穆尔多克（Murdock）以及斯蒂格利茨（Stiglitz）从“东亚发展模式”中总结出来的。“东亚发展模式”指的是二战后，以日本、韩国等东亚国家在实施政府主导经济发展战略时所获得高速增长的“东亚奇迹”。这些国家在“强政府”的指导下，普遍实现了经济上的高速增长和产业结构的快速升级，日本也发展成为当时世界第二的经济体，而韩国也在此期间加入了经合组织。对于中国、印度尼西亚等发展中国家来说，即使同样存在不同程度的金融抑制，但也仍然取得了引人注目的经济成就。而东亚国家在政府为主导下经济获得的高速发展的成功实践与早期的金融抑制理论全然相悖，金融抑制理论强调政府干预的危害。甚至1993年以前，世界银行也一贯对市场导向的非干预主义表示赞成。据此，赫尔曼等人提出了“金融约束论”，即在宏观经济环境稳定、通货膨胀率较低且能够预测的大环境下，采取一整套的金融约束政策，如存款监管、限制市场准入、限制直接融资等，就能实现经济的增长。他们认为当发展中国家面临金融制度的选择时，金融约束也将会是一个有效范式，可以为发展中国家提供金融发展及金融政策制定的新思路。

三、中国特色的开发性金融理论的逐步形成

中国发展开发性金融在结合本国国情的基础上，有明显的中国特色，带有显著的政府参与特点。中国的开发性金融历经三个发展阶段，分别是政策性金融阶段、制度建设阶段和市场化阶段。① 开发性金融是政策性金融的深化和发展。从国家开发银行的实践来看，虽然与政策性金融机构相比更加强调了市场业绩与市场建设的重要性，但引入国家信用和政府组织与协调是国家开发银行开展金融活动的重要手段，主张国家信用与市场业绩相结合，实现政府特定的经济和社会发展目标，这也说明中国的开发性金融发展与一般不完全市场金融不同，其中体现了政府的广泛参与。

中国是发展中国家，金融市场发展得并不成熟。因此，在经济全球化和金融自由化的大环境下，结合本国的发展实际，政府在经济运行中仍然需要承担管理、规范、制度建设等方面责任。政府和开发性金融在根本目标和利益上的追求是一致的，通过国家和政府的组织增信能够形成合力，最大限度地发挥开发性金融的作用，有利于实现政府目标，增强经济活力，加大宏观调控力度，控制和防范行业及项目风险。同时，通过组织增信，开发性金融机构能够充分发挥政府的组织优势和协调优势，主动建构风险分担和信用建设机制，有效弥补金融制度不健全、市场体系不完备的弊端，大大助力于中国金融安全的维护和国际竞争力的全面提升。

第三节　政策性金融与开发性金融的再认识

开发性金融是介于传统政策性金融与商业性金融之间的一种金融形式，是政策性金融的高级发展阶段。目前中国的开发性金融仍处于初级发展阶段，理论研究方兴未艾，

① 陈元：《改革的十年，发展的十年——开发性金融理论与实践的思考》，《求是》2004年第13期。

关于政策性金融与开发性金融的关系问题，学界对于两者的理解众说纷纭。对于开发性金融与政策性金融理解上的差异，不仅会对金融理论研究的科学性和完整性产生影响，更将直接影响政策性金融机构的转型和开发性金融机构的可持续发展。因此，厘清政策性金融与开发性金融之间的关系，明确两者之间的区别与联系，对中国开发性金融的进一步发展意义重大。

一、政策性金融与开发性金融的关系研究概述

在政策性金融与开发性金融的关系问题上，国内目前主要有三种观点。

第一种观点认为，政策性金融与开发性金融是两个不同的概念，有着本质上的区别，不存在包含与被包含的关系。王伟认为，政策性金融从外延上包括开发性政策金融、农业（农村）政策性金融、进出口政策性金融等多种类型；而开发性金融从外延上包括商业性开发金融和政策性开发金融两大类，政策性金融和开发性金融在本质上是两个截然不同的概念，前者既不是后者的初级阶段，后者也不是前者的组成部分。同时，他认为无论从理论逻辑上，还是从国内金融运行环境上，不同性质和类型的政策性银行不应当“一刀切”地都转型为综合性开发金融机构。① 李志辉则认为，开发性金融是区别于政策性金融的一种独立的金融状态，二者是一种并列关系。②

第二种观点认为，政策性金融与开发性金融之间并不存在必然的关系。张令骞认为，开发性金融是一种临时性、过渡性的金融制度安排，是中国开发性金融在政策性金融定义域内无法突围、在商业性金融领域内与其身份格格不入的情况下，有意淡化其金融性质，模糊其业务界限，采取“两栖”经营模式下搪塞社会对其诟病的一项制度“发明”，本身难以自圆其说，因而是反科学的虚拟金融。③

第三种观点认为，政策性金融是开发性金融的初级阶段，开发性金融是政策性金融的主要构成部分，也是一种特殊形式。杜晓力认为，开发性银行是介于传统政策性银行与商业性银行之间的一种新型的政策性银行组织形式。开发性金融的存在基础和运行机理仍然离不开政策性金融本质，它并不是一种独立的、与政策性金融和商业性金融并行的形态，而是政策性金融的一个组成部分、一个发展阶段、一个相对高级的形式。④ 张朝方、武海峰认为，开发性金融是商业性金融和政策性金融的融合，是政策性金融在引

---

① 王伟：《政策性金融与开发性金融的理论与实践》，《金融教学与研究》2006 年第 5 期。

② 李志辉：《开发性金融理论问题研究》，《南开经济研究》2008 年第 4 期。

③ 张令骞：《中国政策性金融体制异化与回归研究》，《辽宁大学》2009 年 5 月 1 日，第 139—148 页。

④ 杜晓力：《关系问题的理论思考——兼论中国政策性银行转型的依据、方向和评判标准》，《理论探讨》2006 年第 12 期。

入市场运作原理下新的发展阶段，政策性金融是开发性金融的基础阶段。①

二、政策性金融与开发性金融的区别

（一）立足点不同

政策性金融与开发性金融的立足点不同。对于政策性金融来说，其立足点在于公共产品的提供，包括具有公共产品性质的基础设施等。同时，政策性金融还需要对一些特殊行业、项目、区域提供资金上的支持。而对于开发性金融来说，除了具备政策性金融的经营目标外，开发性金融更注重以融资来推动市场建设，弥补市场失灵与制度缺损，采用开放性方法和市场化运作来服务国家经济发展，支持国家基础设施、基础产业、支柱产业及战略性新兴产业等领域的发展。

（二）财政支持力度不同

从融资渠道来看，政策性金融机构的融资手段主要有财政拨款、发行政府担保的金融债券、中央银行借款等。其中，财政拨款和政府担保的金融债券受财政运行状况的制约，中央银行的借款又会受到中央银行信贷平衡的影响。因此，政策性金融融资的渠道和运行能力受到了严重的限制，融资能力低。对于政策性金融来说，主要还是依靠国家财政资金来支持。同时，由于投资对象的低收益，不良贷款率也居高不下，经常由财政资金来弥补其运作中的亏损。政策性金融机构对财政资金的高依附性也决定了其发展规模受到资金规模的限制，机构的经营业绩也会与财政目标形成混乱的状态。中国人民银行在其研究报告中曾指出，“开发性银行与政策性银行的区别是，政策性银行着眼于社会效益，不追求自身业绩，强调政府的财政性补贴，依靠政府预算支持。政策性银行无资本金约束，因而也无法实行真正的市场化经营”。② 与政策性金融机构不同，开发性金融的资金来源主要以国内外债券市场的筹资为主。1998 年 9 月，国家开发银行首次进行市场化发债，到 2012 年，已经成为仅次于财政部的第二债券发行体。同时，国家开发银行不断地创新债券形式，极大程度地改善了国家开发银行的资产负债状况。开发性金融不依赖于财政资金补贴，也意味着较政策性金融与财政资金间的依附制约关系来说，开发性金融具有较强的独立性和较大的运作空间。

（三）运作机制不同

政策性金融主要靠财政资金的支持，因此，在运作方式上也会在很大程度上受到制约和限制。政策性金融机构实行的是指令式的运作方式，即政府指定了政策性金融机构

---

① 张朝方、武海峰：《论开发性金融、政策性金融与商业性金融的相互关系》，《商场现代化》2007 年第 4 期。

② 张传良：《金融管理与实务》，厦门大学出版社 2008 年版，第 183 页。

的贷款去向，指示政策性金融机构对一些特定项目、特定领域、特定行业提供贷款，金融机构自身被动地执行政府指令，无法主动挑选好的项目或企业，也缺乏收回贷款和监督贷款主体的激励。同时，政策性金融机构外部监督机制的缺失，极有可能出现严重的道德风险，导致整个机构的经营水平及效率低下。开发性金融则采用市场化的运作方式，以市场业绩为导向。因此，开发性金融机构会从自身业绩出发选择好的企业和项目提供贷款。同时，在贷出款项时，会要求政府以相应的收入做担保，通过组织增信的方式，有效地激励政府挑选好的项目并加强对贷款主体的监督管理。开发性金融的运作机制很好地克服了政策性金融中存在的道德风险，从而提高了银行的经济效率，实现了经营目标，有助于开发性金融机构的可持续健康发展。

（四）发展前景不同

中国政策性金融机构自 1994 年成立以来，在中国特色社会主义经济建设发展过程中发挥了重要的作用，承担了国家宏观调控、实现发展战略目标以及促进国有银行商业化改革等多重使命，推动了社会主义计划经济向市场经济的顺利转轨，在中国的国民经济发展中发挥着重要的作用。然而，随着经营环境的改变，经济结构的不断调整及金融体制改革的进一步深化，加之政策性金融机构自身经营管理出现的问题，传统的政策性金融机构的存在和发展都面临着严峻的考验。在一些发达国家，政策性金融机构已经开始消失或者走上了转型的道路，如世界银行和亚洲开发银行这些国际间的金融机构，从原先的政策性金融转型为开发性金融机构，新加坡的星展银行也成功转变为一家完全商业化运行的开发性金融机构。政策性金融向开发性金融的转型，不仅避免了政策性金融的缺陷，还很好弥补了商业性金融的不足，因此，开发性金融有着良好的发展前景。

三、开发性金融是政策性金融的深化和发展

要厘清政策性金融与开发性金融的关系问题，首先要清楚认识政策性金融的本质及其外延。政策性金融是为了弥补国家经济社会发展过程中出现的“市场失灵”的缺陷以及支持帮扶弱势群体而产生的，其业务领域和支持范围会随着国家经济社会环境和发展战略要求的变化而进行不断的调整。目前，学术界与工业界对于政策性金融体系都有一个较为一致的认识，即一个完备的政策性金融体系应当包含开发性金融、支持性金融、补偿性金融和福利性金融四种类别（见图 3-7）。[①]

由此可以看出，开发性金融仍然属于政策性金融的范畴，是政策性金融的一个组成部分、一种表现形式。与支持性、补偿性、福利性金融相比，开发性金融主要开展中长

---

① 杜晓力：《关系问题的理论思考——兼论中国政策性银行转型的依据、方向和评判标准》，《理论探讨》2006 年第 12 期。

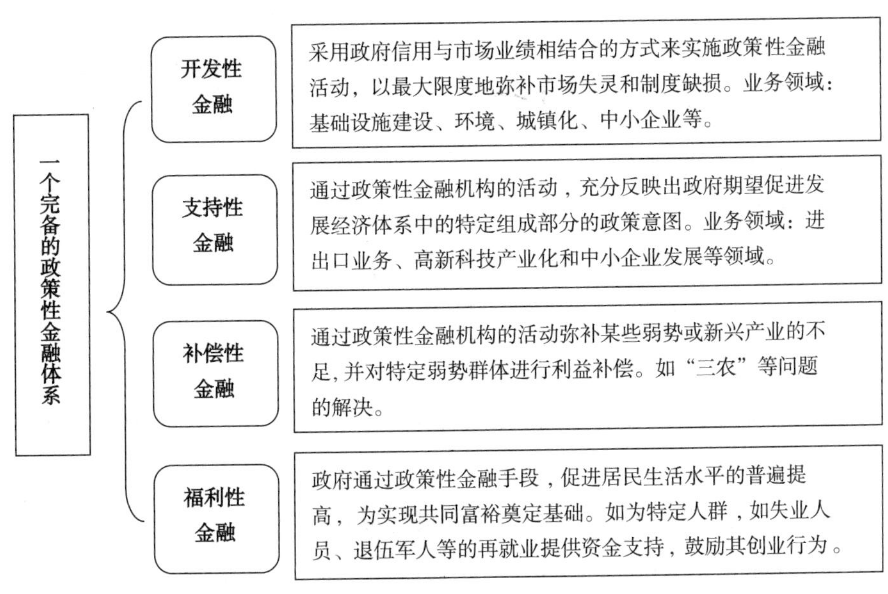

图 3–7　完备政策性金融体系

期信贷与投资等金融业务，将国家信用与市场业绩相结合，坚持用开发性方法和市场化运作来服务经济社会发展。开发性金融的本质是，一种能够较大程度运用市场化手段、商业性金融规律来运作的政策性金融形式，运用国家信用进行市场融资是其主要特征。因此，开发性金融兼具政策性和市场性，即一方面开发性金融能够作为国家宏观调控的工具来弥补市场缺损和制度失灵，服务国民经济重大中长期发展战略；另一方面，开发性金融以市场业绩为支柱，追求优良的市场业绩，保证资产质量和提高盈利能力，促进自身的可持续发展。

但是，有些学者把市场业绩作为评判政策性机构发展的标准，来判定开发性金融就优于传统的政策性金融。这样的观点偏离了政策性金融的本质和开发性金融设计的初衷，将政策性金融与开发性金融分离成两个完全不同的概念。而依据政策性金融机构的业务领域的差异，不同的政策性金融形式也有其相应的运作模式和考核标准，开发性金融作为政策性金融的重要内容，是政策性金融的深化和发展，因此，关于政策性金融和开发性金融孰优孰劣的争论是没有任何意义的。

从国内外对政策性金融和开发性金融的长期实践探索来看，政策性金融是专门为贯彻和配合社会经济政策意图，实现国家政策目标而设立的，不以营利为目的。开发性金融同样也具有政策性，其业务范围往往集中在一些市场失效或者市场机制不完备的领域，由于市场失灵和制度缺损等原因，这些领域成本高、风险大、盈利空间小。因此，商业性资本往往不愿意主动介入。而开发性金融首当其冲，发挥政府和市场两个优势，通过市场建设和制度建设，改善市场失效领域的投资环境。当市场失效领域具备完善的市场机制，具备吸引商业性金融进入的能力，开发性金融就应及时退出，让位于商业性金融，转向其他市场失效领域。这也是在充分把握政策性金融内涵和本质的基础上，对开发性金融的业务领域和职能作用进行重新调整和界定。

综上所述，应将开发性金融界定为：开发性金融机构是介于传统政策性金融机构与商业性金融机构之间的、一种新形态的政策性金融组织形式，是依托国家信用，以市场化为运作基础，注重市场业绩，在为国家发展战略和社会经济目标服务的基础上强调自身的可持续发展。开发性金融与传统政策性金融的根本区别在于，传统政策性金融机构对国家财政的依附性较强，自主性较差，运行效率低，自身可持续发展能力相对较弱；而开发性金融在业务领域有较大自主性，不依靠政府补贴，较政策性金融具有更强的盈利和市场化运作的能力，采用市场化的运作模式，能够取得良好的市场业绩。此外，值得注意的是，开发性金融机构的存在基础和运行根本仍然体现了政策性金融的本质特征，如依托国家的信用进行筹资，由国家严格界定其业务范围等。这也体现出开发性金融并不是一个与政策性金融和商业性金融并行的独立形态，它只是政策性金融的一个发展阶段、一个组成部分、一个相对高级的形式，在其运行发展中仍然以服务国家战略，实现社会经济发展目标为首要任务。政策性金融是财政性的或准财政性的，是财政政策的延伸，是低端的开发性金融。我们坚持开发性金融的方向，不是要放弃政策性金融，而是要努力实现开发性金融的高端目标。① 可以说，开发性金融机构是一个体现国家意志，采用市场化运作的金融形式，国家开发银行是一个代表国家意志，也具有市场因素的当代中国银行。

第四节　中国开发性金融机构是体现人类发展观的创新型金融机构

作为世界上人口最多的国家，又是世界上最大的发展中国家，中国的人类发展不仅使中国与国际社会的人类发展同步、同行，而且使中国成为国际社会实现联合国“千年发展目标”最重要的支持者和贡献者。开发性金融在其发展过程中始终坚持且创新着人类发展观，坚持以人为本的发展理念，贯彻落实国家发展政策和社会经济发展战略，为实现国民经济的可持续发展和人类社会的共同进步作出了重大贡献。

---

① 陈元：《创建国际一流市场业绩的开发性金融》，《求是》2013 年 10 月。

一、开发性金融与全人类减贫事业

1978 年的中国仍然是世界上贫困人口第一大国，按每人每日支出 1 美元的国际贫困线估计，中国的国际贫困人口可能高达 8.6 亿，国际贫困发生率为 90%左右。以每人每日消费支出 1 美元、1.25 美元两种国际贫困线计算，1981—2005 年中国对全球的减贫贡献率分别达到 95.1%和 122%。① 根据联合国发布的《联合国千年发展目标》报告，2015 年前有望实现全球贫困人口减半的目标，日生活费低于 1 美元的全球贫困人口 1999 年为 18 亿，2005 年减少至 14 亿，这主要归功于中国的贡献。②

而根据国内贫困标准，1978—2003 年这 25 年间，中国农村贫困人口减少了 22100 万人；2003—2010 年，减少了 212 万人；1978—2010 年共减了 22312 万人，且贫困发生率由 1978 年的 30.7%降到了 2010 年的 2.8%③（见表 3-3）。

表 3-3　农村居民贫困状况

年份	贫困标准（元/人）	贫困人口（万人）	贫困发生率（%）
1978	100	25000	30.7
1990	300	8500④（37500）	9.4
2000	625	3209（22400）	3.5
2001	630	2927	3.2
2002	627	2820	3.0
2003	637	2900	3.1
2004	668	2610	2.8
2005	683	2365	2.5
2006	693	2148	2.3
2007	785	1479	1.6

① 陈少华、马丁·瑞沃林：《发展中国家比我们早先的设想更贫困，但反贫困的斗争依然成功》，《世界银行政策研究工作论文》2008 年 8 月 25 日。

② 联合国副秘书长沙祖康认为："在实现千年发展目标方面，中国是做得最好、最有成效的国家。中国是世界重要组成部分，是世界上人口最多的发展中国家，因此中国的进展也为全球千年发展目标作出了重大贡献。""中国已提前完成贫困人口比例减半目标。除经济高速增长因素，中国减贫还得益于政府采取一系列有利于贫困人口的经济社会政策。"新华社联合国（美国纽约）2008 年 9 月 21 日电。

③ 国家统计局：《中国发展报告 2011》，中国统计出版社 2011 年版，第 624 页。

④ 根据国家贫困线下贫困人口数计算：1990 年 8500 万人，2000 年 3000 万人。假设大部分贫困人口集中在农村地区。数据来源：《中国统计摘要（2003）》，第 101 页。根据国际贫困线下贫困人口数计算：1990 年 37500 万人，2000 年 22400 万人，2015 年 7400 万人。假设大部分贫困人口集中在农村地区。数据来源：World Bank，"Global Economic Prospects and the Development Countries"，*The World Bank*，2003，Table 1. 9.

续表

年份	贫困标准（元/人）	贫困人口（万人）	贫困发生率（%）
2008	1196	4007①	4.2
2009	1196	3597	3.8
2010	1274	2688	2.8
减少	—	22312	—

数据来源：国家统计局：《中国发展报告 2011》，中国统计出版社 2011 年版，第 625 页。

中国的大规模减贫扭转了世界历史上过去五十多年贫困人口一直上升的局势，使得世界贫困人口首次开始呈现下降的态势。中国的扶贫成就与开发性金融强有力的支持是密不可分，开发性金融始终在国家减贫工作中承担着积极且重要的作用。开发性金融采用金融扶贫的方式，对贫困地区进行融资，通过产业扶贫、基础设施扶贫、教育扶贫等方式，实现扶贫方式从“输血”转向“造血”。2012 年 10 月，在第 20 个国际消除贫困日到来之际，国家开发银行与中国扶贫基金会签署了融资金额为几亿的合作协议，共同致力于支持小额信贷扶贫事业的发展。2013 年，国家开发银行深入推进开发式扶贫，向国家和省级贫困县发放贷款人民币 2221 亿元，贷款余额 8474 亿元，累计发放贷款 1.55 万亿元②。2014 年，国家开发银行更是和国务院扶贫办签署了《开发性金融扶贫合作协议》，充分发挥开发性金融的综合金融服务的优势，在加强普惠金融体系建设的基础上，使更广大贫困地区和贫困人民得到融资服务。可以说，开发性金融为中国的扶贫工作乃至全球的消除贫困事业都作出了突出贡献。

二、开发性金融与全人类的教育事业

受教育权是公民应该享有的基本权利，帮助贫困学生接受教育也是社会公平的重要体现。由于中国人口占世界人口总量的 1/5，所以，中国国民的教育普及程度在一定程度上会影响到全人类教育水平的高低。

开发性金融把加快教育事业发展，推动教育公平的实现作为重要的社会责任，将教育贷款主要投向基础教育、高等教育、职业教育以及国家助学贷款业务四个方面（见表 3-4）。

---

① 从 2008 年起，低收入人口纳入贫困人口统计。

② 国家开发银行：《2013 年年度报告》，国家开发银行网站 http：//www. cdb. com. cn/bgxz/ndbg/ndbg2013/，第 50 页。

表 3-4　开发性金融教育贷款投向

基础教育	职业教育	高等教育	国家助学贷款业务
中小学校校园建设和改造	中高等职业学校基础设施，包括农民工培训示范基地建设	高等院校建设、教育园区基础设施建设	高校助学贷款、生源地信用助学贷款

开发性金融推动了基础教育的均衡发展，改善了高等教育的办学条件，创新生源地信用助学贷款产品，不断扩大助学贷款的规模。国家开发银行已经连续 9 年通过与财政部门、教育部门以及各高校的合作，开展大学生助学贷款的业务（见图 3-8）。截至 2013 年年末，国家开发银行累计发放助学贷款 545 亿元，覆盖中国 25 个省（市）、1928 个县（区）和 2689 所院校，资助困难学生达到 995 万人次。①

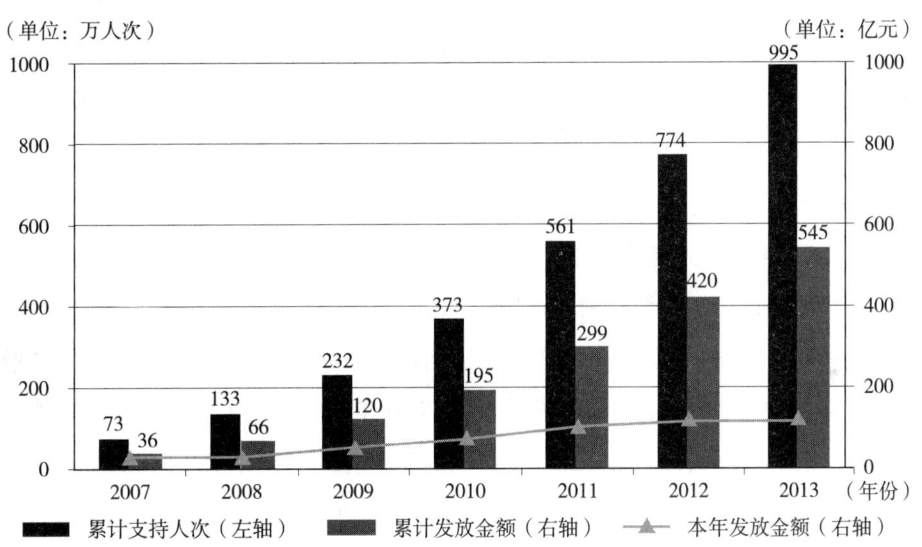

图 3-8　2007—2013 年助学贷款发放情况

资料来源：国家开发银行：《2013 年年度报告》，国家开发银行网站 http：//www. cdb. com. cn/bgxz/ndbg/ndbg2013/。

三、开发性金融与全人类弱势群体

开发性金融不仅在减贫及教育方面作出了重要贡献，同时在弱势群体的就业、医疗卫生、住房等方面也发挥了积极的作用。

在就业上，2013 年国家开发银行支持中小企业、个体工商户和农户共计 195 万户，创造就业岗位超过 508 万个，同时，还发挥国家开发银行综合性金融服务的优势，为创

① 国家开发银行：《2013 年可持续发展报告》，国家开发银行网站 http：//www. cdb. com. cn/bgxz/ndbg/ndbg2013/，第 57—58 页。

业者提供多种模式的帮助（见专栏 3-2）。

专栏 3-2　国家开发银行“小额信贷”助力就业创业

吉林分行自 2007 年创新推出“万民创业小额贷款”以来，累计发放创业贷款 15.24 亿元，支持创业 7884 户，直接和间接带动就业 12.2 万余人。特别是在辽源直接推动并打造了中国最大的棉袜生产基地——吉林辽源“袜业园”。作为第一批进入园区内的企业，“鹿人”袜业在创业贷款介入之初仅是一个拥有十几名工人、几十台设备、年收入不足 400 万元的小厂，通过吉林分行持续的贷款支持和融智服务，今天已发展成拥有 1500 台设备、6500 万双产能、2 亿元销售收入、670 名员工的大型知名民营企业。

青海分行与共青团组织合作，向有一技之长、有创业梦想的撒拉族青年发放青年创业小额贷款，帮助他们完成梦想，实现价值。青海分行向青海伊佳民族有限公司累计发放贷款 26700 万元，带动 2000 余名撒拉族妇女就业，人均收入增加了 8000 元。

资料来源：国家开发银行：《2013 年可持续发展报告》，第 55—56 页。

在医疗卫生方面，国家开发银行的医疗卫生贷款的投向主要有三个方面：一是公共卫生，即包括疾病预防控制中心、采供血机构、饮水安全、卫生监督及检测机构等；二是基本医疗，即涵盖市、县、乡一级的医院、卫生院、妇幼保健站、急救中心等；三是非基本医疗，这部分包括经营性医院、部属医院、省市级医院等。从 2005 年起，国家开发银行加大了对农村医疗卫生事业的支持力度，仅 2007 年一年就向农村的医疗卫生领域发放共计 64 亿元的贷款，其中包括用于农村医疗卫生的 30 亿元和用于农村公共卫生（主要是农村饮用水安全）的 34 亿元。

在保障性住房方面，国家开发银行积极创新中低收入家庭保障性住房建设的融资模式。2013 年的中央农村工作会议中提出，到 2020 年要完成约 1 亿人居住的城镇棚户区和城中村的改造。因此，国家开发银行通过试点探索，不断创新融资模式，与各地地方政府展开密切合作，不断加大中低收入家庭住房建设的支持力度，受益群众覆盖范围持续扩大。截至 2013 年年末，国家开发银行累计发放保障性安居工程贷款 6235 亿元，惠及 835 万户，约 2574 万中低收入人群。

四、开发性金融与全球环境治理

新发展观还强调“人与自然的和谐发展”。自然包括资源和环境两个方面。一个和谐的社会不可能建立在资源枯竭和环境恶化的基础之上。中国是一个人均资源占有量较少和生态环境比较脆弱的国家，我们在追求发展进步的过程中出现了人与自然不和谐的现象，生态环境的破坏制约了经济社会的发展，也影响了人民生活水平的提高。因此，人与自然和谐相处，就是要寻求生产发展、生活富裕、生态良好的最佳结合点。保护和改善生态环境，发展循环经济，提高资源利用效率，是我们重新审视人与自然关系后作出的决策。开发性金融在切实贯彻落实国家的可持续发展战略，关注气候的变化，积极参与全球活动，坚持以生态环境的建设为核心，以发展促减排，应对气候变化。同时，积极地开展绿色信贷，在发挥市场配置资源作用的基础上，探索创新低碳金融，加大对环境保护和节能减排的支持力度，共建美丽的地球家园。

开发性金融在环境治理方面进行了一系列的实践尝试：一是发展可持续能源，通过金融资源合理引导国家的能源结构调整，支持新能源产业的发展，促进碳排放的降低；二是支持节能减排，对高耗能、高污染企业及产业进行一系列的节能改造，提倡清洁能源及节能环保设备的使用；三是治理工业污染，大力支持工业企业的污染治理和资源的循环利用；四是推进环境的综合治理，包括支持重点流域的治理和城市环境的综合治理。开发性金融在生态治理方面的成功实践，不仅对中国的环境治理更对全球生态的可持续发展作出了巨大的贡献。

第四章

中国开发性金融的国家责任

以国家开发银行领军的中国开发性金融，虽然从成立到发展仅20余年，但却在中国的经济社会发展、人民生活水平提高、综合国力增强中发挥了举足轻重的作用。无论是国家基础设施、基础产业、支柱产业的支持建设，还是“走下基层”关注民生，创新性地开创了城建融资新模式；无论是面对国际金融风暴时的平抑危机“逆境托举市”，还是“走出去”在全球布局，积极开展国际合作，实现互利共赢，中国的开发性金融彰显出了开发性金融服务国家战略的责任与担当。

第一节　成为践行国家深化改革的金融

中国开发性金融的业务是在贯彻和落实国家深化改革的总体要求和重要指示的基础上，伴随着基础设施、城镇建设、民生保障、能源电力、资源矿产、国防建设等事业而不断发展起来的，是国家改革深化强有力的“助推器”和重要支撑。

一、搭建融资平台助力城镇化建设

城镇化建设从20世纪90年代以来就成为中国发展的最大主题。1998年，中国的城镇化率仅为30.4%，不仅远远低于欧美发达国家（80%左右），更是低于世界平均水平（46%）。同时，与西方发达国家的高城镇化率相比，中国城镇化不仅发展水平严重落后，且涉及人口规模巨大，复杂程度也前所未有。因此，如何提升城镇化水平成为各地政府推动地区经济社会发展所必须面对的难题。

完备的城市基础设施是城镇化建设中最重要的物质载体。但长期以来，财政的无力负担与商业银行的难以进入，致使中国城市的基础设施建设面临严重的资金短缺。1998年，国家开发银行创新性地推动地方政府搭建融资平台，以安徽芜湖为试点，广泛开展银政合作，将国家开发银行的融资优势与政府的组织协调优势相结合，共建融资平台。城建融资新模式的探索，成功破解了城镇化建设中的融资难题，打通了中国城建领域资金与制度的瓶颈，形成了城建融资的良性循环，加快了中国城镇化建设的步伐，各地的城市面貌也由此焕然一新。同时，随着中国的发展壮大，新的城市群、城市带也将带来一系列的城镇基础设施、轨道交通、住房保障等建设需求，繁重的建设任务和由此产生的巨额资金需求，更需要在中国新型城镇化建设中不断推进融资平台的创新发展，建设一个稳定可持续的投融资体系，为城镇建设提供充足的资金支持，充分发挥开发性金融的重要作用，为经济持续健康发展奠定坚实基础。

二、融资推进国家的产业调整与升级

2002年，党的十六大报告提出要大力实施科教兴国战略和可持续发展战略，走新型工业化道路。这标志着中国的产业结构和产业调整进入新的发展阶段。按照中央精神的指示，中国的开发性金融抓住有利时机，结合面临的新形势，顺应世界经济、科学技术的发展趋势，以支持重大项目和重点领域为重要着力点，鼎力服务产业结构的升级调整，以融资支持全面推进以高新技术为先导、基础产业和制造业为主力支撑、第三产业服务业全面发展的产业格局的形成，为中国新型工业化的发展作出重要贡献。煤炭产业、钢铁产业、通信业、交通运输业、装备制造业等领域的重点项目的融资支持与发展，更是加快了中国新型工业化的发展步伐。

同时，伴随着“建设创新型国家”① 战略任务的提出，增强自主创新能力，推动科学技术发展成为发展的战略重点。开发性金融发挥融资优势，克服产业发展和自主创新领域由于风险高、投入大、周期长、资本市场不完善所造成的融资难题，进一步支持国家的产业发展、产业整合与自主创新，在电信、汽车与机械制造等领域，不断加大产业结构调整和自主创新的支持力度。此外，战略性新兴产业也是中国开发性金融长期以来支持的重点。例如，以绿色信贷支持节能减排和环境保护、支持生物产业的加快发展、加大新能源开发的支持力度，支持稀土等新材料的产业整合，推进文化产业的振兴等。开发性金融对战略性新兴产业发展的大力支持，对中国增强综合实力、夺取竞争优势、

---

① 2006年1月9日，胡锦涛同志在全国科技大会上提出了建设创新型国家的战略任务，指出建设创新型国家的核心，就是把增强自主创新能力作为发展科学技术的战略基点，走中国特色自主创新道路，推动科学技术的跨越式发展；就是把增强自主创新能力作为调整产业结构、转变增长方式的中心环节，建设资源节约型、环境友好型社会，推动国民经济又好又快发展；就是把增强自主创新能力作为国家战略贯穿到现代化建设的各个方面。

掌握发展主动起到了至关重要的作用。

三、鼎力支持区域经济协调发展

区域的协调发展，关乎社会主义现代化建设的大局，关乎社会的稳定和国家的长治久安，是国家一直以来高度重视并积极谋划的重大战略问题。从世纪之交吹响“西部大开发”的号角开始，中央陆续出台了振兴东北老工业基地、推进中部地区崛起、鼓励东部地区率先发展等各有侧重的区域发展战略，强有力地促进了区域的协调发展。国家开发银行作为中国的开发性金融机构，坚持“政府热点、雪中送炭”的发展原则，把服务国家区域协调发展作为一项重要战略使命，统筹协调各地区发展特点，以融资化解区域发展不均衡、发展差距悬殊的难题，助力区域发展格局的合理形成。

国家开发银行坚决贯彻中央的决策部署，加大信贷倾斜力度，出台了一系列信贷政策和制度，以大投入先后助推一大批重点区域发展规划上升为国家发展战略。在西部大开发战略中，国家开发银行成为主力银行，推广技术援助贷款，支持西部发展规划编制，为交通运输、西电东送、西气东输等工程提供了融资支持，同时又担当了新一轮金融援藏援疆的主力军，支持藏区和新疆实现跨越式发展。在振兴东北老工业基地战略中，国家开发银行短时间内广泛开展银政合作，启动了沈阳铁西搬迁、东北国企改制、辽宁棚户区改造等一大批重大工程，成为东北振兴的融资助推器。在中部地区崛起与东部率先发展战略中，国家开发银行支持中原城市群建设，助推鄱阳湖生态经济区、中原经济区、长株潭城市群等重点区域上升为国家战略；鼓励东部地区率先发展，支持天津滨海新区建设、海峡西岸经济区、山东半岛蓝色经济区等一系列区域战略的施行。此外，国家开发银行还积极投身沿边开发开放，重点支持跨境基础设施、民生社会事业和边贸中小企业等发展。多年的鼎力支持，国家开发银行在区域协调发展中，累计贷款余额始终居于国内银行业首位，已然成为区域协调发展的金融先锋和支柱，在区域建设中发挥着越来越大的作用，为维护社会稳定、促进民族团结和国家经济社会发展作出了突出贡献。

四、探索普惠金融改善民生建设

长期以来，由于受到制度与市场的缺损、信用体系不健全、操作成本高、金融基础设施落后等因素的影响，中小企业、“三农”、教育医疗、保障性住房等与人们密切相关的民生领域融资难的问题始终存在。

2002 年，党的十六大报告提出全面建设小康社会的奋斗目标；2003 年 10 月，党的十六届三中全会明确提出要“坚持以人为本，树立全面、协调、可持续的发展观”。在这一大背景下，国家开发银行担当起“增强国力，改善民生”的使命，以普惠金融为重要职责，吹响了进军民生领域的号角，坚持用金融服务中小企业、“三农”、医疗卫生等社会民生领域，树立了“人人享有平等融资权”的核心理念，逐步确立了“用批发方式解决零售”“用统一标准模式解决千家万户共性问题”的有效模式与方法，积极探索以开发性金融支持经济社会发展薄弱环节，推进社会主义新农村建设、中小企业贷款、中低收入家庭住房、助学贷款、医疗保障、应急救灾等业务的全面开展，使民生金融成为国家开发银行发展的重要战略支点，成为国家开发银行的业务亮点和特色。经过多年的实践探索，国家开发银行的民生金融从无到有、从小到大，逐步发展成为具有组织化、专业化、社会化、标准化遍及全国的民生金融服务网络。独特有效的业务模式和方法，使国家开发银行成为民生金融创新的先行者与推动者，为国家的发展战略和社会公众利益提供了强有力的融资支持。①

五、服务国家“走出去”战略

伴随着经济全球化的日益加深，中国的国内外环境发生了深刻的变化。面对复杂的国内外形势，中国迫切需要开拓国际市场，充分利用国内外两个市场、两种资源，在更广阔的空间里扩大有效需求，合理配置资源，缓解人口、资源、环境等方面的压力。由此，全面提高对外开放水平，实施“走出去”战略上是符合国家发展需要与时代发展要求的。“十五”计划后，“走出去”也逐步上升成为国家战略②。

国家开发银行在纷繁复杂的国际金融舞台上，展现出中国金融的力量，围绕着国家经济外交与能源资源安全战略，充分运用“两个市场、两种资源”寻找金融突破口，积极“走出去”发挥开发性金融的优势作用，以超前的眼光在全球范围内开展国际业务，全面提高对外开放水平，在多边区域金融合作、国际能源资源合作、国内企业“走出去”等方面加大工作力度，促进国际业务的蓬勃发展，极大地服务于国家“走出去”战略的深入实施。

第二节　成为更加开放的金融

一、“援助与发展”的开发性金融思想

改革开放前，中国是一个封闭的、自给自足的经济体，既不发达又缺少与世界的经

① 《国家开发银行史》编辑委员会:《国家开发银行史（1994—2012)》，中国金融出版社2013年版，第252—255页。

② 2000年10月，党的十五届五中全会审议通过《中共中央关于制定国民经济和社会发展第十个五年计划的建议》，明确提出，实施“走出去”战略，努力在利用国内外两个市场、两种资源方面有所突破。

济联系。改革开放后，中国打开了国门逐渐走向世界。1980 年 5 月，世界银行开始恢复中国的成员国地位和贷款权利，这标志着中国开始摆脱长期以来被孤立的状态，对外开放的程度和能力逐步提升。从 1981 年起，中国政府开始从世界银行、亚洲开发银行、联合国开发署等国际开发性金融机构接受援助贷款，到 2003 年，累计接受援助贷款近 620 亿美元。① 直至 21 世纪初，中国一直都是国际开发性金融机构最大的项目贷款受援国之一，累计总金额达 10000 亿人民币（其中世界银行、亚洲开发银行余额 4060 亿，约占 40%②）。国际开发性金融机构在中国关键领域的发展援助，对中国的改革、开放与发展都起到了不可磨灭的重要作用。可以说，国际开发性金融对中国的援助与发展，“让中国融入世界，让世界连接中国；让中国展示世界，让世界了解中国”。

如今，中国迅速腾飞，综合实力得到极大的增强，在学习与借鉴国外先进的开发性金融理论与实践经验的基础上，我们也拥有了世界上规模最大的开发性金融机构，我们也可以利用“援助与发展”的开发性金融思想，让中国的开发性金融成为更加开放的金融，履行更多的“大国责任”，扶持与援助不发达国家的经济发展与社会进步，在提供资金支持的同时，共享先进的知识与理念，分享中国经济社会建设、治国理政的中国治理经验，改善受援国的投资环境，提升其发展的能力水平，减少贫困，促进对外开放程度的不断加深与可持续发展能力的不断增强。以援助促发展，作为最大的发展中国家，我们在国际开发性金融援助发展受益的同时，承担大国责任，展现大国魅力，坚持“援助与发展”的世界共赢的发展理念，走出了一条具有中国特色的开发性金融的道路。中国特色的开发性金融经验，将以综合国力为后盾、以国家信用为依托，用开放包容的胸怀与世界各国人民共应风险、共迎挑战，为受援的发展中国家提供强大的信心保障，为世界的共同繁荣、共同发展作出巨大贡献。

二、互利共赢加强多边金融合作

在中国崛起成为经济大国之前，亚洲地区的经济长期受到美国的操控，联手欧洲与日本，通过世界银行、国际货币基金组织和亚洲开发银行等国际和区域金融组织，采用亚洲美元和石油美元的方式将东亚、中亚、南亚国家的经济广泛地纳入美元体系，确保亚洲国家经济发展轨道不偏离美国范式，以直接投资和金融合作控制亚洲国家的战略性产业。③ 2010 年以来，中国经济地位不断上升，超过日本，成为仅次于美国的世界第二

① 其中世界银行贷款 366 亿，亚洲开发银行 121.6 亿，国际金融公司贷款 12.7 亿，国际农业发展基金会 4.3 亿美元。

② 胡鞍钢、胡光宇：《援助与发展：国际金融组织对中国贷款绩效评价（1981—2002）》，清华大学出版社 2005 年版，第 4—10 页。

③ 章玉贵：《谋求新多变合作共赢的中国使命与担当》，《上海证券报》2014 年 10 月 27 日。

大经济体①，并不断缩小与美国的发展差距，同时伴随着新兴国家的不断壮大，亚洲的经济格局已不同往昔，逐步逃出了美国的操控，越来越不以美国的意志为转移。综合实力日益提升、国际责任感不断增强的中国，不仅有意愿也有能力为亚洲、为发展中国家的经济发展提供资金与建设支持。

继 2005 年国家开发银行推动成立了一个新兴的国际金融区域合作组织——上海合作组织银行联合体（以下简称上合银联体）之后，国家开发银行继续加大国际金融合作的力度，随着中国—东盟自贸区的建立与升级、中日韩自贸区的构想，及海上丝绸之路、丝绸之路经济带战略的提出，国家开发银行积极推动建立中国—东盟银行联合体、上合组织开发银行、金砖国家间合作机制、亚洲基础设施投资银行等多边金融合作机制。多边金融合作的不断加强，既有利于加强中国与周边国家的战略合作，促进和深化发展中国家和新兴市场国家之间的经济合作，拓展经贸关系，也有利于积极扩大中国经济增长的正外部效应，促进中国与其他国家和地区共同发展。以亚投行为代表的开发性金融合作建设与发展思想，对周边发展中国家学习借鉴中国经验，分享中国改革开放的红利意义重大。

可以说，无论是亚投行、丝路基金，还是金砖国家开发银行，以及即将成立的上海合作组织开发银行，这一系列的金融外交、金融合作举措，其本质都是国际责任感不断增强的中国，在多边合作共赢的基础上，向区域和国际社会提供更多公共产品服务的制度安排与范式设计，通过加强多边金融合作进而谋求合作共赢格局，最终推动建立一个公平、公正、包容、有序的世界经济金融新秩序。

三、“投棋布子” 构建覆盖全球的网络布局

中国对外开放程度的不断加深、国际金融合作的不断开展，对中国开发性金融提出了更高的发展要求。要求开发性金融能够从更大范围、更广领域、更高层次上参与国际经济技术合作和竞争，充分利用国际国内两个市场、两种资源，充分运用经济全球化和区域合作提供的各种有利条件，打造覆盖全球的金融网络布局，服务国家发展战略，促进国家现代化建设。

构建覆盖全球的网络布局，一方面，要求国家开发银行要抓紧“投棋布子”，进一步加大国别工作组派驻力度。同时，加快在重点国家设立分支机构的步伐。2005 年 12 月 12 日，第一批海外工作组飞赴塔吉克斯坦首都杜尚别，迈出了国家开发银行海外布

① 日本内阁府 2011 年 2 月 14 日发布经济数据显示，日本 2010 年名义 GDP 总值约为 5.474 万亿美元，低于中国同年的 5.879 万亿美元。中国已正式超过日本、成为仅次于美国的全球第二大经济体。在此之前，日本稳坐世界经济“第二把交椅”长达 42 年。

局“投棋布子”的第一步。继2009年国家开发银行第一家境外营业性分支机构——香港分行的成立、首家国外分支机构——开罗代表处的正式开业以来，莫斯科代表处、里约热内卢代表处也相继成立。这些海外分支机构的设立，体现了国家开发银行国际合作业务网络布局的独到之处，即建立起总行统一协调指导，各分行“分片包干”的工作方式，逐渐形成国际业务的全覆盖。截至2014年年末，国家开发银行已与106个国家和地区的707家银行建立代理行关系，国际业务代理行全球分布初具规模，服务能力稳步提高，贷款项目遍布全球100多个国家，涉及能源矿产、基础设施、制造业、农业、民生等多个领域，继续保持中国对外投融资主力银行地位。另一方面，人民币的国际化与国际业务形式的不断创新也是全球网络建设的重要内容。2006年，国家开发银行从人民币国际化的需求出发，积极探索助力人民币的国际化进程，开展了本币授信业务、跨境人民币贷款业务。目前，国家开发银行已成为中国最大的跨境人民币贷款银行，继续保持中国对外投融资主力行地位。同时，国家开发银行不断创新国际业务合作模式，充分发挥了国家开发银行综合的金融优势，大力发展国际银行贷款，平行融资等业务模式，通过中非发展基金等平台进行直接投资，实现投资与融资的相互促进。

此外，在开拓国际业务过程中，国家开发银行培养锻炼了一支五六百人的海外工作队伍。这支队伍顾大局、能吃苦、讲奉献，不仅在专业水平上逐步与国际金融市场接轨，也积累了丰富的海外一线工作经验，具有了更为开放和广阔的国际视野，成为国际业务大发展的人才保障。正是因为这些因素作为保障，国家开发银行从昔日的“投棋布子”已经逐渐从点到面，一步步将布局全球的宏大蓝图变为现实。

第三节　成为知识性的金融

中国的开发性金融是具有知识性的金融，规划先行就是其知识性的重要体现。在长期的探索实践中，开行独特的经营理念、业务发展的基本模式和核心业务品牌，成为开行核心竞争力的核心要素，“规划先行”也已成为开发性金融理论和实践重要的组成部分。2006年，国家开发银行以“十一五”规划为契机，密切关注国内外局势的发展变化，围绕国家中长期发展战略部署，大力推进产业、区域、社会、市场、国际合作等方面的融资规划体系的建立，不断丰富“规划先行”的内涵。经过多年的实践探索，国家开发银行已逐步发展成为一家规划拉动的金融机构。“规划先行”成为凝聚行内外共识，推进银政、银企、国际业务合作的重要抓手。国家开发银行服务国家战略及应对市场竞争的能力与运行效率获得全面提升。

一、“规划先行”的提出与实践

“不谋万世者不足谋一时，不谋全局者不足谋一域。”规划具有前瞻性、全局性与宏观性，对促进国家经济社会健康发展尤为重要。“规划先行”的理念，是国家开发银行在认真领会中央精神①的基础上，结合多年的实践经验提出的。其强调要在更高层次上同时发挥国家开发银行的融资优势与政府的组织协调优势，加强产业规划、区域规划和城市规划，大力推进各地的规划先行，服务于“五个统筹”全方位的协调发展。“规划先行”作为开发性金融的重要内容，已融入了国家开发银行的二十字方针，即“政府热点、雪中送炭、规划先行、信用建设、融资推动”，其提供的规划服务，能够有效促进地方经济社会发展的科学性，在“政府热点”问题上真正地实现“雪中送炭”。

2006年，“十一五”规划开始实施，从“计划”到“规划”，更加凸显出国家注重用长远的眼光，从全局的高度对经济社会发展宏观把握、统筹规划、提前布局。在这一总体要求下，国家开发银行更是提出要做好区域、产业、市场、社会等四方面的科学发展规划，不是简单地对照国家“十一五”规划而制定的独立的融资规划，而是一个以科学发展观为宗旨，全方位、多层次的科学发展规划体系。2007年4月，国家开发银行的规划会议指出，要以区域发展规划为核心，以产业、社会发展规划为支柱，以市场建设规划为实现途径来制定科学发展规划，以解决市场缺损、制度落后等造成融资难的深层次问题。而区域、产业、社会与市场四项规划相辅相成，互为补充，构成了一个完整的科学规划体系。

同时，国家开发银行还把“规划先行”提升到了全行指导思想的高度，使之成为国家开发银行的核心业务品牌，构建了规划引领业务发展的新模式。为了更好地配合外部的规划合作与各领域融资规划的制定，国家开发银行逐步完善全行的组织规划实施体系建设。2007年1月，国家开发银行在新组建的研究发展中心设立规划部，主要负责牵头全行的“规划先行”工作。2009年在原有规划部的基础上成立规划局，并在各分行设立了规划发展处，在总分行还专门成立了规划院和规划分院。以2010年4月国家开发银行科学发展规划委员会的成立为时间节点，国家开发银行已经基本建立起完整的规划组织实施体系，形成了总分行共同参与推动“规划先行”的良好局面。

① 2003年10月，党的十六届三中全会通过了《中共中央关于完善社会主义市场经济体制若干问题的决定》，提出坚持以人为本，树立全面、协调、可持续的发展观和统筹城乡发展、统筹区域发展、统筹经济社会发展、统筹人与自然和谐发展、统筹国内发展和对外开放的思想。

二、系统推进国家发展规划

国家发展规划主要包括产业规划、区域规划和城市规划三个方面内容。其中产业规划覆盖的领域包含三个层次：一是国家开发银行传统六大产业，即电力、公路、铁路、城市基础设施、石油石化、电信；二是国家开发银行贷款占有优势的行业；三是社会领域所有的重要行业。区域规划主要包括长三角、珠三角等全国性、跨区域的规划，以及省级和县域经济领域规划。城市规划要强调前瞻性，体现发展的“五个统筹”协调建设要求，充分考虑社会长远发展和基础设施的需要，尽快实现与国际接轨，做到一百年不落后。[①]

在产业发展规划方面，自开展产业规划工作以来，国家开发银行围绕着国家基础设施、基础产业与支柱产业，通过政府、行业协会、科研院所、大专院校、龙头企业等外部资源的整合，有效发挥开发性金融中长期信贷优势，积极开展产业规划，通过产学研的结合，实现产业链与融资链的对接，以此积累了丰富的产业规划经验，极大地推动了行业的科学发展。在“十二五”规划期间，国家开发银行成为唯一一家参与能源、环保以及战略新兴产业等领域规划编制工作的金融机构，参与或直接承担外部行业的规划编制工作，如与国家能源局、国家发展改革委、农业部都开展了相应的规划编制合作。除了参与了“十二五”产业规划的编制，国家开发银行也开展了一系列战略客户的规划工作，对中央及地方企业广泛开展规划合作，这对中国企业的“走出去”、科学合理可持续发展、提升产业整体竞争力具有重要的意义与价值。

在区域发展规划方面，无论是西部大开发，振兴东北老工业基地，还是中部崛起，东部率先发展等一系列区域协调发展战略，都可以发现国家开发银行“规划先行”的身影。以辽宁沿海经济带为起点，国家开发银行推动一个又一个的重要区域规划上升成为国家发展战略。国家开发银行通过融资规划，与各地政府发展思路对接，系统性融资支持项目建设，引导社会资本全面覆盖项目融资需求，彰显了“规划先行”对区域经济发展的引领作用。此外，在深入贯彻“统筹城乡发展”的发展思想基础上，国家开发银行按照“省级统筹、市县布局、村镇落实”的工作思路，在全国范围内开展村镇规划并积极推动规划的落实实施，极大地推进了村镇经济社会建设，加快了社会主义新农村建设的步伐。

在城市发展规划方面，规划的思路更多地体现在社会规划领域。国家开发银行以“规划先行”为突破口，将目光主要集中在住房、交通、教育、医疗、环保等社会发展

---

① 《国家开发银行史》编辑委员会：《国家开发银行史（1994—2012）》，中国金融出版社2013年版，第309—324页。

的瓶颈领域，通过科学合理的规划，合理配置社会基础设施，加大社会建设的支持力度。与此同时，随着城镇化进程的不断加快，住房、教育、医疗卫生等重要的民生领域会产生巨大的现金流，从而拉动一系列相关产业的发展，这也需要开发性金融不断提升规划的深度与广度，寻求更大的发展空间，形成国家开发银行的规划特色，打响国家开发银行的规划品牌。

三、国际规划咨询、编制与合作

2010年以后，国家开发银行将其在国内行之有效的规划方法与规划模式扩展到国际业务领域，进一步丰富和发展了开发性金融“规划先行”的相关内容，逐步形成了国家规划和跨国规划两相结合的国际规划体系。

国家规划指的是在综合考虑合作国的长期经济社会发展目标的基础上，通过技术援助、发展顾问等方式，为合作国提供符合其国情特点的发展规划或战略咨询，通过市场化投融资模式，支持合作国基础设施、农业、矿产、能源等领域的发展。通过规划合作，既能有效实现规划项目的可持续建设，又能助力合作国的经济社会发展，最终实现互利共赢。目前，国家开发银行已经与多个国家达成了规划合作的共识，在以国家规划咨询为突破口的实践探索中，国家开发银行已逐步形成了内含国家规划咨询、国家规划合作以及国家规划编制三方面的规划工作体系。

跨国规划主要集中于亚洲周边国家、非洲、拉丁美洲三大区域，具有跨国、跨区域的特点，强调用国际大视野通盘考虑，整体把握基础设施、能源、矿产、农业等全球布局，主动谋划和推动大型项目的启动与实施，积极建构全球金融合作格局，为跨国规划与国别规划等工作打下坚实的基础，并实现中国同亚非拉地区各国的利益汇合、互利共赢。

第四节　成为国家发展智库型的金融

开发性金融从诞生之日起，在承担着为国家发展提供建设资金的责任的同时，其所具备的专业性、行业性等特性也赋予了开发性金融成为国家发展智库的重大历史使命。无论是发达国家还是发展中国家，都需要开发性金融机构来实现政府的发展目标。世界银行、亚洲开发银行、德国复兴信贷银行、美国房贷协会、韩国产业银行、巴西开发银行等，都是国际知名的开发性金融机构，这些机构在本国或区域的经济社会发展中也都承担着重要职能。在国际竞争日益激烈的今天，面对全球经济发展新的机遇和挑战，开发性金融在国际较量中的作用也不容忽视，成为施展外交谋略的有力工具。因此，中国的开发性金融发展成为国家发展智库型的金融，既是改善民生、促进经济社会发展的必然选择，也是抵御风险、增强国际竞争力与影响力的必由之路。

一、具备专业化的人才队伍支撑

开发性金融机构由于其成立时的历史沿革和所具有的专业性、行业性特点，聚集了大批行业权威专家，形成了专家银行的特色和传统，在长期业务发展中更是体现出有别于商业性金融的融智融资特色。例如与政府、企业开展的规划合作，为政府、企业编制投融资项目方案，为政府、企业的重大决策提供咨询、建议，尤其是对行业发展、重大项目建设的判断、把握和投融资设计，更能体现出开发性金融机构的专业化技术含量。而“规划先行”战略的背后是一支强大的专业化人才队伍，他们为每一项发展规划做审慎的考量、周密的部署、全面的统筹，从而设计出符合发展要求、目标明确的战略思路和具体方案。

为了更好地发挥开发性金融的智囊团作用，国家开发银行还与外部合作搭建了“全面覆盖、紧密接入、内外结合、统一管理、规范使用”的专家和机构库，建立了覆盖各规划领域特别是国家规划咨询的长期稳定的机构和专家合作平台，并与全国上百家国家和省级规划、产业研究机构建立了密切的合作关系。同时，国家开发银行不断深化人事制度建设，继续拓宽人才招聘渠道，积极引进各类专业人才；加强人员的专业培训工作，深化与麻省理工学院、法兰克福大学、巴克莱银行等国际知名院校和机构合作，围绕国家改革发展的重点，如棚户区改造、战略性新兴产业、民生金融等开展业务培训，继续提升专业人才的专业技术水平。

二、“融资+融智”助推国家发展

国家开发银行是中国开发性金融的先行者、践行者和推动者，“国家”二字体现了国家开发银行以国家为先、以国家为主、以国家为重、为国家服务的重要内涵。通过融资融智两相结合，国家开发银行在长期的实践发展中用其专业的金融视角与智能储备为国家发展多次建言献策、规划发展方向，在提供充足资金来源的同时，也成为国家发展强大的智力支撑，为国家的经济社会协调发展作出了重要贡献。

从安徽的“芜湖模式”开始，国家开发银行准确把握中国统筹城乡发展的方向和趋势，深入地方展开详尽细致的调研工作，主动协助地方政府开展宏观谋划，通过创新引入市场运作机制，将“融资”与“融智”有效结合，整合地方资源，与各地政府合作搭建了一批诚信偿债、授权充分、组织架构科学的融资平台，策划一系列重大项目，并积极引导社会资金保障规划项目落地实施，形成了城建资金良性循环的运作机制，有力地促进了地方经济社会的科学、合理、可持续发展。

国家开发银行的“融智”除了体现在国家规划建设上，还体现在为各类融资平台提供财务顾问等综合服务，“融资+融智”为融资平台建设增添了新的内涵。以上海世博会为例，早在2002年上海申博的关键阶段，国家开发银行出具了《关于支持2010年中国上海世博会的函》，承诺提供2.4亿美元贷款融资，为上海赢得世博会主办权提供了资金保障。在申博成功后，国家开发银行立即成立了世博会工作组，从财务顾问、信贷融资和直接融资等三个方面提供综合性的金融支持。2004年1月，国家开发银行向上海市政府提交了《2010年上海世界博览会财务顾问建议书》，成为投融资总体方案的重要成果，为后续工作的开展打下坚实的基础。同时，还受上海市世博会事务协调局的委托，负责编制了《中国2010年上海世博会投融资总体方案》，为世博会的投融资指明建设方向。国家开发银行对世博会的融资和融智支持，得到了上海市政府及有关方面的一致认可与高度评价。

党的十八大以来，以习近平同志为总书记的党中央作出了建设“一带一路”的重大战略构想。国家开发银行作为中国政府的开发性金融机构和最大的对外投融资合作银行，在助力“一带一路”建设方面也大有可为，谋划蓝图，勇当丝路金融先锋，从规划顶层设计、项目推动、多边金融合作等角度深度介入，融资融智齐推动，为“一带一路”战略的顺利推进注入了强劲动力。

国家开发银行对于国家的支持并不仅仅是“给钱”，在融资的同时，还通过“融智”，给予强有力的智力支持，服务国家战略决策，为中小企业、城镇建设、农村发展、基础设施等重点领域增添新动力，助推国家经济社会健康可持续发展。

三、打破西方金融霸权的有力武器

1944年，西方国家构建了布雷顿森林体系，以美元和黄金为基础建立了金汇兑本位制，为确立的美元世界领导地位奠定了“坚实”的基础，作为主要设计者与最大受益者的西方发达国家特别是美国就此凭借强大的军事、政治、经济和科技实力，在国际货币体系中占据金融霸权地位。世界银行、亚洲开发银行、国际货币基金组织等国际组织自诞生之日起，长期为西方国家主导，其资金的运作、业务的往来体现了西方国家的强权意志，利用其货币的国际特权、国际投机资本和攻击性的金融投机等方式，对发展中国家进行金融掠夺，阻碍并控制其发展。为了维护既有的国际政治经济秩序，这些国际组织逐渐演变成为西方国家推行霸权的国际工具。然而，以中国为代表的发展中国家及新兴国家的迅速崛起，对以美英主导的西方金融霸权形成冲击，经济政治格局已经悄然发生了改变。

2013 年，党的十八届三中全会召开，公布了《中共中央关于全面深化改革若干重大问题的决定》（以下简称《决定》），《决定》明确指出“建立开发性金融机构，加快同周边国家和区域基础设施互联互通建设，推进丝绸之路经济带、海上丝绸之路建设，形成全方位开放新格局”。可以预见，内陆、沿边开放将成为中国经济发展的新动力，加快沿边开放步伐提上日程。同时，开发性金融在“形成全方位开放新格局”中的重要作用不容忽视。中国可以主导建立多边开发性金融机构，推动以中国为中心的亚洲互联互通网络建设，在促进周边国家共同发展的同时，加快中国对外交流合作，从而促进构建开放型经济新体制。

正是在深入贯彻中央精神的基础上，近些年由中国主导的多边开发性金融机构相继成立，无论是金砖国家开发银行、亚洲基础设施投资银行、丝路基金，还是即将成立的上合组织开发银行，中国在国际金融体系中发挥出更加积极作用，以更加主动的姿态要求重塑西方主导的国际金融体系、打破金融霸权的桎梏、谋求发展中国家国际金融话语权。在中国成长为全球性经济大国的趋势面前，西方国家可以想方设法阻挠中国积极主推区域或全球性公共产品，却很难阻挡中国积极构建多边合作体系的努力。如果说“一带一路”是中国参与编织“全球治理网”的第一缕丝带，那么开发性金融助力“一带一路”构想的实践，则是中国治理能力的体现，也是推动全球化、产生中国治理世界影响的重要契机。①

中国的开发性金融必须牵头拿出十二分的使命担当，造就一大批战略性金融人才，担任起国家发展的“智囊团”，以应对多边金融合作组织建设与发展的需要，为金砖国家开发银行、亚投行、丝路基金、上合开发银行等一系列金融外交举措献计献策，成为应对西方霸权的有力武器，在国家开展多边金融合作时给予强有力的智力支持，合理解决金融合作中可能出现的利益分歧，增强机制化平台的生命力，最终实现多边合作共赢发展的有效推进，重塑政治经济金融新秩序。

第五节　成为国家政治经济发展的晴雨表

国家开发银行作为国家宏观调控的重要杠杆和工具，充分发挥中长期投融资逆经济

① 胡光宇：《开发性金融传递中国信心》，《人民日报》2015 年 4 月 23 日。

周期反向调节的特点，根据中国经济发展不同阶段和不同周期下国家宏观经济政策调整的需要，顺境隐于市、逆境托举市。1998—2003年，配合国家应对亚洲金融危机冲击、扩大内需的要求，为国家重点建设项目提供了近80%的信贷资金，为国债项目提供了超过30%的配套贷款。2003年下半年到2008年，坚持区别对待、有保有压，确保关系国家和各地发展大局的重点项目资金链不断。同时，主动调节贷款的结构和投向，加大对社会民生、"走出去"等领域的支持力度。2008年年底以来，紧密围绕中央应对国际金融危机冲击的一揽子计划，将新增贷款的3/4投向保障性安居工程、农村基础设施、重大基础设施、医疗卫生文化教育事业、生态环境建设、自主创新及地震灾后重建等领域，为促进中国经济企稳回升、加快经济发展方式转变发挥了积极作用。面对当前复杂的国内外经济形势，国家开发银行将继续发挥开发性金融"供血"作用，根据国家宏观调控总体要求，开展针对性的工作支持经济平稳增长。①

一、金融危机敲响警钟，探寻发展新方向

1997年7月，亚洲金融危机爆发，一场席卷亚洲的经济灾难拉开序幕，给亚洲金融体系乃至整个亚洲地区的经济安全敲响了警钟。中国金融体系也遭受严重冲击，面临着信贷风险骤增、系统性风险集聚的局面。国有银行经营风险普遍增高，不良贷款率居高不下。据统计，1997年四大国有商业银行的不良贷款率平均高达28.66%，传统政策性金融模式不良贷款率也一度高达40%以上。而非银行金融机构的问题更加凸显，部分省市甚至已经出现局部性支付危机。与此同时，中国的对外贸易也受到严重冲击，表现为内需不足，物价水平持续走低，经济增长乏力，遭遇了改革开放之后的第一个通货紧缩。

亚洲金融危机所暴露出东南亚国家金融体系的脆弱发人深省。党中央、国务院深刻地认识到，在经济转型过程中，只有建设一个健康强健的金融体系，才能有效地防范和抵御金融风险。1997年11月，全国金融会议召开，就深化金融改革、整顿金融秩序、防范金融风险进行了重要部署，其中也为包括政策性银行在内的国有银行改革指明了方向，成为指导国家开发银行转变观念、推进市场化改革的根本纲领。在此背景下，国家开发银行新一届的领导集体认真贯彻中央精神，总结反思金融危机的深刻教训，确定开发性金融的准确定位和发展方向，提出了"市场环境下、银行框架内"的新思路，成为国家开发银行历史上的重要转折点。

① 郭濂：《开发性金融助力经济结构调整》，《21世纪经济报道》2014年5月19日。

二、改革创新，服务国家战略转型

1998年以后，国家开发银行推动一系列内外部改革，把国际先进金融理念与中国国情相结合，把政府的组织协调优势与金融的投融资优势相结合，推动以市场化方式服务国家战略，开启了波澜壮阔的中国开发性金融探索与实践之路。大力推进内部改革，主动面向市场筛选项目、防控风险，建立市场化的运作机制，使资产质量和经营业绩有了根本性好转；开创政策性银行市场化发债的先河，引领债券市场建设；发挥政府与市场之间的桥梁纽带作用，推进中长期投融资市场建设，打通融资瓶颈；加强银政合作，构造市场化融资平台，支持城镇化建设，同时把传统“两基一支”业务拓展到社会民生、国际合作等新领域，国家开发银行逐步发展成为在经济社会发展中主动发挥作用、充满生机活力的开发性金融机构。

2008年，面对国际金融危机冲击，国家开发银行一方面落实国务院批准的改革方案，平稳推进股份制改革，搭建现代公司治理结构，建立“一拖二”组织架构；另一方面全力以赴落实“保增长、扩内需、调结构”的政策措施，成为国家逆周期调节、战胜金融危机的平台和杠杆。

党的十八大开启了中国发展新的历史时期，党的十八届三中全会描绘了全面深化改革的宏伟蓝图。面对新形势新任务，国家开发银行新一届党委班子提出，要坚持开发性金融方向，扎实推进改革创新，把国家开发银行建设成为国际一流的开发性金融机构。在服务国家改革方面，重点加大对新型城镇化、棚户区改造、产业结构调整、周边国家基础设施互联互通、经济外交的支持力度。在深化国家开发银行改革方面，提出并实施“三步走”战略，在推动解决债信、完善集团架构、争取政策支持和制度安排等方面取得实质性进展。在推进内部改革方面，调整经营策略，坚持有所为有所不为，加强精细化管理，推行降本增效，强化风险管控，巩固一流市场业绩。经过一年多的努力，国家开发银行业务发展稳中有为，服务国家战略、管控风险和经营管理能力稳步提升，开发性金融机构的价值更加凸显。①

三、适应新常态，助力经济稳增长

2014年年初，中国的多个经济指标创下近年来的新低，经济下行压力不容忽视。在这样的形势下，开发性金融担当国家调控经济的重要杠杆和工具，积极适应新常态，准确把握新常态对金融服务的新要求，要把服务稳增长作为工作的中心任务，主动配合

---

① 胡怀邦：《开发性金融的国家使命》，《中国金融》2014年4月16日。

国家宏观调控实施，发挥逆周期调节作用，助力战胜经济下行压力，把经济运行始终保持在合理区间，为推动经济发展行稳致远做贡献。

处理好服务稳增长与促改革、调结构、惠民生的关系，精准发力中国经济转型升级，需要开发性金融发挥中长期投融资骨干作用。新型城镇化、区域协调发展、产业结构调整、创新驱动、信息消费等领域，是未来中国经济转型升级的动力所在。这些领域普遍具有资金需求量大、建设周期长等特点，需要开发性金融发挥中长期投融资优势，给予持续稳定的金融支持，并引导社会资金参与重点项目建设，共同促进中国经济提质增效升级。

2015 年 4 月 17 日，李克强总理考察国家开发银行时，在充分肯定了国家开发银行多年来在支持经济社会发展中发挥的重要作用的同时，寄托着对国家开发银行在“稳增长、调结构、惠民生”中发挥更大作用的殷切期望，对国家开发银行下一步工作提出了新的更高要求。国家开发银行认真学习领会了李克强总理重要讲话精神，并以此为动力，鼓励和鞭策自身以更加负责、更加担当的精神，在稳增长中发挥开发性金融的更大作用。下一步国家开发银行将按照党中央、国务院部署，围绕稳增长持续发力、精准发力、优化投向，加大信贷支持力度，推动各项宏观调控政策落地实施。要优化资源配置，进一步加大规模统筹调度，围绕国家战略重点和开发性金融机构定位，选择棚户区改造、铁路、重大水利工程、新型城镇化、扶贫开发、战略性新兴产业等有代表性、适合国家开发银行业务特点的领域集中发力。要创新机制深化银政合作，支持重点领域重大工程建设。要加强投融资模式探索，研究新业态、开拓新模式、研发新产品，加大对“蓝海”业务的探索力度。要创新机制，深化银政合作，支持重点领域重大工程建设。要以解决“融资难、融资贵”为抓手，切实降低融资成本，大力支持实体经济发展。要主动应对风险，学会经营风险，保持一定的政策弹性，体现差异化，不搞“一刀切”，体现开发性金融的“雪中送炭”。①

新常态下，开发性金融站在新的历史起点上。开发性金融将结合实际，贯彻落实李克强总理的讲话精神，主动作为、勇于担当，适应新常态、立足新常态，发挥好开发性金融在“稳增长、调结构、惠民生”中的重要作用，谱写开发性金融服务于国家战略的新篇章。

---

① 胡怀邦：《在稳增长中发挥更大作用》，《金融时报》2015 年 4 月 18 日。

第五章

开发性金融对国家深化改革与政治治理的完善关系

党的十八届三中全会《中共中央关于全面深化改革若干重大问题的决定》明确指出“全面深化改革的总目标是完善和发展中国特色社会主义制度，推进国家治理体系和治理能力现代化”。这也为开发性金融的深化改革指明了目标和方向。在各项国家治理现代化中，政治治理起着基础性和保障性作用。本章从依法治国、人才强国、职能完善、制度建设、政治优越性等政治治理各方面论述与开发性金融的关系。

第一节　开发性金融与依法治国关系

一、法治金融

党的十八届四中全会《中共中央关于全面推进依法治国若干重大问题的决定》指出“社会主义市场经济本质上是法治经济”，明确了社会主义市场经济的性质。这意味着开发性金融也是法治金融。

法治金融建设是依法治国的重要内容。近二十年来，中国金融业快速发展，金融相关法律法规不断完善。1995 年，《中国人民银行法》《商业银行法》《票据法》《保险法》等金融法律法规相继颁布，经过 2002 年之后的相继完善，初步建立了一套适应当时社会经济发展需求的金融法律法规，为随后的金融业发展奠定了坚实基础。银行业金融资产从 2001 年的 17 万亿元，增长到目前的 160 多万亿元，14 年间增长了近十倍。2013 年，中国外贸进出口总值达 4.16 万亿美元，已居世界第一位；实际使用外资 1176 亿美元，总量仅次于美国列全球第二；人民币国际化进程的不断加快；对国内外金融风险防范需求不断提高。随着金融业的快速发展，财产关系和交易行为更趋复杂，各种利益主体相互冲突又相互依存，金融业对于法治建设的需求不断增强。

二、开发性金融的合法性问题

法治金融的本质在于金融业的一切行为都合乎法理和价值源头，都能从法理和价值源头中找到其行为依据。作为法治金融的开发性金融的合法性也正在于此。开发性金融和依法治国的关系，实质就是开发性金融的合法性问题。开发性金融随着经济社会发展而发展；其所依据的法理和价值源头也是沉淀自实践而不断发展着。合法性的开发性金融因而呈辩证发展关系。分析两者的关系，首先要理清其法理和价值源头依据，或者说其理性依据。

开发性金融的合法性问题是多方面的，包括政治合法性、自然合法性、历史合法性、民心合法性等。

政治合法性就是要坚持中国共产党的领导。《中共中央关于全面推进依法治国若干重大问题的决定》指出，依法治国必须坚持中国共产党的领导，“坚持党的领导，是社会主义法治的根本要求，是党和国家的根本所在、命脉所在，是全国各族人民的利益所系、幸福所系，是全面推进依法治国的题中应有之义。党的领导和社会主义法治是一致的，社会主义法治必须坚持党的领导，党的领导必须依靠社会主义法治”。因此，坚持党的领导也是开发性法治金融的应有之义。从实际来看，开发性金融的服务领域和范围包括“两基一支”、宏观调控、民生、结构调整、城镇化、基础设施建设、战略性新兴产业、经济外交等，这些领域和范围均是在党的领导下展开，因而开发性金融的一切行为要与党的规划保持高度一致。

自然合法性指资源环境的可持续性。如果开发性金融所支持的经济发展以牺牲资源环境为代价，显然不具备自然合法性。自然合法性要求开发性金融所支持的经济社会活动均要合乎自然规律。具体体现为支持绿色发展、低碳发展，所创造的是绿色 GDP，经济增长方式可持续。从过去的粗放型增长方式可以看出过去的开发性金融在自然合法性方面有所欠缺，今后需要在绿色发展上加大开发性金融的支持力度。

历史合法性主要指符合历史文化传统和价值体系。历史文化传统和价值体系是历史长河中一切实践所沉淀形成的脉络，并决定着未来的走向。当前这一脉络的集中体现就是中国特色社会主义道路，正如 2014 年 10 月 13 日习近平总书记在中共中央政治局第十八次集体学习时强调，“我们开辟了中国特色社会主义道路不是偶然的，是中国历史传承和文化传统决定的”。因此，开发性金融的历史合法性的集中体现就是坚定走中国特色社会主义道路，正如《中共中央关于全面推进依法治国若干重大问题的决定》指出的“中国特色社会主义道路、理论体系、制度是全面推进依法治国的根本遵循”。

民心合法性就是要以最广大人民利益为出发点和落脚点。《中共中央关于全面推进依法治国若干重大问题的决定》指出，“必须坚持法治建设为了人民、依靠人民、造福人民、保护人民，以保障人民根本权益为出发点和落脚点”。其具体体现为普惠金融，保障和改善民生，支持保障性住房、助学贷款、中小企业等领域发展，补齐现代化建设的“短板”。

三、开发性金融实践对法理的补充完善

开发性金融法治所依据的法理和价值源头也是来自实践，在有限实践情况下，法理和价值源头也是有限的，需要在实践中不断补充完善。因此，开发性金融的一切行为一方面要有法理和价值依据，另一方面又通过自身的实践不断补充完善所依据的法理和价值，两者呈辩证关系。

中国开发性金融经历了从无到有，从有限覆盖范围到全面支撑经济社会发展的演进过程。在中国，“开发性金融”在 2003 年首次由陈元提出，以陈元为董事长的国家开发银行是在 1994 年根据党的十四届三中全会精神，为了更有效地集中资金保证国家重点建设，经国务院批准成立的。国家开发银行的发展历程正是中国开发性金融发展的缩影。1998 年，国家开发银行摒弃传统政策性银行办行模式，探索中国特色的开发性金融办行路子，主动推进市场化改革，创新金融方法，破解发展瓶颈制约，积极寻求以市场化方式服务国家战略和政策目标，业务从传统的“两基一支”拓展到社会民生、国际合作等新领域，逐渐发展成为在经济社会发展中主动发挥作用、充满生机活力的开发性金融机构。由此可见，中国开发性金融的源头依据是党的十四届三中全会精神，这说明党的意志是开发性金融的根本依据。党的十八届三中全会上，首次在中央文件中出现了“开发性金融”的提法，体现了中央对开发性金融实践的肯定和更高的要求。

在开发性金融的不断实践中，其所依据的法理和价值也不断发展。在新的起点上，开发性金融如何把握其法理和价值依据，自身的实践又如何展开？从国家开发银行董事长胡怀邦关于“着力把握好‘六大原则’，落实好‘四个服务’”① 的论述可以找到答案。

“六大原则”为：一是坚持开发性金融方向。中国正处于全面建成小康社会的关键时期，推进新型城镇化、促进战略性新兴产业发展、保障和改善民生、实施经济外交战略等建设任务繁重、资金需求大、瓶颈制约突出，需要继续推进开发性金融实践，更好地以市场化方式服务国家战略。二是坚持以提升治理能力和服务战略能力为目标。深化改革的根本目的，建立更好服务国家战略的体制机制。通过完善治理结构、提升治理水

① 胡怀邦：《以改革创新服务国家战略》，《开发性金融研究》2014 年第 1 期。

平，增强服务国家战略的能力。三是坚持以解决影响改革发展的重大问题为导向。针对定位架构、债性、监管等核心问题，在积极破解服务国家战略瓶颈制约的同时，为政策性金融改革创新积累有益经验、探索可行路径。四是坚持以促进可持续稳健发展为根本任务。推进和深化改革，一方面要在转变经营理念和发展方式上下功夫，从一味追求规模速度向更加注重质量效益转变；另一方面要在改革创新体制机制上下功夫，为开行可持续稳健发展夯实基础。五是坚持突出架构和管理变革两个重点。紧密围绕国家深化改革的重点任务，结合中央推进政策性金融改革的最新要求，完善开行整体架构设计。六是坚持寻求推进改革的最大公约数。要不断提高统筹兼顾各方面利益的能力，抓紧推进已形成共识的改革；争取扩大共识，为推进改革创造条件。

"四个服务"为：一是服务于政府职能转变。开行将充分发挥自身介于政府与市场之间的职能优势，做好综合金融协调人，推动政府把有限的公共资源更多地向社会管理与公共服务倾斜，引导社会资金支持中国特色新型工业化、信息化、城镇化、农业现代化建设，支持国家主体功能区建设，促进区域协调发展。二是服务于经济结构调整升级。推进节能环保、新一代信息技术、生物、高端装备制造、新能源、新材料等战略性新兴产业发展，促进文化、旅游等产业发展，培育新的经济增长点，推动经济进入创新驱动、内生增长、可持续发展的良性轨道。三是服务于社会建设和民生改善。继续探索以金融促进社会公平与社会和谐的有效手段，发展民生金融业务，大力推进市场建设、信用建设、制度建设，打通融资瓶颈，加大对保障性住房、助学贷款、中小企业、新农村建设等社会薄弱环节和领域的支持力度，推动建设人人享有平等融资权的普惠金融，在社会的和谐发展中实现政治责任、经济责任、社会责任的统一。四是服务于对外开放。集中资源、突出重点，服务国家能源资源安全和经济外交战略，服务中资企业"走出去"，提升中国参与全球治理的能力和话语权。

第二节　开发性金融与人才强国关系

一、人力资本先导模式

现代化过程是不同国家相互竞争、相互追赶的动态变化的过程。每一次成功的经济追赶都同时伴随着人力资本的追赶。① 以韩国为例，20 世纪 60 年代以来韩国花了 30 年

① 胡鞍钢、熊义志：《大国兴衰与人力资本变迁》，《教育研究》2003 年第 4 期。

时间追赶西欧国家。1965—1992 年，韩国和中国台湾地区 GDP 年平均增长率均为 8.8%。1973 年韩国和中国台湾地区人均 GDP 分别相当于西欧国家（12 个国家）人均 GDP 水平的 24.3%和 31.4%，到 1992 年分别上升为 57.5%和 66.6%。与此同时，从 1965 年到 1992 年也是韩国人力资本对西欧国家加速追赶的时期。韩国在 1965 年人均受教育年限相当于西欧国家的 58.3%，到 1992 年相当于西欧国家的 84.9%。① 许多分析人士认为，韩国在相当长的时间内保持经济增长，教育与培训起了非常重要的作用。考察和分析世界上现代经济追赶的成功案例，可以发现一些基本的规律。②

第一，人力资本快速积累是经济迅速增长的重要推动因素。战后关于经济增长研究的重要进展就是发现了人力资本对于经济增长的重要驱动作用。1961 年，舒尔茨首先提出人力资本的概念；1962 年，丹尼森（Denison）在其关于增长核算中首次分析了人力资本的积累对于美国经济增长的贡献的份额；在"新经济增长理论"的相关研究当中，人力资本则是构造内生增长模型的一个重要的理论框架。

事实上，正如麦迪森指出的，"自 1820 年以来，表明时代特征的一个显著特点是平均受教育水平的大幅提高"。也就是说，人力资本几乎与现代经济增长相辅相成、相互促进。在传统经济条件下，人均经济增长的速度几乎为零，不可能有更多的剩余用于普遍地提高劳动者的素质。只有在现代经济增长的条件下，人力资本的积累才有可能。人力资本的积累反过来为进一步的经济增长创造了条件，使得技术创新和普遍应用成为可能，从而推动经济快速增长。图 5-1 所示经济增长与人力资本积累的数据进一步证明了这种关系。在现代经济增长当中，当人均 GDP 处于较低水平时，人力资本水平先是随着人均 GDP 迅速增长，而后随着人均 GDP 水平提高，人力资本增长速度有所下降。

第二，在人力资本积累与经济追赶的相互关系上，一般人力资本的追赶先于经济追赶，胡鞍钢称之为"人力资本先导模式"。

以追赶国人均 GDP 相当于先行国人均 GDP 的比例来衡量经济追赶的进程，以追赶国 15 岁至 64 岁人口平均受教育年限（初等教育当量年）相当于先行国的比例来衡量人力资本追赶进程。以此为基础，来比较历史上成功的经济追赶案例中经济追赶进程与人力资本追赶进程之间的关系。如图 5-1 所示，对角线表示人力资本追赶进程与经济追赶同步的关系。历史上成功的追赶案例当中，人力资本追赶进程与经济追赶进程相互关系的拟合曲线表明，在经济追赶之前人力资本追赶已经开始，而当经济追赶启动时，人力资本追赶已经达到较高的水平。这说明成功的经济追赶一般以人力资本追赶为先导。一般情况下，在追赶国人均 GDP 相当于先行国 20%水平的时候，追赶国人均受教育年

① 引自胡鞍钢、熊义志：《大国兴衰与人力资本变迁》，《教育研究》2003 年第 4 期。

② 参见胡鞍钢、熊义志：《大国兴衰与人力资本变迁》，《教育研究》2003 年第 4 期。

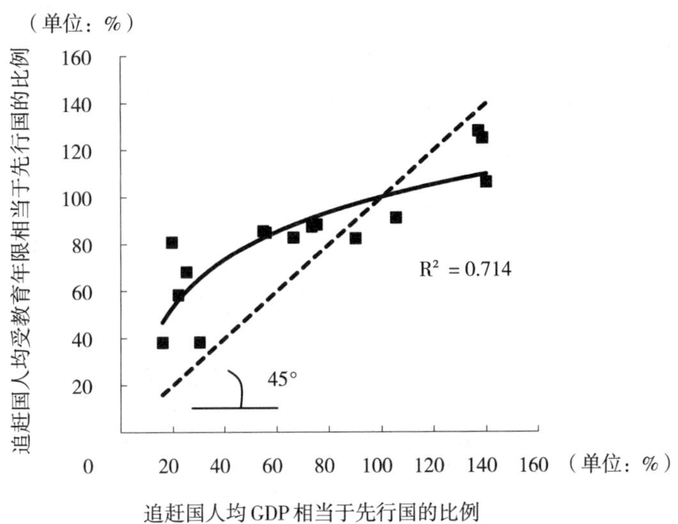

图 5-1　人力资本追赶与经济追赶进程比较

资料来源：胡鞍钢、熊义志：《大国兴衰与人力资本变迁》，《教育研究》2003 年第 4 期。

限已经达到先行国的 40%以上的水平；到人均 GDP 达到 40%水平阶段时，人均受教育年限一般都在 70%左右；人均 GDP 达到 80%水平阶段，人均受教育年限已经很接近先行国的水平。

二、新常态要求人力资本做更大贡献

为了理解经济增长过程，经济学家一般通过增长核算来分析各种因素对于增长的贡献。传统上，一般认为影响经济增长的三个主要因素是：土地、劳动力和资本。由于在增长过程中假定土地不变，那么关键是劳动力和资本的增长。如果将劳动力和资本的增长率用它们各自对经济增长的贡献份额加权求和可以得到要素投入增长率。产出增长率超出要素投入增长率的部分为全要素生产率（TFP，也称总和要素生产率）增长率。

丹尼森（Denison，1979）研究了 1948—1973 年美国的经济增长，认为劳动力对经济增长的贡献为 28%，其中劳动力教育的贡献为 11%，资本的贡献为 32%。其余 40%要由全要素生产率增长来解释，在这 40 个百分点当中又有 29 个百分点要归功于“知识和其他杂项”。丹尼森认为，从广义上讲，这种知识包括非正式教育以及通过从有组织的研究到日常的观察和体验等一系列手段获得的技术和管理知识。因此，他将教育的直接贡献（11%）和知识进步的间接贡献（29%），归结为人力资本对经济增长的贡献。也就是说，在 1948—1973 年，美国的经济增长大约有 40%来源于人力资本的贡献。

胡鞍钢等人①分析 1978—2000 年有关中国经济增长来源的研究发现，有形资本的贡献在 37.4%—38.5%，劳动力的贡献为 16.5%—18.7%，全要素生产率（TFP）的贡献为 42.7%—45.7%，成为经济增长的主要来源。在劳动力的贡献当中，劳动力教育的贡献大于劳动力数量增长的贡献，贡献份额达到 8.6%—9.9%（见表 5-1）。教育对经济增长的直接贡献率同国际上其他研究的结论大体一致。未来 20 年，教育对于经济增长的直接贡献大体保持在 7%左右，而劳动力数量增长对于经济增长的贡献则下降到 4%以下。相比之下，劳动力教育成为劳动力贡献于经济增长的主要方式。

表 5-1　中国经济增长来源估计　　（单位：%）

	1978—1995 (a)	1978—1995 (b)	1990—1999 (c)	2000—2010 (c)	2010—2020 (c)
GDP	9.4	8.2	10.7	7.3—8.9	6.3—7.3
有形资本	8.8	7.9	12.4	11.0	9
劳动力教育	2.7	2.7	2.6	2.0	1.5
劳动力数量	2.4	2.4	1.0	1.0	0.7
TFP	4.3	3.5	4.7	2—3	2—3

注：（a）世界银行根据中国统计局统计计算；（b）为世界银行估计数据，参见世界银行《2020 年的中国》，中国财政经济出版社 1997 年版；（c）为胡鞍钢教授估计数。有形资本、人力资本、劳动力的权重分别为 0.4、0.3 和 0.3。参见胡鞍钢、熊义志：《事关全面建设小康社会成败应全面开发人力资源》，《科学咨询（教育科研）》2003 年第 8 期。

那么，人力资本对经济增长的总体贡献率水平如何呢？同丹尼森的分析一样，还需要进一步分析全要素生产率（TFP）。中国人力资本促进 TFP 增长的主要机制包括：一是支撑经济结构升级，使得社会资源由劳动生产率低的部门转向劳动生产率高的部门。例如，农业比重下降，工业和服务业比重上升，以及传统产业向新兴产业转型。二是促进劳动力的流动和转移，由农村转向城市，由农业转向非农产业等。三是促进技术普遍应用。在中国经济增长核算中，1978—1995 年，TFP 对经济的贡献率高达 40%以上。未来 20 年，人力资本对于 TFP 的三种促进机制的作用强度还将持续保持较高水平。②因此，如果考虑 TFP 中所包含的因素，那么中国广义的人力资本对于经济增长的贡献比重可能达到 20%以上③。正是从这个意义上，我们认为人力资源是经济增长的重要源泉。

① 胡鞍钢、熊义志：《事关全面建设小康社会成败应全面开发人力资源》，《科学咨询（教育科研）》2003 年第 8 期。

② 胡鞍钢、熊义志：《事关全面建设小康社会成败应全面开发人力资源》，《科学咨询（教育科研）》2003 年第 8 期。

③ 蔡昉、王德文：《中国经济增长的可持续性与劳动贡献》，《经济研究》1999 年第 10 期。

当前，中国已经进入经济发展新常态。2014年12月9日至11日的中央经济工作会议对经济发展新常态作出系统性阐述，提出要认识新常态，适应新常态，引领新常态。会议认为，科学认识当前形势，准确研判未来走势，必须历史地、辩证地认识中国经济发展的阶段性特征，准确把握经济发展新常态。关于人力资本方面的新走势，会议指出“从生产要素相对优势看，过去劳动力成本低是最大优势，引进技术和管理就能迅速变成生产力，现在人口老龄化日趋发展，农业富余劳动力减少，要素的规模驱动力减弱，经济增长将更多依靠人力资本质量和技术进步，必须让创新成为驱动发展新引擎。”如前面所分析，过去的经济增长中人力资本起着重要的作用。在经济发展新常态下，人力资本所要发挥的作用有增无减，需要作出更大的贡献，这意味着在人力资本上需要更大的投入。

三、人力资本投资需要开发性金融支持

投资于人民是受益最大、效果最好的投资，投资于青少年更是一本万利的事业。《管子·权修》曰：“一年之计，莫如树谷；十年之计，莫如树木；终身之计，莫如树人。一树一获者，谷也；一树十获者，木也；一树百获者，人也。”人是世界上最可贵的财富基础，而财富的最根本的重要性在于如何增进人类的健康、体能、智能与道德情操。

1949年毛泽东同志曾说过“世间一切事务中，人是第一个可宝贵的……中国人口众多是一件极大的好事”。① 但这一说法是有条件的，最大的条件是人力资本水平。当时，中国总人口为5.4亿人，成人文盲率高达80%，国民平均受教育年限仅为1年。当时人口众多并不是好事，而是发展的沉重包袱。今天，中国的总人口已经达到13亿人，成人识字率达到94%，国民平均受教育年限达到9年。这表明，从1949年到2012年，中国经历了从人口大国向人力资源大国的转变，今后的二十几年甚至更长的时期，中国将致力于从人力资源大国向人力资源强国前进，而青少年是成为实现富民强国、民族振兴宏大目标的希望所在。

中国是世界上人口最多的国家，也是世界上青少年人口最多的国家。这是中国未来发展的巨大潜力来源，也是未来竞争的优势所在。中国要从人口大国走向人力资本强国，就必须开发这一潜力、必须发挥这一优势。为此，开发人力资源是中国政府的第一责任，投资人力资本应为中国政府的第一投资。

投资人力资本虽然收益巨大，但却回报周期长。助学贷款就是典型的例子。1999

① 毛泽东：《唯心历史观的破产》，摘自《毛泽东选集》合订一卷本，人民出版社1964年版，第1400页。

年6月，国务院办公厅转发中国人民银行、教育部、财政部制定的文件，决定在全国8个城市的普通高等学校中开展国家助学贷款制度试点工作。但由于助学贷款单笔金额小、成本高、风险大等原因，银行部门一开始就出现“惜贷”现象。尽管国务院办公厅随后又多次下发文件进行推动，但随着贷款风险逐步显现，2003年开始全国助学贷款基本陷入停滞状态。2004年6月，国务院办公厅出台了《关于进一步完善国家助学贷款工作的若干意见》（国办发〔2004〕51号），在经办银行招投标、风险补偿、贴息、还款期限等多方面的改革，一定程度上推动了国家助学贷款工作的进展。但是，除中国银行获得中央部门所属高校助学贷款承办权外，大部分省份招标出现流标。

因为助学贷款单笔金额小、成本高、收益低、违约率较高，商业性金融机构参与积极性不高。面对助学贷款的困局，国家开发银行主动与教育部门联系，申请积极介入该项业务，一举扭转了助学贷款业务的停滞局面。2007年，国家开发银行设计并开展了生源地助学贷款业务，并在全国迅速推开。截至2012年年底，国家开发银行已累计发放助学贷款420亿元，支持家庭经济困难学生774万人次，占全国的85%以上，并配合教育部建立覆盖全国25个省市、1767个区县和2594所高校的国家助学贷款资助体系。

除了助学贷款，开发性金融助力人力资本投资的另一项重要举措就是贷款建设高水平大学。美国教育行政专家罗林庭格曾说过：“学校经费如同教育活动的脊椎”，充裕的教育经费是学校各项工作正常开展的重要保障，也是教育事业发展的前提和基础。在政府投资不足的情况下，如何多渠道筹措高等教育经费，尤其是高水平大学怎样利用自身优势进行融资，以解决政府投资不足和扩招双重作用下所带来的资源紧张问题。对此，开发性金融可以起到重要的作用。

政府应该是现代大学办学经费最主要的承担者。高等教育尽管从总体上可视为一种收益内在化的“私人物品或服务”，但它的外部效应十分显著。因此，仍然可视为公共物品。政府对它的投资能够获得巨大的经济效益和社会效益。教育经济学的研究表明，无论是发达国家还是发展中国家，教育投资对经济增长都作出了重要贡献。在当今，发展高等教育已成为增强综合国力的基本途径。国家的政治稳定、经济发展和文化繁荣等，都离不开高等教育的发展。高等教育具有准公共物品性质和较大的社会收益，国家和社会肯定是高等教育发展的最大受益者，高等教育对于社会的外部效应是巨大的。这就决定了作为这种收益代表的政府，自然应分担并补偿其成本。正是基于这一发展事实和基本认同，各国在高等教育的发展过程中，政府承担了主要的责任。

政府对高水平大学的投资可以分为直接投资和间接投资。直接投资主要是指，政府以预算内教育经费拨款的方式，将经费直接划拨给高等学校。直接投资中又可以分为四个项目：一是教育事业费拨款；二是基本建设拨款；三是科研拨款，这主要是针对科研立项，用于重大项目的研究；四是其他拨款。间接投资主要是指政府向学校及校办企业提供优惠政策的贷款，用于学校的建设。开发性金融正是政府间接投资的主要渠道。2012 年 11 月，清华大学与国家开发银行签署《清华大学—国家开发银行开发性金融合作协议》，根据双方协议，国家开发银行将围绕清华大学“十二五”时期发展规划，针对其产学研各领域的融资需求，综合运用“投、贷、债、租、证”金融服务手段，进一步深化双方在规划合作、重大产业项目实施、校园基础设施建设以及科技型中小企业发展等方面的合作，为清华大学及学校控股企业发展提供融资支持。可以预见，将来高水平大学建设将成为开发性金融的重点投资领域。

第三节　开发性金融与政府职能完善的关系

一、市场起决定性作用下的政府职能转变

党的十八届三中全会的决议提到，经济体制改革是全面深化改革的重点，核心问题是处理好政府和市场的关系。我们对于这个问题的认识随着改革开放的推进而不断深化。党的十一届三中全会开始强调物质利益在调动工人农民积极性上的重要性，但是仍沿着计划经济的思路，用政府的力量来调整农、轻、重的比例；后来承认市场在资源配置上的作用，但是强调“计划为主、市场为辅”。1993 年党的十四届三中全会才正式确立社会主义市场经济的改革方向，当时的定位是市场在国家宏观调控下对资源配置起基础性作用。党的十八届三中全会指出，市场在资源配置中起决定性作用，更好地发挥政府的职能。从“基础性”到“决定性”只是几个字的改换，不过这充分体现了解放思想、实事求是、与时俱进的精神，为进一步持续健康发展中国经济，为中华民族伟大复兴中国梦的实现打下一个非常坚实的制度基础。

在市场起决定性作用的新形势下，十八届三中全会关于全面深化改革的决定指出，“进一步简政放权，深化行政审批制度改革，最大限度减少中央政府对微观事务的管理，市场机制能有效调节的经济活动，一律取消审批，对保留的行政审批事项要规范管理、提高效率。”正如厉以宁所指出的，政府有三大局限。① 第一是信息的局限。经济中的变量过多，这些变量对经济运行的影响存在不确定，难以准确预测。而且政府掌握的信息始终有限，且情况随时间迅速变化，所掌握的信息很快过时。这意味着政府总是

① 厉以宁：《中国经济的双重转型》，《开发性金融研究》2014 年第 1 期。

在不完全信息的条件下作出决策。第二个局限是政府的博弈对手是公众，政府在同公众的博弈中常处于被动地位。于是必然形成这样的格局，即政府有政策，公众有对策。或者说上有政策，下有对策，从而抵消了政府政策的效果。这表明，来自方方面面的公众预期和对策，会使政府趋于被动。第三个局限是由于政府总是在不完全信息的条件下作出决策，以及由于政府政策的推行总是处于同公众博弈中的被动地位，所以政府的宏观调控措施往往力度过大，矫枉过正，因此造成了“一管就死，一放就乱”的局面。因此政府职能要有正确的定位，不能像过去那样认为政府是万能的，而要遵循市场规律，要让市场在资源配置中起决定性作用。

市场是迄今为止人类发现的较有效的资源配置方式。国际、国内的经验都表明，市场机制是经济活力的源泉，是提高企业效率的最佳途径①。但是，市场也不是万能的，市场本身会失灵，市场也存在着自发性、盲目性甚至贪婪性的一面，不受监管的市场也会给社会带来巨大的灾难。政府正当干预与政府监管，是经济社会持续发展的必要条件，能够对市场经济和个人活动起催化、促进和补充作用。因此，政府职能的完善需要重新界定政府与经济、国家与社会之间的关系，建立起适合市场经济体制的政府职能和干预内容，调整政府的职权范围、行为方式、工作重点，在一些领域从“缺位”变为“到位”，从“越位”变为“归位”，加速建设监管型政府、公共服务型政府、有限的政府、廉洁的政府、负责任的政府、受到社会有效监督的政府、与民为善的政府。

二、中国金融发展演进与政府职能完善过程的关系

中国金融的发展演进与政府职能完善过程息息相关。1948 年中国人民银行成立并开始发行人民币，这是新中国金融史的标志性事件。1954 — 1978 年的计划经济时期，由于基础薄弱，主要靠国家计划的财政和物资调配发展经济，建设资金靠财政，金融弱小不独立，从属于财政，主要作用是结算和吸存，没有资本市场，银行也没有发展壮大起来，信贷、证券、保险尚不能成为发展经济的重要手段。1979 — 1991 年，金融逐渐从财政中分立出来，实行拨改贷，建设资金多元化。这个时期的特征是机构发展，逐步形成了以人民银行为首、国有专业银行为主体、其他银行和非银行金融机构分工协作的金融体系，同时货币市场和外汇市场得到一定发展。1992 年，党的十四大提出建设社会主义市场经济体制的决定，由此开始了以市场为导向的金融体制改革。1993 — 1997 年，中央提出金融改革方案，工、农、中、建四大国有专业银行向商业银行转化，成立

① 约瑟夫·熊彼特 1947 年对此有一段精彩的评论：“这种竞争（指市场经济条件下的企业间新产品、新技术竞争）比所有其他方式都要有效，这就好比用大炮轰一扇门是打开它的最好方式。”转引自鲍莫尔：《资本主义的增长奇迹》（中文版），中信出版社 2004 年版，第 1 页。

国家开发银行等三家政策性银行。这一时期，银行信贷虽然已成为融资体系中的绝对主体，但信贷资金财政化的现象仍比较普遍；机构独立了，但信贷资金财政化、奉命贷款、人情贷款的现象仍比较普遍，缺乏有效的风险控制。1997 年是中国金融发展的一个重要时间节点。亚洲金融危机后，银行开始注重防范风险。但同时，也有人开始把政府和银行看成是对立的，认为政府干预经济，就是不良贷款产生的原因，一度使银政关系较为紧张。正是从这个时候开始，国家开发银行把政府组织优势与融资优势相结合，以银政合作推动市场建设，进行了开发性金融的实践探索，使银政关系不再互相分离和冲突，而是从被动转为主动，从对立转为合作，从抵消变成合力。总体来看，中国金融的发展演进可以看作是政府职能完善过程的缩影。

开发性金融是连接政府和市场的桥梁，是政府失灵和市场失灵之间有效协调的一种金融形式。开发性金融同时带有政策和市场的重要属性，是一种金融方法。无论是发展中国家还是发达国家，只要存在短板领域，开发性金融就有用武之地，以实现政府的发展目标，完成单纯依靠市场和商业性金融不能完成的功能和使命。开发性金融把政府、市场、金融等资源和力量有效结合，推进市场建设和政府职能完善，用市场化方式实现政府的发展目标。在经济发展过程中，任何市场经济主体都避免不了周期性波动，开发性金融的一个重要作用就是平抑经济的周期波动。在经济快速增长周期，开发性金融隐于市场，通过为项目构造市场出口，让出更多的空间，引入商业资金发挥作用；在经济下行期，开发性金融加大对瓶颈领域的支持力度，为经济平稳较快增长注入强大动力。

与政策性金融相比，开发性金融更高的效率体现了对完善政府职能的重要作用。政策性金融机构筹资由政府提供担保，融资成本和贷款利差由政府补贴，呆账损失最终也由财政补贴。可见，政策性金融是政府职能的一部分，政策性金融本质上是政府机构的一个特殊组成部分。政策性金融在提供贷款时，采取的是指令式的运作方式。政策性金融机构被动的执行政府指令，向企业提供贷款，缺乏收回贷款的激励。政府也缺乏挑选好的企业并监督企业的激励，而企业在没有外部监督的情况下，存在比较严重的道德风险。政策性金融机构由于不追求自身业绩，可能没有足够动机去挑选好的企业，也没有动机监督企业运作，这将可能导致经济效率低下。开发性金融则不然，若政府请求开发性金融机构提供贷款（或者贷款给政府指定的投资机构或者贷款给指定的企业），那么开发性金融机构将会要求政府以相应的收入做担保，此时，政府将有挑选好的项目并加强对贷款的监督管理的激励。由于开发性金融机构追求自身业绩，将会挑选好的企业或项目为其提供贷款，并监督贷款的使用。当开发性银行在特定行业和区域自主挑选或监督具体企业时，其激励程度也更高，这极大地提高了融资效率，更好地促进了经济的发展。

中国开发性金融在市场建设和政府职能完善中探索出了开发性金融道路，并取得良好的业绩，积累了丰富的经验。当前中国正处于全面深化改革阶段，作为连接政府和市场桥梁的开发性金融在完善政府职能和发挥市场决定性作用的方面将扮演越来越重要的角色。

第四节　开发性金融与制度建设的关系

一、中国改革开放后制度建设历程

在经济社会变迁的同时，中国也在经历着制度建设的过程。1978 年 12 月，党的十一届三中全会确立了改革开放和以经济建设为中心的基本国策。之后，1982 年 9 月，党的十二大通过新的《中国共产党章程》。1982 年 12 月，第五届全国人大五次会议通过新的《中华人民共和国宪法》，这两个党和国家基本制度的重建，是国家制度重建的重要标志。1992—2001 年，在原有的体制基础上进一步深化改革和开放。最重要的是，1992 年，党的十四大明确提出了“建立社会主义市场经济体制的目标”，集中反映在 1993 年党的十四届三中全会通过的《中共中央关于建立社会主义市场经济体制的若干决议》。2003 年党的十六届三中全会通过《中共中央关于完善社会主义市场经济体制的若干问题的决定》，确定了中国经济体制改革更为明确的线路图。

党的十八届三中全会《中共中央关于全面深化改革若干重大问题的决定》（以下简称《决定》）明确提出：“到 2020 年，在重要领域和关键环节改革上取得决定性成果，完成本决定提出的改革任务，形成系统完备、科学规范、运行有效的制度体系，使各方面制度更加成熟更加定型。”在制度建设上，明确提出时间表，这在中国共产党的文献中还是首次。《决定》几乎涉及了社会生活各个方面、各个领域的制度建设。可以说，中国的制度建设已进入全面定型期。

制度建设本身是一个连续的制度变迁过程。制度经济学认为，制度可以给人们提供各种预期，其中既包括激励性预期，也包括约束性预期，从而能够产生一种“宏观效应”，减少社会信息不确定性，降低社会交往风险，提供社会激励结构，提高社会治理质量，扩大社会收益率，促进社会进步。同时，制度是一种特殊的公共产品，国家或政府是它的主要服务对象，也是它的主要实施者和保障者。进行制度建设，就是要降低党的治理成本，降低国家治理的成本，以及降低社会治理的成本。中国的改革开放的主线不仅是经济起飞、经济建设的过程，同时也是制度建设、制度创新的过程。

与世界其他国家相比，中国制度建设过程有其独特性，具体如下：其一，我们的制度建设属于自觉式，而不是自发式。党和国家认识到了我们的基本国情，在我们960万平方公里国土范围内治理8600多万党员的党组织，13亿人口的社会，我们不可能靠自发方式，因为时间太长，代价太大，我们必须自觉地去做，时间相对短，代价相对小。其二，中国的制度建设不是被动的，而是主动的。我们不能等到党和国家已经面临生死存亡的危机时才来思考出路，寻求变革，而应该要居安思危，即“存而不忘亡、治而不忘乱”。这就要求我们的制度变迁必须是主动的、积极的、政府主导的过程。[①]

二、金融制度建设

在向市场经济转轨过程中，制度建设落后是中国面临的主要问题。尤其是在金融领域，存在制度缺损和市场失灵问题。突出表现在投融资制度、微观制度和基础制度的落后，使得制度运营不到位，宏观调控难以奏效，市场效率低。这些问题依靠市场自发方式难以解决，要着眼于制度建设。西方的市场经济体制经历了盲目自发的过程，并付出了巨大的代价才得以形成。我们的制度建设不能走自发演进的老路，更承受不起高昂的代价。

金融制度建设包括财政、信贷和证券三种融资体制的建设。财政融资具有政策性和无偿性，其显著特征是由政府承担风险，从而降低企业和居民投资的风险。信贷融资属于间接融资方式，以银行为融资中介，要求资产安全和资金回流，公众和市场约束间接、滞后。证券融资是市场经济融资的直接方式，公众广泛直接参与，受公众和市场的广泛约束。三种融资方式功能和规则不同，长期共存，不相从属和相互取代。改革开放前中国经济发展主要靠财政融资，经过三十多年的发展，逐渐形成以信贷融资为主的基本格局。中国金融制度建设的任务在于实现三种融资方式的协调配合，在规模上匹配，功能上互补。这就要求既要充分发挥信贷融资的主导作用，又要发挥财政政策与货币政策的宏观调控作用，从政府融资为主转向政府融资与市场融资相结合，加快资本市场培育，使信贷市场、债券市场和股票市场相互促进共同发展。开发性金融作为连接政府和市场之间的桥梁，在金融制度建设中可发挥重要作用。

政策性金融更多地强调财政融资，基本以补贴或承担财政损失为主，是财政补贴的延伸。政策性金融支持的许多项目成为不良贷款，还引发大量道德风险，虽保本微利却是以牺牲资产质量为代价，也没起到信用建设的价值。开发性金融的核心内容是以国家信用为基础，以市场业绩为支撑，服务于国家战略。开发性金融更多体现市场规律和市

① 胡鞍钢：《推动政府变革，实现国家良治》，中国科学院—清华大学国情研究中心《国情报告》2007年第41期。

场建设，强调服务国家战略和市场业绩相统一，风险承受能力和财力大大超过政策性金融。开发性金融是政策性金融的深化和发展。

商业金融是被动地运用制度，而开发性金融则是主动地建设制度，在没制度的地方建设制度，在有制度的地方充分利用和完善制度。在运行中，开发性金融不直接进入已成熟的商业化领域，而是从不成熟的市场做起。只要是市场、法人等制度缺损或不完善，而又有光明前景的投融资领域，能够进行制度建设的，以整合体制资源取得盈利的，特别是政府关注的热点难点问题，都是开发性金融的用武之地。

信用建设是制度建设的最高等级，这是亘古不变的道理。党的十六大和十六届三中全会曾提出建立健全现代市场经济的社会信用体系。开发性金融对信用建设是通过组织增信来实现。开发性金融与地方政府的共同目标，就是通过政府组织优势与开发性金融融资优势的有效结合，转化为信用优势，弥补信用建设空白，促进经济社会发展。在信用建设的初期，各方通过组织增信的原理形成合力，能够大力推进制度建设和信用建设，也能有效进行宏观调控和风险控制。通过积极促进建立各类信用平台，完善融资体制和发展信用制度，不断提高各地政府和企业对信用建设的认知度，使社会信用体系获得有效制度保障和长远发展动力。

三、开发性金融的制度优越性

开发性金融融资优势巨大，但必须和政府的组织优势配合才能得以充分发挥，才能实现制度建设。完全市场化的融资体制，政府不直接参与和运行。但在中国的制度建设过程中，政府既要制定规则，又要起示范作用，政府和市场相结合，有形和无形两手共同推进市场发展和制度建设，这是社会主义初级阶段融资体制的基本特征。

集中大额长期信贷风险是金融界长期面对的一大问题，包括制度缺损风险、经济周期波动风险和项目失败风险。与其他融资体制相比，开发性金融的体制优越性在于能有效地应对这些风险。其应对方式包括：一是运用组织增信，使政府承诺、政府信用和政府协调弥补制度性缺失。二是把开发性金融、政府协调、资本市场和宏观调控有效结合，形成应对经济周期风险的有效机制。三是把国家信用证券化，使市场化发行的金融债券，从期限、品种、成本、效率等方面，都优于商业银行零售储蓄覆盖风险的能力。四是利用风险投资的大数法则，在资产方通过组织增信建设体制和市场，提高单个项目的成功率，降低企业经营风险。①

与西方国家相比，中国的优势在于组织化、社会化程度高，政府肩负着调控、治

① 参见陈元：《发挥开发性金融作用，促进中国经济社会可持续发展》，《管理世界》2004 年第 7 期。

理、规范、提供制度框架和组织推动的重要职能。开发性金融从这一国情出发，发挥中国共产党的领导优势、社会主义制度优势、政府组织优势，集中力量办大事，构建人人参与、监督受益的社会化机制和风险控制网络，提高融资效率并实现金融可持续发展。通过开发性金融在中国的实践，我们看到的不仅有蒸蒸日上的基础产业，日臻完善的基础设施、日新月异的城乡面貌，协调推进的区域发展，还有生机勃勃的中小企业、焕然一新的农村建设、数百万获得助学贷款的学子、上千万受益于保障房贷款的中低收入群众，以及各类突发事件应急贷款等，这些都是开发性金融的制度优越性的具体体现。

第六章

开发性金融对更加开放与世界融合的国际关系

第一节　新开放观中的开发性金融

一、中国新开放观

党的十八届三中全会《中共中央关于全面深化改革若干重大问题的决定》提出，“适应经济全球化新形势，必须推动对内对外开放相互促进、引进来和走出去更好结合，促进国际国内要素有序自由流动、资源高效配置、市场深度融合，加快培育参与和引领国际经济合作竞争新优势，以开放促改革”。这是中国新开放观的集中阐述。中国新开放观集中体现在自由贸易区战略的不断深入推进和“一带一路”战略的不断拓展。此外，出口过剩的产能、战略资源的获取以及战略纵深的开拓和国家安全的保障也是影响中国对外开放走向的深层因素。

（一）自由贸易区战略

党的十七大报告首次提出“实施自由贸易区战略，加强双边多边经贸合作”。党的十八大报告则提升为“统筹双边、多边、区域次区域开发合作，加快实施自由贸易区战略”。党的十八届三中全会进一步指出，“加快自由贸易区建设。坚持世界贸易体制规则，坚持双边、多边、区域次区域开放合作，扩大同各国各地区利益汇合点，以周边为基础加快实施自由贸易区战略。改革市场准入、海关监管、检验检疫等管理体制，加快环境保护、投资保护、政府采购、电子商务等新议题谈判，形成面向全球的高标准自由贸易区网络”。

中国的自贸区战略虽然起步晚，但发展比较迅速。自 2002 年与东盟签订第一个自由贸易协定开始，自贸区建设发展迅速，走过了从无到有、从少到多、从周边国家到全球多点分布的历程，目前，中国正与五大洲的29个国家和地区建设16个自贸区，签订10个自由贸易协定或紧密经贸关系协定（FTA），分别是中国与东盟、新加坡、巴基斯坦、新西兰、智利、秘鲁、哥斯达黎加自贸协定，中国大陆与香港、澳门的更紧密经贸关系安排，以及与台湾的海峡两岸经济合作框架协议。基本结束谈判的自贸区有两个，分别是中国与韩国、澳大利亚自贸区。正在商建的自贸区有6个，分别是中国与海湾合作委员会、澳大利亚、挪威、瑞士、冰岛、韩国自贸区。2012年，中国与10个FTA的18个经济体的货物贸易总额达到9885亿美元，超过了中国进出口总额的四分之一。

目前，世界上几乎所有经济体都加入了不止一个自贸协定。据世界贸易组织（WTO）统计，截至2013年1月15日，向WTO通报的各类区域贸易协定共546个，其中241个正在实施。据亚洲开发银行的统计，亚洲的自贸协定从2002年的70个，快速增加到2013年1月的257个，其中189个是双边协定，其余68个涉及两个国家以上。

然而，中国自贸区战略目前面临的一大挑战是，迄今为止中国已签订和正在谈判中的FTA普遍水平较低，除了与新西兰、秘鲁、哥斯达黎加的协定包括知识产权条款、正在谈判中的与冰岛和瑞士的自贸协定涉及知识产权、竞争政策等部分非传统议题外，中国商签的自贸协定都是以关税减让为主。这与当前世界上高水平的自贸协定有很大差距。例如，跨太平洋伙伴关系协议（TPP）的文本框架除货物贸易、服务、投资等内容外，还包括竞争、环境、政府采购、知识产权、劳工等，旨在体现5个方面的特征，即：广泛的市场准入（关税与非关税壁垒的削减）、完全的区域协定（生产和供应链发展）、交叉的贸易议题（规制的一致性、竞争力与商务便利化、中小企业、发展等议题）、新的贸易挑战（数字化经济、绿色技术）、有生命力的协定（协定的更新、成员扩展）。可见，如果不提高自贸区建设水平，未来将面临被其他自贸协定排除在外的危险，以及在今后多边谈判的经贸制度构建中被边缘化的不利局面。党的十八届三中全会也认识到这一点，因此提出“加快环境保护、投资保护、政府采购、电子商务等新议题谈判，形成面向全球的高标准自由贸易区网络”的战略。可见，面向全球的高标准自由贸易区网络正成为中国全面开放的战略目标。

（二）“一带一路”战略

“一带一路”是“丝绸之路经济带”和“21世纪海上丝绸之路”的简称。“一带一路”贯穿欧亚大陆，东边连接亚太经济圈，西边进入欧洲经济圈。历史上，陆上丝绸之路和海上丝绸之路就是中国同中亚、东南亚、南亚、西亚、东非、欧洲经贸和文化交流的大通道，“一带一路”是对古丝绸之路的传承和提升，获得了广泛认同。“一带一路”是中国新一轮对外开放的新格局。

中国为推动区域经济一体化作出了很多战略规划，包括21世纪海上丝绸之路战略、丝绸之路经济带战略、中印缅孟经济走廊战略、中巴经济走廊战略、东北亚经济整合战略等。这些战略中，每个都是以区域经济一体化为核心，每个都是以中国的国家战略为基础，每个都是符合亚太乃至亚欧几乎所有成员国的战略利益。

以亚太经济合作组织（APEC）为例，随着中国经济的发展，美国在APEC的话语权被削弱了，因此，美国一直在推动要把中国规避在TPP外的战略。希望通过TPP的建设，在经济上孤立中国，用TPP替代APEC。而2014年北京APEC会议，中国力推亚太自贸区和“一带一路”，就是要强化APEC的作用。因为APEC才更代表亚太利益，代表整个亚太的利益也就是代表中国的利益，中国的发展趋势和亚太深化合作是一致的。中国强化APEC能起到对冲美国TPP战略计划的作用。一旦欧亚大陆完成了经济整合，美国在亚太的力量必然被挤出，美国必然失去全球霸权。这也是一场全球性战略博弈。

上述这些战略，最终都可以统合到更广大的战略——欧亚大陆经济整合的大战略当中。如今，欧亚大陆经济整合的大战略由中国提出了两个符合大方向的战略：丝绸之路经济带战略和21世纪海上丝绸之路战略，即“一带一路”。中国所有区域经济战略，都可以融入到上述两个战略当中。

“一带一路”是中国版的全球互联互通战略。丝绸之路是个容易被全球接受的好概念。从古至今、从东到西，丝绸之路本身就是一部全球互联互通史。全球互联互通是全球化时代的根本特征。任何一个国家的开放发展战略，都可以视为全球互联互通的有机组成部分。创新丝绸之路经济带合作的“五通”模式，即加强政策沟通、设施联通、贸易畅通、资金融通、民心相通，就是中国对全球互联互通的理解，是物质与精神，官方与民间，理念与实践的互联互通。因而可以说，“一带一路”是全球互联互通史在21世纪的延续，是促进全球互联互通新演进的强劲动力。

（三）出口过剩产能

正常的产业产能利用率一般在85%以上，而据国际货币基金组织的测算，中国全部产业产能利用率低于65%。中国传统的出口国较为单一和狭窄，主要集中在美国、欧洲和日本等国，然而这些传统的出口市场已经开拓得较为充分，增量空间已经不大，国内的过剩产能很难通过这些市场进行消化，因而“一带一路”成为开辟新的出口市场的重要抓手。可见，对外开放的转变实际上是由中国经济从供不应求转向供过于求的内在状态所决定。

（四）战略资源获取保障

改革开放以来，随着中国经济的持续快速增长，对能源资源的消耗总量不断上升，加上中国原本就是一个能源资源较为匮乏的国家，因而能源资源的供需缺口日渐加大，能源资源对外依存度持续攀升。目前，石油对外依存度为60%、铁矿石为53.6%、精炼铝为52.9%、精炼铜为69%、钾盐为52.4%，五大矿产的对外依存度都超过了50%。中国能源资源过高的对外依存度，不仅会给中国带来政治风险，也危及中国的经济安全。主要体现在以下方面。

首先，获取境外资源的难度加大。许多资源在世界各国的分布很不均衡，少数几个国家拥有世界较大份额的资源，对资源的垄断导致市场规则失灵。这些关键自然资源的获得，很大程度上并不由国际贸易规则支配，供给非常不稳定。例如，对中国发展核电核能工业至关重要的铀矿，其82%的储量由澳大利亚、哈萨克斯坦和加拿大三国所有。

其次，利用境外资源的成本陡增。世界上"资源占有跨国公司化"日趋发展，主要自然资源已日趋被主要西方大型跨国矿业公司集中占有。例如，世界锡矿的80%、世界铜矿的75%、世界金矿的57%、世界锌矿的57%分别被行业排名前十位的国际大型矿业公司占有，世界铁矿石的70%被世界三大铁矿石公司占有。中国在与这些大型矿业公司谈判时，很难掌握主动权，导致中国一直面临"中国买什么，国际市场就涨什么"的尴尬局面。

最后，资源运输存在较大安全隐患。中国许多大宗矿产进口主要通过海运，而海上战略通道都控制在美国手上。例如，中国进口石油的一半以上来自动荡不安的中东地区，大约4/5的海上石油运输要经过马六甲海峡，一旦这一通道受阻，中国的石油安全将受到严重威胁。

因此，中国战略资源获取的保障成为对外开放走向的决定因素。

二、中国开放型经济对世界经济的重塑

中国正以世界第二大开放型经济体重塑着世界经济地理。世界银行2009年世界发展报告《重塑世界经济地理》指出，密度、距离和分割是决定世界经济地理变迁的三个关键维度。密度指每单位面积的经济总量，它反映了经济的集中程度，往往是经济越集中的地方越富裕；距离指商品、服务、劳务、资本、信息和观念穿越空间的难易程度，由此落后地区应重新定义为相对于经济聚集区的偏远地区，这不单指空间距离，更重要的是由于基础设施落后和制度障碍造成的经济距离；分割指国家之间、地区之间商品、资本、人员和知识流动的限制因素。简而言之，就是阻碍经济一体化有形和无形的障碍。

通过密度、距离、分割的三维分析框架可以看出，中国开放型经济对世界经济如何重塑。

第一，中国经济和外贸的规模效应重塑着世界经济地理。中国进出口贸易发展迅

速，其规模效应之大、之迅捷超出许多人的预期。世界贸易组织（WTO）2015 年 4 月 14 日公布了 2014 年贸易进出口总额的统计结果，中国连续两年位列世界第一，贸易总额达到 4.303 万亿美元。2014 年，中国国内生产总值（GDP）达 10.4 万亿美元，仅次于美国的 17.4 万亿美元。据 IMF 的统计显示，以购买力平价（PPP）计算，美国 2014 年国内生产总值（GDP）为 17.4 万亿美元，而中国则达到了 17.6 万亿美元，成为全球最大经济体。

国家"十二五"规划纲要提出，"建立扩大消费需求的长效机制。把扩大消费需求作为扩大内需的战略重点，通过积极稳妥推进城镇化、实施就业优先战略、深化收入分配制度改革、健全社会保障体系和营造良好的消费环境，增强居民消费能力，改善居民消费预期，促进消费结构升级，进一步释放城乡居民消费潜力，逐步使中国国内市场总体规模位居世界前列"。这表明，中国将由"世界工厂"转向"世界市场"、由"中国出口"转向"中国购买"。这对于世界而言，是最大的福音、也是最大的中国机遇。

未来 20 年，从支出法国内生产总值（GDP）构成来看，中国将进一步由出口导向的经济转为内需主导的经济、由投资主要驱动的经济体转为消费主要驱动的经济体。预计中国的消费率将从 2010 年的 47.4%，提高到 2020 年的 63.8%，2030 年达到 68.5%；居民消费率将从 2010 年的 33.8%，提高到 2020 年的 47.8%，2030 年达到 55%；政府消费率将从 2010 年 13.6%，2020 年提高到 16%，到 2030 年提高到 18%。相应地，投资率将从目前的 48.6%，下降至 27%。从净出口方面看，中国将实现长期贸易平衡，即净出口占 GDP 的比重低于 1%①（见表 6-1）。

表 6-1　中国支出法国内生产总值构成（2000—2030 年）　　（单位:%）

	2000	2010	2015	2020	2025	2030
投资率	35.3	48.6	36.4	34.2	32.2	27
消费率	62.3	47.4	60.6	63.8	66.8	68.5
居民消费率	46.4	33.8	45.6	47.8	49.8	55
政府消费率	15.9	13.6	15	16	17	18
净出口	2.4	4	3	2	1	0

资料来源：2000—2010 年数据根据国家统计局：《中国统计摘要（2011）》，中国统计出版社 2011 年版；2015—2030 年数据系胡鞍钢估算。

① 胡鞍钢：《2030 年中国：共同富裕与大同世界》，中国科学院—清华大学国情研究中心《国情报告》2011 年第 1 期专刊。

凭借全球最大规模的经济体、最大规模的外贸额、最大规模的消费市场，中国将成为世界经济增长的最大引擎，驱动着全球资源重新配置，进而重塑着世界经济地理。

第二，随着中国自由贸易区、“一带一路”等战略的不断推进，中国与国际间的距离将不断缩短，分割将不断消除。这些战略都可归结为全球互联互通战略，2014 年 11 月 8 日，习近平总书记在加强互联互通伙伴关系对话会上，发表的《联通引领发展伙伴聚焦合作》重要讲话，对“互联互通”作出完整阐述，“我们要建设的互联互通，不仅是修路架桥，不光是平面化和单线条的联通，而更应该是基础设施、制度规章、人员交流三位一体，应该是政策沟通、设施联通、贸易畅通、资金融通、民心相通五大领域齐头并进。这是全方位、立体化、网络状的大联通，是生机勃勃、群策群力的开放系统”。中国的对外开放将在大联通战略下打开新的局面。

三、开发性金融对开放型经济的支撑

中国自由贸易区、“一带一路”等开放战略都需要开发性金融的支撑。政策沟通、设施联通、贸易畅通、资金融通、民心相通五大领域的互联互通中，设施联通、资金融通对开发性金融的需求尤为明显。目前，全球面临着对经济基础设施投资的巨大需求。所谓经济基础设施，是指一国国内能够有效促进商业活动的基础设施，通常包括通信设施、交通条件和电力网络等硬件，以及金融机构、市场和能源供应系统等软件。基础设施是互联互通的必备硬件，但由于所需资金投入巨大，建设周期较长，基础设施已成为当前区域互联互通的瓶颈。根据世界银行的测算，到 2020 年，亚洲基础设施的投资将达到 16 万亿美元，每年平均在 2. 3 万亿美元。而据亚洲开发银行发布的报告显示，2010—2020 年，包括中国在内的亚洲地区所需基建投资超过 8 万亿美元，其中国内所需基建投资为 8 万亿美元，国家之间互联互通投资为 2900 亿美元。现有金融机构，如世界银行和亚洲开发银行，未能很好满足上述投资需求。亚洲开发银行行长中尾武彦曾表示，亚洲基础设施融资需求仅靠亚行力有不足，原因是亚洲开发银行的东盟基础设施投资基金预计只能达到千亿美元规模，而印尼一国就提出了 1600 亿美元的融资需求，这就迫切需要有新的区域融资机构来弥补缺口。另据相关机构测算，丝绸之路经济带方面，区域铁路线路总长在 1 万公里左右，按照目前每公里建设 3000 万—5000 万元的投资额来看，预计涉及总投资在 3000 亿—5000 亿元左右。

《中共中央关于全面深化改革若干重大问题的决定》提出，“建立开发性金融机构，加快同周边国家和区域基础设施互联互通建设，推进丝绸之路经济带、海上丝绸之路建设，形成全方位开放新格局”。面对互联互通基础设施建设巨大的需求和缺口，由中国倡议的金砖国家开发银行、上合组织开发银行、亚洲基础设施投资银行、丝路基金等多边开发性金融机构应运而生。

基础设施建设作为一种投资大、周期长、外部性强但短期直接经济效益低的公共品，由私人提供投资易产生供给不足，因此属于“市场失灵”的典型代表，其投资通常以政府资本为主。对于跨国的大型建设项目，则更需要具有跨国性质的机构来进行协调。多边开发性金融机构兼具提供资金和跨国协调方面的优势，对于增加国际公共产品具有重要作用。

按照开发性金融覆盖的地理范围，可将其划分为全球性开发性金融（如世界银行）、区域性开发性金融（如亚洲开发银行）和次区域开发性金融（如安第斯开发银行）。近期成立的金砖国家开发银行则属于跨区域开发性金融。当前，成立新的多边开发性金融是大势所趋和现实需要。2008 年金融危机爆发后，在欧美货币政策传导机制失灵、信贷市场几近停滞的情况下，多边开发银行却大幅扩张资产负债表，发挥了稳定器的作用。20 国集团多次号召成员国为多边开发银行增资，以进一步提升其投融资能力，但因部分股东国身陷危机，既无力为多边开发银行增资，又不愿放弃已有份额而使增资提案陷入僵局。与此同时，当前大多数发展中国家普遍面临基础设施建设严重滞后的困境。因此，在当前全球性国际公共产品供给严重不足情况下，中国积极倡导建立新的跨区域或次区域多边开发性金融机构，既符合发展中国家共同协调发展的客观需要，也是对现有多边开发性金融机构体系的丰富和完善。

第二节　开发性金融与国际对话

一、国际金融秩序

国际社会的发展过程，是从丛林世界走向秩序化、组织化、制度化世界的过程。这一过程在 20 世纪得到了迅速发展，尤其是作为国际制度实体化代表的国际组织呈几何级数的增长。迄今，无论是外层空间、海洋床底，人类的生老病死、衣食住行，都与国际制度或多或少地联系在一起，各个问题领域的国际制度相互关联，构成一个庞大的制度网络，在调整国际关系、促进人类和平与发展方面发挥着巨大的作用。人们几乎难以想象，在世界相互依赖发展到当前的密切程度，如果没有国际制度的存在，整个国际社会如何维持和运作。可以说，目前任何全球性和区域性重大问题的处理，如果没有相关国际制度的参与，都难以获得圆满解决。另一方面，衡量一个国家的对外交往能力高低，一个政府的外交政策成熟与否，非常重要的标志就是它对国际制度的参与度和议程主导程度。各类国际制度的发展并在国际社会中扮演着越来越重要的角色，是20世纪人类社会秩序化、组织化的一道风景线。①

国际制度存在其正面价值的同时，也存在相关的民主赤字问题和滞后性问题。从民主化的角度看，国际制度赖以建立的原则具有天然的民主赤字特性。② 罗伯特·考克斯（Robert Cox）指出，现行国际制度强化了发达国家对世界的统治，是不公正分配的结果；而战后的国际制度是美国控制世界秩序的产物，反映了西方统治精英的利益和价值观念，道义上是应该受到谴责的。③

由西方主导和控制的国际秩序在金融领域更为明显。长期以来，国际金融秩序一直由西方发达国家主导，体现在国际货币基金组织、世界银行、国际信用评级体系、国际支付清算体系、国际信用卡组织等决定全球金融规则的机构均由欧美国家所把持。随着中国等新兴市场的崛起，世界经济中心正向东方转移，而已形成的国际金融秩序一时难以打破。尤其是美元霸权，它与海洋霸权、制度霸权、战争融资、国民经济、国防经济、石油、国际联盟等形成复杂的相互支撑的有机整体（见图6-1），任何个别国家的力量都难以打破。

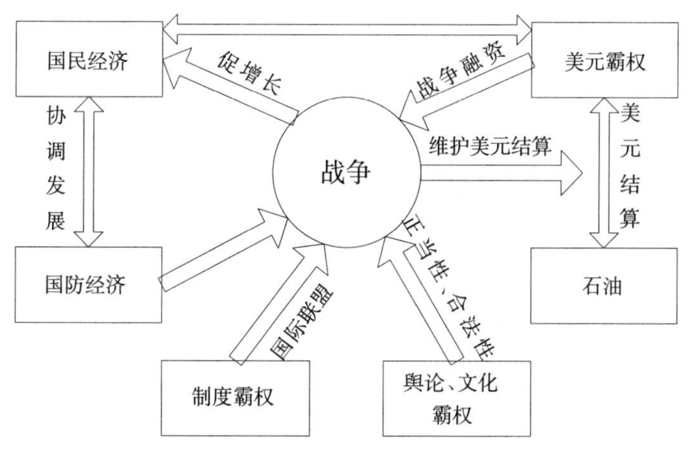

图6-1 美元霸权体系

① 门洪华：《美国霸权之翼——论国际制度的战略价值》，中国科学院—清华大学国情研究中心《国情报告》2005年第32期。

② 门洪华：《美国霸权之翼——论国际制度的战略价值》，中国科学院—清华大学国情研究中心《国情报告》2005年第32期。

③ Robert Cox，"Social Forces，State and World Order：Beyond International Relations Theory"，in Keohane（ed.），*Neorealism and Its Critic*，New York：Columbia University Press，1986，pp. 217-248；Robert Cox，*Approaches to World Order*，Cambridge University Press，1996，p. 246. 有识者指出，从长远看，国际制度是对西方规范主导国际关系态势的否定，但目前这一判断主要还是学理性的。参见刘杰：《试论国际机制中的西方规范问题》，《世界经济研究》1997年第3期。

2010年的世界银行股权改革虽然向发展中国家倾斜，发达国家向发展中国家共转移了3.13个百分点的投票权，中国的投票权也从原来的2.77%提升到4.42%，但美国15.85%的投票权没任何变化，仍牢牢掌握着否决权。国际货币基金组织（IMF）的配额改革则在美国的阻拦下一直停滞不前，截至2014年9月，在IMF已接受配额改革的163个国家里，仍然没有美国的名字，而这个国家却是唯一拥有否决权的国家。这163个成员国在IMF配额占比为79.64%，美国则占到IMF全部配额的17.69%，对应的投票权为16.75%。提高发展中国家的配额已成共识，IMF配额改革暗战的双方是欧盟过多的IMF执行董事会席位和美国的否决权，两者均是当前的既得利益者。IMF配额和治理改革被认为是IMF成立七十多年来最重要的治理改革。此次改革方案将赋予新兴市场更多权利，更为合理地体现最新格局下新兴市场不断上升的经济地位。如金砖国家的经济总量已经达到全球经济的四分之一，国际储备超过一半以上，但在IMF中的投票权却没有相应增加，让IMF这个基于份额的基金管理模式和合法性遭受质疑。截至2014年，金砖国家在IMF中的表决权总和依旧不及美国一家。因此，像金砖应急储备库这样的区域性金融组织的诞生是国际金融秩序更合理的重新平衡。

二、开发性金融与国际金融秩序再平衡

人类历史进入19世纪以后，先后经历了两次经济增长的黄金时期（Golden Age of Economic Growth）。所谓黄金增长期，就是连续的、稳定的全球经济增长周期，一般在10年以上。[①] 第一次是在1870—1913年，以电气革命和铁路革命为特征，美国和西欧国家是这次黄金期的领导国。[②] 第二次是在1950—1973年，以电子技术为中心的第三次科技革命是这一时期的主要特征，也是带动这一时期经济增长的主要因素。[③] 当前的国际金融秩序正是在这两次经济增长黄金期下形成。

---

① 英国渣打银行提出了与黄金增长期类似的“超级周期”的概念，认为“超级周期”是指历史性的高增长时期，至少持续一代人以上，由贸易增长、投资增长、城镇化和技术创新带动，以规模较大和新兴经济体的经济增长高潮为特征。参见 Standard Chartered Bank, *The Super-Cycle Report*, 2010.

② Angus Maddison认为这一时期是一个相对和平和繁荣的时代，世界的GDP年平均增长率为2.1%，明显高于1820—1870年的增长率（1.0%），人均GDP增长率也达到了1.3%，同样高于1820—1870年的增长率（0.6%）。参见 Angus Maddison, 1995, *Monitoring the World Economy* 1820-1992, OECD Development Centre, Paris.

③ Angus Maddision认为这是世界空前繁荣的黄金年代，世界GDP年平均增长率为4.9%，人均GDP年增长率为2.9%，比其他任何阶段都要高，世界出口增长率为7.0%。其中，美国和欧洲在这一时期发挥了积极的技术扩散作用，西欧、南欧和亚洲都获得了巨大的利益。参见 Angus Maddison, 1995, *Monitoring the World Economy* 1820-1992, OECD Development Centre, Paris.

表 6-2　全球经济增长周期（1820—2030）

时　期	年均经济增长率（%）	经济增长波动系数
1820—1870	0. 9	0. 29
1870—1913	2. 1	0. 42
1913—1950	0. 2	13. 81
1950—1973	4. 9	0. 21
1973—1990	3. 0	0. 42
1990—2030	3. 5	-

注：2011—2030 年全球经济年均增长率数据系胡鞍钢估算。

资料来源：Angus Maddison, *Statistics on World Population*, *GDP and Per Capita GDP*, 1-2008 *AD*, 2010, 见 http://www. ggdc. net/MADDISON/oriindex. htm。

1990—2030 年，全球经济正处于第三次黄金增长期。全球经济有望保持 3%—3. 5%的年均增长速度。① 新一轮发展黄金时期参加的国家数目之多、人口规模之大、经济全球化和经济一体化程度之深，都是前两次黄金时期无法比拟的②，全球 200 多个国家和地区、60 亿—70 亿人口都参与到这一过程中，形成超长时期、超大规模高速成长时期（见表 6-2）。

第三次全球黄金增长期的必然结果将是，全球经济版图将发生重大变化，南方国家和北方国家的经济实力将出现大逆转，不仅中国、印度在 2030 年回到 1820 年的水平，整个南方国家也将回到 1820 年的水平，是一个典型的“U”字形。

南方国家经济占世界比重迅速上升，2010 年就已经超过 50%（达到 52. 4%），北方国家降至 47. 6%，从而彻底打破北方国家长期主导世界经济格局的局面，到 2030 年，南方国家比重能够达到 66. 9%，北方国家降至 33. 1%，从而形成南方国家主导世界经济

① 学者和研究机构也基本认同未来 20 年全球经济将保持较快增长的观点。渣打银行在其研究报告中指出，2000 至 2030 年是西方工业革命以来的第三个超级周期（Super Cycle），全球经济将保持 2. 7%的年均增长率，此前两个超级周期分别是 1870—1913 年和 1946—1973 年，在这两个阶段中，全球经济年均增长率分别达到 2. 7%和 5%，参见 Standard Chartered Bank, *The Super-Cycle Report*, 2010；罗兰·贝格在其咨询报告中指出，在 2007—2030 年，全球经济能够保持 3%左右的增长速度，在 23 年左右经济总量会翻一番，参见 Roland Berger, *Trend* 2030, 2007；美国国家情报委员会甚至认为在 2010—2025 年，全球经济有可能达到年均 4%的高速增长，参见 National Intelligence Council, *Global Trends* 2025: *A Transformed World*, 2008, p. 15；经济史学家麦迪森也认为，资本主义时代最成功的三个发展时期分别是 1870 至 1913 年的“自由秩序”时期、1950—1973 年的“黄金时期”、1973 年开始的“新自由秩序”时期，他还在其著作中估计，在 2003—2030 年，全世界 GDP 年均增长率预计为 2. 2%，其中富裕国家为 0. 7%，其他国家为 3. 3%，参见安格斯·麦迪森：《世界经济千年史》，北京大学出版社 2003 年版，第 115—116 页，以及安格斯·麦迪森：《中国经济的长期表现：公元 960—2030 年》，上海人民出版社 2008 年版，第 106 页。

② 第一次黄金增长期的参与国只包括西欧国家和美国等二十多个国家，1870 年时总人口约为 4 亿人，占当时全球人口比重的 31. 9%；第二次黄金增长期的参与国包括北美、东欧以外的欧洲和亚洲的日本、以色列、韩国和中国香港等四十多个国家和地区，1973 年时总人口约为 9. 8 亿人，占当时全球人口比重的 25%。

格局。

南方国家充分享受了世界和平环境的红利，经济全球化或一体化的红利，发展知识的传播和分享使发展中国家的发展治理能力大幅提升；此外，科学技术的创新、扩散和分享，以及交通基础设施，特别是信息基础设施的改善都促进了南方国家的集体崛起。我们正处于上升期的中间点。这一趋势是世界的主流，尽管还有支流；这一趋势是世界的基本趋势，尽管有局部的逆流；这一趋势是世界不可逆转的趋势，尽管还会发生类似的国际金融危机。我们看到，越来越多的国家汇入到这一主流之中。

新兴经济体已经成为世界经济增长的新动力。特别是中国，既是此次世界经济黄金发展时期的最大受益者，又是最大的推动者。从2000—2030年的30年间，以中国、印度、俄罗斯、巴西为代表的人口大国成为推动全球经济增长的主要力量。到2030年，“金砖四国”中、印、俄、巴占世界经济总量的比重将有可能达到60.1%，其中仅中国一家就已经达到并超过北方国家的总和（见表6-3）。

与之相反，美国、欧盟和日本三大经济体占世界经济总量的比重将从2010年的18.4%、18.1%和5.4%下降到2030年的15.1%、13.1%和3.2%，那时，全球规模最大的5个经济体将是中国、印度、美国、欧盟和巴西。①

表6-3　南北国家GDP（PPP）占世界总量比重（1820—2030年）　（单位:%）

国家＼年份	1820	1870	1913	1950	1973	2000	2010	2020	2030
南方国家	70.3	53.1	42.1	39.5	39.9	43.0	52.4	60.5	66.9
亚洲发展中国家	56.5	36.1	22.2	15.3	15.8	29.2	40.9	49.1	58.2
中国	33.0	17.1	8.8	4.6	4.6	11.8	20.7	28.9	33.4
印度	16.1	12.2	7.5	4.2	3.1	5.2	8.0	12.2	18.6
俄罗斯	5.4	7.5	8.5	9.6	9.4	2.1	2.4	2.7	3.0
巴西	0.4	0.6	0.7	1.7	2.5	2.7	2.6	3.6	5.1
北方国家	29.7	46.9	57.9	60.5	60.1	57.0	47.6	39.5	33.1
美国	1.8	8.9	18.9	27.3	22.1	21.9	18.4	16.7	15.1
欧盟	23.3	32.0	35.8	27.1	27.1	21.5	18.1	15.7	13.1
日本	3.0	2.3	2.6	3.0	7.8	7.2	5.4	4.4	3.2

① 南北国家经济比重变化参见胡鞍钢:《2030年中国：共同富裕与大同世界》，中国科学院—清华大学国情研究中心《国情报告》2011年第1期专刊。

续表

年份 / 国家	1820	1870	1913	1950	1973	2000	2010	2020	2030
中国/美国	18.3	1.9	0.47	0.17	0.2	0.5	1.1	1.7	2.2

注：北方国家指国际货币基金组织 2010 年定义的发达经济体（Advanced Economies），包括 34 个国家，欧盟包括 27 个国家；南方国家指北方国家以外的其他国家；亚洲发展中国家指日本、韩国、新加坡、中国香港和以色列以外的其他亚洲国家；GDP（PPP）系 1990 年国际美元。

资料来源：1820—2000 年数据引自 Angus Maddison，*Statistics on World Population*，*GDP and Per Capita GDP*，1-2008 *AD*，2010，http：//www. ggdc. net/MADDISON/oriindex. htm；2010—2030 年世界及主要经济体经济增长率数据系胡鞍钢教授根据 Angus Maddison 数据估算。

全球经济增长黄金期必然带来南方国家的崛起，这与仍由北方国家主导的国际金融秩序形成矛盾，这一矛盾将决定着当前和未来国际金融对话和博弈的主线，并将形成新的博弈均衡，国际金融秩序面临再平衡。在这次再平衡中，由南方国家倡议的开发性金融发挥着关键的推动作用，代表性机构有金砖国家开发银行、上合组织开发银行、亚洲基础设施投资银行、丝路基金等，它们的一大共同点就是参与国绝大部分都是属于南方国家。

如前文所述，新兴市场国家的经济总量与发达经济体已经平分秋色，但是在金融、话语权方面严重失衡。包括中国在内的新兴市场国家都面临着一个难题，就是从经济大国向金融大国的迈进。

由中国倡议的开发性金融机构遵循平等互利原则，充分尊重发展中国家的自主权，不附加任何条件，顺应各国加快发展的愿望，提供了一个包容性的发展平台，各国自愿平等参与，完全根据本国利益自主决断，共建发展共同体、利益共同体和责任共同体。这些开发性金融机构，一方面是美欧主导的国际金融秩序的补充，另一方面为南方国家提供了更多的开发性金融机构选择权，并提升国际金融话语权。国际金融秩序的变化归根到底是世界大国综合实力的较量和博弈，中国凭着自身不断壮大的综合国力及与广大南方国家的共同利益为基础，所倡议的开发性金融机构将更合理公平地实现新的国际金融均衡。

第三节　开发性金融参与国际援助

一、共同富裕的世界

中国与世界既是利益共同体，更是命运共同体。日益开放的中国与日益一体化的世界，谁也离不开谁。只有世界特别是发展中国家发展了，中国才能得到更大的发展；只有世界特别是发展中国家繁荣了，中国才能得到更大的繁荣；只有世界特别是发展中国家富裕了，中国才能得到更大的富裕。这就是我们的中国观和世界观。

到2030年，中国将成为世界强国，中国将扮演什么样的角色？对此，中国领导人的回答是：强大起来的中国，绝不骄傲自满，绝不侵略别人①，绝不将意识形态强加给别人，绝不搞大国沙文主义②，绝不搞霸权主义。③ 我们认为，21世纪就是中国对人类发展作出巨大贡献的世纪。这些贡献包括：

中国成为世界大发展的最大引擎。中国将成为世界最大的市场，具有越来越强的正外部性和积极的外溢效应，为世界作出越来越大的市场贡献④、贸易贡献⑤、就业贡献、投资贡献。⑥

中国成为最大发展援助贡献国。根据邓小平关于中国“对第三世界的贡献可能会多一点”的设想⑦，在已有的对外援助计划的基础之上⑧，制定中国新的对外援助计划“三步走”：中国对外援助占GDP的比例，第一步在2015年达到0.3%，第二步在2020

① 1960年，毛泽东回答蒙哥马利说，“中国没有上帝，有个玉皇大帝。五十年（指2010年）以后，玉皇大帝管的范围还是九百六十万平方公里。如果我们占人家一寸土地，我们就是侵略者”。（毛泽东：《同蒙哥马利的谈话》（1960年5月27日），见《毛泽东文集》第八卷，人民出版社1999年版，第189页。）

② 1956年，毛泽东说：“但是要谦虚。不但现在应当这样，四十五年（指2001年）之后也应当这样，永远应当这样。中国人在国际交往方面，应当坚决、彻底、干净、全部地消灭大国主义。”（毛泽东：《纪念孙中山先生》（1956年11月12日），见《毛泽东文集》第七卷，人民出版社1999年版，第157页。）

③ 1987年邓小平说：“如果那时中国翘起尾巴来了，在世界上称王称霸，指手画脚，那就会把自己开除出第三世界的‘界籍’”。邓小平：《实现四化，永不称霸》（1978年5月7日），见《邓小平文选》，人民出版社1983年版，第112页。

④ 2001年至2009年平均贡献率为14.6%，成为第一大经济增长贡献国。

⑤ 根据联合国贸发会议统计，中国在世界货物进口贸易中的比重从4.4%提升到8%。2002—2009年，在世界服务进口贸易中的比重从2.9%提高到4.9%。

⑥ 2002—2009年，中国对全球外国直接投资流入量增量的年均贡献率达到3%；对流出量的年均贡献率达到5.5%。

⑦ 邓小平指出：“到实现了四个现代化，国民经济发展了，我们对人类特别是对第三世界的贡献可能会多一点。”邓小平：《实现四化，永不称霸》（1957年5月7日），引自《邓小平文选》，人民出版社1983年版，第112页。

⑧ 中国对外援助资金主要有3种类型：无偿援助、无息贷款和优惠贷款；对外援助主要有8种方式：成套项目、一般物资、技术合作、人力资源开发合作、援外医疗队、紧急人道主义援助、援外志愿者和债务减免。根据《中国的对外援助》白皮书，中国累计对外提供援助金额达2562.9亿元人民币，其中无偿援助1062亿元，无息贷款765.4亿元，优惠贷款735.5亿元，分别占援助总额的41.4%、29.9%和28.3%。中国对外援助资金保持快速增长，2004年至2009年平均年增长率为29.4%。截至2009年年底，中国共帮助发展中国家建成2000多个与当地民众生产和生活息息相关的各类成套项目，涉及工业、农业、文教、卫生、通信、电力、能源、交通等多个领域。截至2009年年底，中国为发展中国家在华举办各类培训班4000多期，培训人员12万人次，包括实习生、管理和技术人员以及官员。截至2009年年底，中国累计对外派遣2.1万多名援外医疗队员，经中国医生诊治的受援国患者达2.6亿人次。截至2009年年底，中国与非洲、亚洲、拉丁美洲、加勒比和大洋洲50个国家签署免债议定书，免除到期债务380笔，金额达255.8亿元人民币（相当于援助贷款总额的17.0%）。国务院新闻办公室：《中国的对外援助》白皮书，人民出版社2011年版。

年提高到0.5%，第三步在2030年提高至1%或以上。积极推动世界大国、高收入国家以及新兴经济体增加各类发展援助占GDP比重，扩大全球援助计划，积极推动联合国等国际组织制定下一个15年（2015—2030年）的千年发展目标（MDG）。中国对外援助计划的对象不同于马歇尔计划援助发达的西欧国家[①]，而是援助最不发达国家和发展中国家，惠及占世界人口4/5的南方国家。中国作为最大的发展中国家，积极推动南南国际合作、贸易自由化、投资自由化，积极推动全球范围内的南北公平发展、平衡发展。

中国成为世界大变革的引领国。中国要坚决反对霸权主义、强权政治，坚持国家不分大小、强弱、贫富，一律平等，尊重各国人民自主选择发展道路的权利[②]，积极推动建立更加公平、更加公正的国际经济秩序、政治秩序。中国要在保护地球环境、应对全球气候变化、节能减排、促进绿色工业革命方面作出积极的贡献[③]。

二、开发性金融与对外援助

（一）中国的对外援助及反思

"自立立人，自达达人"和"己所不欲，勿施于人"是中国历史和文化的优良传统，这点充分体现在对外援助上。中国在发展进程中取得辉煌成绩时，也坚持共同发展共同繁荣，把各国人民的共同利益结合起来，在南南合作框架下，向其他发展中国家提供力所能及的援助，支持和帮助发展中国家特别是最不发达国家减少贫困、改善民生。同时，中国所提供的对外援助坚持不附带任何政治条件，不干涉受援国内政，充分尊重受援国自主选择发展道路和模式的权利，相互尊重、平等相待、重信守诺、互利共赢是中国对外援助的基本原则。

国务院新闻办公室发布的《中国的对外援助（2014）》白皮书显示，2010年至2012年，中国对外援助金额为893.4亿元人民币。对外援助资金包括无偿援助、无息贷款和优惠贷款三种方式。

无偿援助，重点用于帮助受援国建设中小型社会福利项目以及实施人力资源开发合作、技术合作、物资援助和紧急人道主义援助等。3年中，中国对外提供无偿援助323.2亿元人民币，占对外援助总额的36.2%。

---

① 马歇尔计划又称欧洲复兴计划（European Recovery Program），是二战后美国对被战争破坏的西欧各国进行经济援助、协助重建的计划。该计划于1947年7月正式启动，仅持续了4个财政年度，西欧各国总共接受了美国包括金融、技术、设备等各种形式的援助合计130亿美元。

② 胡锦涛：《高举中国特色社会主义伟大旗帜，为夺取全面建设小康社会新胜利而奋斗——在中国共产党第十七次全国代表大会上的报告》，人民网，2007年10月15日。

③ 参见胡鞍钢：《2030中国：共同富裕与大同世界》，中国科学院—清华大学国情研究中心《国情报告》2011年第1期专刊。

无息贷款，主要用于帮助受援国建设社会公共设施和民生项目。3 年中，中国对外提供无息贷款 72.6 亿元人民币，占对外援助总额的 8.1%。

优惠贷款，主要用于帮助受援国建设有经济社会效益的生产型项目、大中型基础设施项目，提供较大型成套设备、机电产品等。三年中，中国对外提供优惠贷款 497.6 亿元人民币，占对外援助总额的 55.7%。

2010—2012 年，中国共向 121 个国家提供了援助，其中亚洲地区 30 国，非洲地区 51 国，大洋洲地区 9 国，拉美和加勒比地区 19 国，欧洲地区 12 国（见图 6-2）。此外，中国还向非洲联盟等区域组织提供了援助。

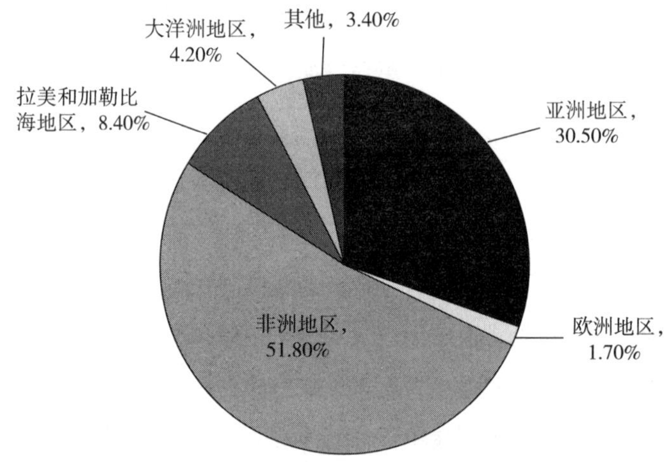

图 6-2　2010 年至 2012 年中国对外援助资金分布（按援助地区划分）

从援助投入领域看，中国对外援助大部分集中在基础设施方面，共占 72.4%（见图 6-3）。

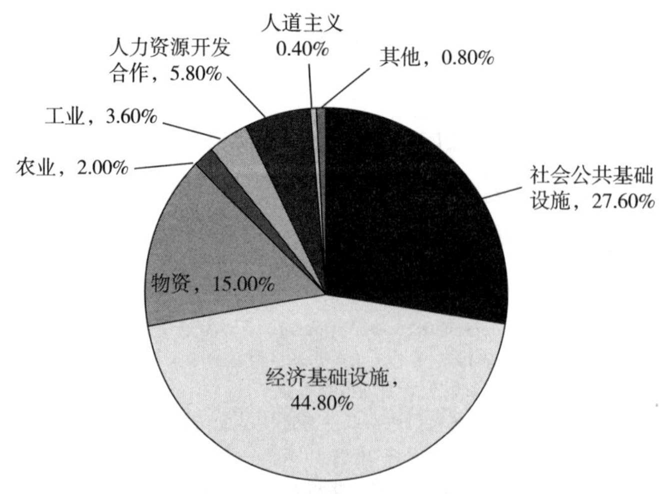

图 6-3　2010 年至 2012 年中国对外援助资金分布（按援助投入领域划分）

中国对外援助体现了中国负责任大国的责任，获得了第三世界广泛的支持和赞誉，但也存在问题值得反思的地方。

中国对外援助始于1950年。根据解密的外交部档案，1976年以前，中国曾向朝鲜、越南、阿尔巴尼亚等110多个国家和地区提供过经济援助，到1985年，中国对外援助实际支出达人民币411.81亿元，占同期国家财政支出的1.73%。其中成套项目和技术援助为158.72亿元，占38.54%；物资援助为225.74亿元，占54.82%；现汇援助为27.35亿元，占6.64%。这些援助，为中国在第三世界发展中国家赢得了一定的声誉，一定程度上促进了中国与第三世界发展中国家政治、外交关系的发展。但这一时期的对外援助规模庞大、援助数额高，脱离了中国国情和经济实力，加重了国民经济的负担，妨碍了中国经济的发展和人民生活水平的改善。随着与美对抗，又与苏交恶，出于意识形态竞争，为了让一些国家不完全倒向前苏联，中国加大了援助。

中国的对外援助在各个阶段表现出不同的特点，但从整体上讲，对外援助以平等互利、共同发展为基本指导原则，不附加任何政治条件。但“不附加任何条件”的对外援助政策却遭到西方的质疑，称中国的政策可能阻碍美国、欧盟等援助方“促进发展中国家经济长期发展、保持政治稳定”方面的努力。美国智库对外关系理事会高级学者费恩波姆（Evan A. Feigenbaum）在《外交政策》双月刊发文称，中国的援助或贷款与发达国家的不同，中国从不过分关心减少贪污，提高透明度，或者提高私营公司的条件。

不附加条件的对外援助与不干涉他国内政的外交是中国一贯奉行的政策。但对外援助的效果也是不能不考虑的。以前西方国家在给援助时，也没有附加条件，尤其冷战时期，只要是站在同一战线，不管政府在本国如何胡来，都给援助。但西方国家后来发现，这些政权极不稳定，经常破产或被推翻，受援国大量投资没回报。于是西方国家吸取教训，要求对方提供每一笔大额贷款的用途细节，原来答应的效果怎么样，哪些方面完全失败，要有透明度。因此，今后在不附加条件的原则下，如何提高对外援助效果是中国需要考虑的问题。

（二）“援助与发展”的开发性金融

中国对外援助的援外预算资金由财政部按预决算制统一管理。优惠贷款本金由中国进出口银行通过市场筹措，贷款利率低于中国人民银行公布的基准利率，由此产生的利息差额由国家财政补贴。

扩大中国对外援助规模，提升对外援助水平，增加援助资金来源，扩大融资渠道并有效地运营，是当前中国对外援助的一大趋势。中国建立的丝路基金虽然不算对外援助方式，但某种程度上却可起到对外援助的功效，这是因为“一带一路”沿线国家大部分都是发展中国家，从中可获得的经济社会效益比任何国际援助都大。丝路基金资金来源于外汇储备以及中国进出口银行、中国投资有限责任公司、国家开发银行三家机构。其中，外汇储备出资占比65%，中国进出口银行和中投公司各出资占比15%，国家开发银行出资占比5%。因此丝路基金的实质就是开发性金融。由此可见，今后开发性金融在中国对外援助上将扮演越来越重要的角色。

亚洲基础设施投资银行（亚投行）的组建过程世界瞩目，中国提议欢迎世界各国加入共同创建亚投行，无意破坏世界金融秩序，它是世界银行、亚洲开发银行等现有开发性金融机构的补充和援助。通过亚投行、金砖国家开发银行、丝路基金、上合组织银联体等系列金融外交，结合“一带一路”的战略构想，通过开发性金融构建以促进人类“援助与发展”的世界共赢发展理念。

“他山之石，可以攻玉”，一个历史源远流长的文明古国，可以接受与包容，更可以学习与发展。中国自20世纪80年代开始接受以世界银行为代表的国际金融组织对中国的援助性贷款，这对中国改革开放初期的基础设施、工业发展建设起到了重要作用。在获取资金的同时，我们学习了开发性金融的战略理念、运营管理方式、风险防控的知识，体会到了开发性金融机构的资金和知识援助的价值和促进可持续发展的作用。经过二十多年的政策性和开发性金融的发展，中国开发性金融的业务规模现已成世界最大。在受益的同时，我们也正利用“援助与发展”的开发性金融的思想，通过“一带一路”战略构想，把中国经济社会建设、治国理政的中国治理经验，输送给周边和世界各国，造福人类，为人类发展做贡献，这是国家治理能力现代化发展的大国责任、是中华文明的表现。

以亚投行为代表的开发性金融“援助与发展”的合作建设与发展思想，利于周边发展中国家学习效仿中国模式，分享中国改革开放的“红利”。在对外援助问题上，开发性金融的优点在于：第一，融资规模巨大，从而能肩负起重塑受援国经济社会体系的重任；第二，以市场化规则来运营，能有效地保障援助效果，提高透明度；第三，可作为杠杆进一步调动各方资金参与，形成利益命运共同体和合力并实现更广援助辐射。因此，有效协调传统对外援助资金渠道与开发性金融这一新的工具之间的合作，一方面可提升中国对外援助的融资规模，另一方面可实现更好的援助效果。对外援助与开发性金融的有效结合，这实际上是充分发挥政府与市场这两只手在对外援助上的优势互补。

第七章

开发性金融对经济发展的促进关系

第一节　开发性金融对健全宏观调控的关系

党的十八届三中全会《中共中央关于全面深化改革若干重大问题的决定》在“健全宏观调控体系”部分中指出，“宏观调控的主要任务是保持经济总量平衡，促进重大经济结构协调和生产力布局优化，减缓经济周期波动影响，防范区域性、系统性风险，稳定市场预期，实现经济持续健康发展”。对宏观调控的主要任务，开发性金融可起到调整产业结构和减缓经济周期波动影响的积极作用。

一、开发性金融对产业结构调整的作用

产业结构的调整，本质上是资源在不同产业之间的重新配置以及资源生产效率的提高。然而在市场失灵和政府失灵的双失灵情况下，资源的配置无法通过市场和政府两种手段来达到最优化。开发性金融作为连接政府与市场之间的桥梁，是解决市场失灵和政府失灵的有效方式，从而能有效地促进产业结构调整。开发性金融主要通过以下途径促进产业结构调整。

第一，选择支持支柱产业，提高资源配置效率。美国经济学家罗斯托最早提出的“主导产业理论”，把经济成长阶段划分为传统社会、为起飞创造条件、起飞、成熟、高额群众消费和追求生活质量六个阶段，每个阶段的演进都是以主导产业部门更替为特征。国家开发银行重点支持的“两基一支”中的支柱产业，正是出于调整产业结构的目的。国家开发银行在长期的投融资活动中积累了各行业的丰富信息，能够将政府的产

业政策意图向市场传递，带动民间投资。这个过程本质上表现为社会资源配置效率的提高，意味着产出的增加和产业结构的升级。

第二，开发性金融通过信息溢出效应，以市场化原则弥补市场失灵，实现政府在市场经济中的产业升级意图。任何国家在任何经济发展阶段都会存在同时具备以下三个特征的领域：对国计民生和经济社会的发展有重大影响、不能依靠市场主体的趋利性动机将资源及时有效足额地配置到该领域、直接依靠国家财政手段也无力或无法解决。这时就需要依靠不追求盈利最大化的开发性金融机构，按照宏观经济和社会发展目标的要求，先行向这些领域配置金融资源，然后通过其融资活动的信号，通过信息溢出效应，对民间投资和商业性金融产生引导作用，实现资本优化配置，促进产业升级。①

第三，弥补商业性金融不足，促进产业结构升级。开发性金融为产业结构升级调整提供长期资金和补助金，在“量”和“质”两方面对商业性金融的融资进行补充。如果仅靠市场机制自由运作，无法保证长期资金的分配效率。由于商业性金融机构长期资金供给能力和风险承担能力不足，对企业的融资主要是短期贷款，不能充分满足企业设备投资资金的需要。而开发性金融机构由于有政府信用的担保，主要从事长期投资，从而对主要进行短期融资的商业银行进行有效补充，弥补金融市场上长期资金的供给不足。这是开发性金融机构从“量”的方面对商业性金融机构进行补充。另外，传统商业性金融机构对高风险的高科技产业，以及投资回收期较长的基础产业的融资缺乏足够的动力。而开发性金融机构严格按照政府产业发展政策对不同产业和行业的发展进行鼓励或限制，对待淘汰落后产业、过度发展行业的贷款限制额度，而对发展潜力大、具有很好社会效应的基础性产业、风险高的高新技术产业，或新兴产业以及投资不足的公共行业予以资金支持。这是开发性金融机构从“质”的方面对商业性金融机构进行补充。

第四，开发性金融以融资推动信用建设、制度建设和市场建设，在实现政府意图的同时，避免产生政府失灵，提高资金使用效率。开发性金融的最终目标是建设一个完善的市场经济体系，是补充市场而非替代市场。在经济转轨过程中，信用缺失与制度落后是制约经济和市场发展的最大瓶颈。因此，开发性金融以信用建设为核心，通过组织增信将政府信用运用于国家、地区和产业的重大项目融资中，由政府对项目的风险进行过滤，并对私人投资形成集聚效应，降低项目的成本和不确定性，提高投资成功的可能性，培养积累融资主体信用资本，由此不断提高地方政府和企业对信用建设的认同度，进而转变为信用优势来推动信用建设，促进投融资体制的畅通与完善。②

从实践情况看，以国家开发银行为例，截至 2014 年 4 月 14 日，国家开发银行累计

① 严华：《开发性金融支持产业升级的效应分析》，《货币银行》2011 年第 6 期。
② 严华：《开发性金融支持产业升级的效应分析》，《货币银行》2011 年第 6 期。

发放电力贷款 2 万亿元，支持建成水电、火电、核电装机容量 3.84 万亿千瓦，占全国电力装机容量的 1/3；发放高速公路贷款 1.73 万亿元，支持高速公路通车里程 6.8 万公里，占全国已通车里程的 65%；发放铁路建设贷款 8248 亿元，支持建设里程超过 6 万公里，占全国营业里程的 60%。目前国家开发银行正优化信贷投向，从传统支持"两基一支"拓展向积极支持产业升级、节能环保、战略性新兴产业及文化、旅游、健康养老等产业发展，推动经济进入创新驱动、可持续发展的轨道，推进经济结构调整和发展方式转变。

二、开发性金融对减缓经济周期波动影响的作用

中国对政府与市场关系的认识经历了一个不断探索、发展、深化的过程。新中国成立初期，受前苏联模式影响，中国实行高度集中的计划经济，国家对市场管得过死从而失去活力。改革开放初期，中国提出"以计划经济为主，市场经济为辅"，党的十三届四中全会以后，中国在总体上实行了计划经济与市场调节相结合的经济体制和运行机制。1992 年，党的十四大强调市场发挥配置资源的基础性作用，政府进行经济调节、市场监管、社会管理、公共服务；党的十四届三中全会又通过了《中共中央关于建立社会主义市场经济体制若干问题的决定》，实现从计划经济到社会主义市场经济的伟大变革。2013 年，党的十八届三中全会进一步强调市场在资源配置中起决定性作用，从"基础性"到"决定性"只是几个字的变化，却是政府与市场关系深刻的改变。回顾中国对政府与市场关系的认识过程，其实质都在于探索政府与市场之间良性互动的平衡关系。

在经济发展中，政府和市场都不是万能的，需要两者互相补充、互相渗透。政府与市场现实而合理的良好关系应该是，在市场对资源配置起决定性作用的前提下，以政府宏观调控之长弥补市场调节之短。同时又以市场调节之长来克服政府宏观调控之短，从而实现市场调节和政府宏观调控两者的最优组合。

市场不是万能的，过于强调市场作用是不全面的，2008 年全球金融危机的发生就是典型的例子。从经济发展周期来看，自由放任市场的逐利性会加大周期性波动，在经济上行时，市场向上走得很高，形成泡沫；而在经济下行时，市场也在下行，低于稳定的平衡点，甚至起到推波助澜、加速恶化的作用，造成系统性、全局性风险。过去对市场的认识过分注重盈利的一面，而稳定的一面却被忽视，也就是只考虑市场上升期，没考虑下降期，导致市场不完善、不强健。现在大多数发达国家都在发挥政府宏观调控稳定市场的作用，虽然产生的效果不同，也面临各种争议，但政府宏观调控的重要性日益引起各国的高度重视。

在经济发展过程中，任何经济主体都避免不了周期性波动，而开发性金融通过市场建设，构造经济平稳增长的制度基础，做到“顺境隐于市，逆境托举市”。在中国，当经济处于快速增长周期时，开发性金融隐于市场，通过为项目构造市场出口，让出更多的空间，引入商业资金发挥作用；在经济下行时期，开发性金融加大对基础设施和重点发展领域等瓶颈领域的支持力度，通过基础设施建设的拉动作用，为经济平稳较快增长注入强大动力。具体举措是，以中长期投融资平抑经济周期波动。与商业金融相比，开发性金融运用资本市场发行金融债券，促进短期、零散储蓄向长期、大额资金转变，支持中长期业务领域发展，对平抑经济周期发挥了积极作用，也避免了一般商业金融“短借长贷”的期限错配风险。

从金融与经济增长关系看，金融发展类型大致分为两类：需求跟进型和供给导向型。需求跟进型金融经济发展模式本质是指实体经济的增长对金融机构和金融资产产生更多额外需求，金融部门为满足经济增长需要而迅速跟进的经济增长促进金融发展。该理论是一种传统且成熟的金融理论，强调经济发展对金融的决定作用，适用于一般性金融理论，得到了广泛的实证检验（Kapur（1967）；Mathieson（1980）；Fry（1980）等），发展中国家检验结果更为显著。其基本路径可表现为：经济增长→金融需求→金融供给→金融发展。

供给导向型金融经济发展模式更多地表现为金融发展的主导性、超前性。通过现代金融功能和作用的发挥以及对经济的渗透，为经济增长和其他金融发展提供条件和动力。其发展模式有两大功能：资源转移和企业孵化。该理论符合开发性金融本质特征，开发性金融本质上是一种供给导向型金融。

开发性金融与经济增长的实证检验分析也表明开发性金融的本质是供给导向型，开发性金融对经济增长的影响力度明显大于经济增长对开发性金融发展的影响力度。这充分表明，开发性金融在一定程度上仍然具有超前发展、主动引领经济增长的功能，但同时也受到了经济发展阶段的巨大影响，在促进经济增长的同时，加速了自身的深化与发展。①

第二节　开发性金融对基础设施现代化的关系

一、中国基础设施现代化

中国已经成为世界最大规模的现代基础设施建设国家，将国民经济的生产、分配、

① 张惠彬：《开发性金融对经济增长影响分析及实证检验》，《经济问题探索》2009 年第 9 期。

交换、消费等各个环节有机联系起来。这就高效促进了人口、物流、信息流等要素大规模的空间流动，极大地促进国民经济和社会的发展，保障和改善民生，还具有特殊的国防建设功能。

如果说，当前的中国在基础设施建设上只是“中国的富裕部分，北京、上海或大连的现代部分，比富裕的美国要先进”①，那么，再过二十多年，中国将“后来居上，理所当然”②，以更小的沉没成本，更先进的技术，更高效的组织能力，建成世界最大、最现代的基础设施体系，全面超越美国。

到2030年，中国主要交通、能源、信息等基础设施居世界首位，形成网络完善、结构优化、相互衔接的世界上最大的、最现代的综合交通通信体系。

建成世界最大规模、最现代化的国家高速铁路网。中国已经成为世界高速铁路的引领者。截至2015年8月，中国高速铁路总营业里程达到17945公里，成为世界上高速铁路投产运营里程最长、在建规模最大的国家，中国的高速铁路初步成网。据国际铁路联盟统计，截至2013年11月1日，世界其他国家和地区高速铁路总营业里程11605公里，在建高铁规模4883公里，规划建设高铁12570公里，中国高铁总里程高于其他国家之和。到2030年，基本建成连接主要城市、覆盖绝大多数全国人口的国家快速铁路网。随着中国城镇化迅速发展与城市群化日益扩大，有力地推动了城市之间、城市群内主要城市之间、中小城市与城镇之间城际交通网络，2030年中国的高速铁路网络总里程将达到7.5万公里（见表7-1）。

建成世界最大的、最现代化的高速公路网。2007年美国高速公路为7.5万公里。③2010年中国为7.41万公里，相当于世界高速公路里程20多万公里的1/4强。到2015年，将建成连接全国省会城市、基本覆盖20万以上人口城市的国家高速公路网，总里程超过8万公里。到2030年国家高速公路网总里程将达到10万公里（见表7-1）。

表7-1　中国铁路、公路里程（1978—2030年）　　（单位：万公里）

年份	铁路营业里程	高速铁路营业里程	公路里程	高速公路里程
1978	5.17		89.02	
1990	5.78		102.83	0.05
2000	6.87			1.63

① 托马斯·弗里德曼：《与中国比，美国是第三世界》，《纽约时报》2008年8月。

② 周恩来：《政府工作报告》（1964年12月21日，22日），载中共中央文献研究室：《建国以来重要文献选编》（第19册），中央文献出版社1998年版，第491页。

③ 引自胡鞍钢：《2030中国：共同富裕与大同世界》，中国科学院—清华大学国情研究中心《国情报告》2011年第1期专刊。

续表

年份	铁路营业里程	高速铁路营业里程	公路里程	高速公路里程
2005	7.54		334	4.10
2010	9.12		401	7.41
2015	12	4.5		8.3
2020	13	6.0	450	8.5
2030	15	7.5	500	10

资料来源：胡鞍钢：《2030中国：共同富裕与大同世界》，中国科学院—清华大学国情研究中心《国情报告》2011年第1期专刊。

其他现代化基础设施网络建设将进一步快速增长。这包括：石油管道、成品油管道、天然气管道；航空港和国内外航线，使客运量和货运量大幅度增长；超宽带网为核心的三网合一全国信息网。到2020年发电装机容量达到16亿千瓦，成为世界第一大国。国家电网未来10年在智能电网上的总投入将超过4万亿元，建成世界最大的统一的智能电网。① 以特高压力为核心的全国智能电网建设工程，与正在进行的大水电、大核电、大风电一期集约化开发和建设。同时，形成东西南北跨区域特高压输电大通道。② 到2015年建成330千伏及以上输电线路20万公里，成为世界上最大规模的特高压输电网络，到2030年，将进一步建成330千伏及以上的输电线路达到40万公里。此外，中国与周边国家合作建成若干个国际输电大通道和能源大通道。

总之，今后20年仍然是中国建设各类基础设施的黄金建设时期，它成为扩大国内需求的重要来源，有力地促进各类生产要素的流动，有助于全国统一市场的形成，极大地推动城乡之间、地区之间的均衡发展，重塑中国经济地理。中国基础设施率先现代化将成为整个中国现代化的基石。③

二、开发性金融对基础设施建设的支撑

基础设施所需资金投入巨大、期限长，项目运营市场化程度一般不高，投资利润率低，投资收益与风险不匹配。这使得以营利为目的的商业性金融介入基础设施建设的积极性不高，而政策性金融的介入则存在资金来源有限和容易形成不良贷款的风险。开发

① 电网智能化已经成为世界电网发展的新趋势，以信息化、自动化、互动化、网络化为特征，高效、经济、清洁、安全。

② 如西南综合能源向华东、华中和广东输电通道；鄂尔多斯盆地、山西、内蒙古东部综合能源基地向华北、华东、华中地区输电通道；新疆综合能源基地向华中输电通道。参见张平主编：《〈中华人民共和国国民经济和社会发展第十二个五年规划纲要〉辅导读本》，人民出版社2011年版，第128页。

③ 参见胡鞍钢：《2030中国：共同富裕与大同世界》，中国科学院—清华大学国情研究中心《国情报告》2011年第1期专刊。

性金融在基础设施建设方面的优势体现在巨额资金投入的可持续性。近十年中国基础设施建设取得了举世瞩目的成就，其融资主要是由国家开发银行来推动，尤其在市场建设的早期更是如此。比如“三峡工程”，由于贷款需求量大、期限长，在商业银行不愿冒风险将贷款投向三峡工程时，国家开发银行承诺 1994—2003 年，每年为三峡工程提供贷款 30 亿元，总额共计 300 亿元，期限 15 年。开发银行支持的基础设施建设不胜枚举，“五纵七横”国道主干网建设、青藏铁路、南水北调这些工程都跟国家开发银行紧密相连。未来中国基础设施投资需求仍然巨大。据研究，2013—2020 年，中国基础设施投资需要约 40 万亿元，这就意味着，8 年时间里，中国每年基础设施投资的需求达 5 万亿元，需要开发性金融巨额资金的可持续支撑。

在具体实现上，开发性金融推动基础设施建设呈现出与商业性金融和政策性金融不同的特征：

第一，政府积极推动和组织协调，为开发性金融提供组织和制度保障。由于基础设施的半公共性特征，一般由政府来提供，开发性金融对基础设施建设的支撑也需要政府的积极推动和协调。首先，由政府牵头与开发性金融机构建立良好的信用关系。鉴于基础设施项目种类较多，项目属性不一，既有纯经营性项目如收费桥梁，准经营项目如煤气、自来水、城市污水处理等，也有非经营性如城市道路等。其次，需要政府出面统一协调多种经营属性基础设施建设项目投融资的组织协调工作。同时由于基础设施项目资金需求的大额度和长期性，为保障投资资金的安全需要制定相应的制度保障。

第二，以制度创新促进金融创新，为基础设施建设打造开发性金融融资平台。开发性金融的创新性在于政府选择急需建设的重点项目，通过开发性金融的创新性运作，建立市场化的偿还机制，以实现大额长期资金的可持续投入。在实践当中，基础设施建设围绕开发性金融进行两个方面的制度创新。其一，优选项目。主要选择经济社会急需建设的重点项目，包括城市道路、供水、供电、供气、垃圾和污水处理、城市绿化等。在选择时紧抓政府规划的龙头作用和杠杆效应。其二，打造融资主体，实行公司化运作。凡列入开发性金融支持范围的，都需建立相关基础设施投资公司，对项目实现市场化运作。对资产实力不强的公司，要求政府划入优质资产，给予一定的政策优惠，做大做强，使公司具有造血功能和自我发展能力，真正成为基础设施建设和对外融资的法人实体。

第三，以组织增信形式建立贷款偿还机制，为贷款偿还提供保障。充分发挥政府的组织和政治优势，将信用建设和信用创新工作放在重要地位。这既需要开辟稳定的还贷来源，又需要不断创新信用增信方式。

第三节　开发性金融对城镇化的促进作用

一、世界最大城镇化体系

从城镇人口规模来看，中国在1974年就超过美国，成为世界城镇人口第一大国，到2010年，中国的城镇人口近6.7亿人，占世界城镇人口的比重为19.05%，相当于美国总人口的两倍。到2030年，中国的城镇人口预计将达到10亿多人，占世界的比重达到22.9%，相当于美国总人口的3倍，美国城市人口的4倍。同时，中国城镇化率与美国的相对差距不断缩小。1950年，美中城镇化率之差为53%，1980年，进一步扩大为54.3%，到2010年，已经缩小为32.6%，到2030年中国的城镇化率将达到70%，与美国的差距进一步缩小为17%（见表7-2）。

表7-2　中美城镇人口比较（1950—2030年）

年份	城镇人口（百万）			城镇化率（%）		占世界城镇人口比重（%）	
	中国	美国	中/美（倍）	中国	美国	中国	美国
1950	61.7	101.2	0.61	11.2	64.2	8.37	13.74
1960	130.7	130.3	1.00	19.7	70.0	13.12	13.08
1970	144.2	154.6	0.93	17.4	73.6	10.83	11.61
1980	191.4	170.3	1.12	19.4	73.7	11.00	9.78
1990	302.0	192.8	1.57	26.4	75.3	13.28	8.48
2000	459.1	225.3	2.04	36.2	79.1	16.09	7.90
2010	665.6	259.0	2.57	49.7	82.3	19.05	7.41
2020	845.0	290.7	2.91	60.0	84.9	21.00	6.91
2030	1020.0	318.5	3.20	70.0	87.0	22.90	6.41

资料来源：美国和世界数据根据UN Department of Economic and Social Affairs, *World Urbanization Prospects: The 2008 Revision*；中国1950—2010年数据根据国家统计局经济统计司编：《新中国60年统计资料汇编》，中国统计出版社2009年版；国家统计局：《第六次全国人口普查公报》，2011年4月28日；2020—2030年数据系胡鞍钢估计，其中2010—2030年的增长率为2.15%，1978—2010年的增长率为4.3%。

目前，中国仍然处于城市群建设的加速期。这既不同于十多年前提出小城镇大战略的城镇化思路，也不同于传统的城市战略或者城镇化战略，它是现代要素聚集的城市群及经济圈，是指高速公路、高速铁路以及其他交通工具的一小时经济圈。这包括：8000万—1亿人口的巨型城市群，如珠江三角洲城市群，长江三角洲城市群，环渤海城市群，它们将成为带动全国经济社会发展的龙头，全国重要的创新区域，全国重要的人口聚集和经济密集区，也是中国乃至世界最具影响力的经济区；① 5000万—7000万人口的超大城市群；2000万—4000万特大城市群，800万人口以上大城市群；100万人口以上中城市群。② 从长远来看，到2020年，全国的大城市群GDP占全国总量的80%以上，贸易量占90%以上，财政收入在90%以上。到2030年，上述比重还将进一步上升。

按照主体功能区布局，将形成“两横三纵”的城市群格局，具体指以欧亚大陆桥通道、沿长江通道为两条横轴，以沿海（从大连到湛江）、（北）京哈（尔滨）（北）京广（州）、呼（和浩特）包（头）鄂（尔多斯）昆（明）通道为三条纵轴，以国家优化开发和重点开发的城镇化地区为主要支撑，以轴线上其他城镇化地区为重要组成的城镇化战略格局。重新塑造以城镇化群为主导的新中国经济地理，这可能是现代世界历史上人口规模最大、大城市规模最多、海陆空立体综合交通运输体系、城乡一体化、区域一体化、国际一体化的经济地理大变迁，成为中国经济持续增长的强大动力。③

二、中国城镇化红利

城镇化红利指城镇化进程中所带来的扩大内需、调整经济结构、转变经济发展方式等众多效益。城镇化对中国而言，是继人口红利之后最大的红利。如果处理恰当，能换来未来长达20年的长足发展。2013年中国的城镇化率为53.7%，离发达国家80%以上的城镇化水平还有很大距离。20年来，中国城镇化率每年平均提高1.278%。因此，中国城镇化红利还将持续二十多年。

（一）扩大内需红利

改革开放三十多年来，中国的城镇人口比重从1978年的约18%增长到2013年的约53.7%，年增长约为1%。由此推算，到2030年将中国城市人口比重将提升至70%，则中国的城市人口将从目前的7.3亿增加到10.2亿。以2013年城镇居民和农村居民消费水平分别为22880元和7409元为标准，当中国城镇人口增加至10.2亿时，全社会的消费总额将增加4.5万亿元。这将为中国经济增长创造一个长期的消费需求释放的过程，从而从消费需求的角度为经济增长提供长期稳定的动力。

城镇化还带来大规模投资需求，主要分为三个方面：第一，生产性投资。城镇化过程中消费需求的增加，必将带来相关产业的产能扩张和生产性投资支出增加。第二，基

① 张平：《〈中华人民共和国国民经济和社会发展第十二个五年规划纲要〉辅导读本》，人民出版社2011年版，第197页。

② 2008年中国市区总人口100万以上的城市已达122个，占全国655个城市的18.6%。

③ 参见胡鞍钢：《2030中国：共同富裕与大同世界》，中国科学院—清华大学国情研究中心《国情报告》2011年第1期专刊。

础设施投资。城镇化的扩大，必然伴随着道路、给排水、电力、通信、垃圾和污染物处理等基础设施投资的增加，这些基础设施不仅用来满足新增城市人口的基本需要，也是大宗耐用消费品进入居民消费领域所必需的条件。第三，房地产投资。大量农民进入城市，住房和工商企业发展的需求将激增，也将相应引发房地产投资需求的增长。① 2013年，全社会固定资产投资为446294.09亿元。其中城镇固定资产投资为435747.43亿元，占比97.6%。据研究，每增加一个城镇人口，大约会引出50万元的城镇固定资产投资。若中国城镇人口比重达到70%，仅从静态来看，增加2.9亿城镇人口需要增加的固定资产投资需求为145万亿元。若从动态来看，随着城镇化的发展，城镇居民对住房、公共基础设施的需求会进一步提高。在此情况下，城镇化所产生的固定资产投资需求空间将十分巨大，从而从投资需求的角度推动经济实现长期增长。

（二）调整经济结构红利

城镇化不只是一个农村人口向城市转移的过程，更是第二、三产业不断向城市聚集，农村人口不断向第二、三产业转移的过程。因此，城镇化过程本身也是产业结构不断升级，经济增长驱动要素不断变化的过程。在这过程中，中国将从工业为主的经济体转变为服务业为主，特别是现代服务为主的经济体。三大产业的比重将从2013年的9.4∶43.7∶46.9转变为2030年的5∶33∶62。这标志着，中国用了80年左右的时间完成了西方国家200多年的产业现代化历程，从一个农业大国（1949年）转变为工业大国（1978年），再转变为工业强国（2010年），最后转变为一个现代服务业大国（2030年），未来还要进一步转变为现代服务业强国（2050年）。

2013—2030年，产业结构在城镇化推动下持续升级，第三产业比重将不断上升，目前已超过第二产业成为主导产业，随后第三产业比重将进一步上升，到2030年第三产业将居于绝对主导地位，所占比重最大，达到62.37%。相应地，第一产业的比重将出现较大幅度下降，2015年降至8.31%，2030年进一步降至5.05%，大体和发达国家的农业比重相当；第二产业的比重相对比较稳定，出现小幅下降，比重仍然较大，从2015年的44.83%下降至2030年的32.58%（见表7-3）。

表7-3　中国三次产业结构（2010—2030年）　（单位:%）

	2013	2015	2020	2025	2030
第一产业	9.4	8.31	6.98	5.93	5.05
第二产业	43.7	44.83	41.47	37.37	32.58

① 陈元：《开发性金融与中国城镇化发展》，《经济研究》2010年第7期。

续表

	2013	2015	2020	2025	2030
第三产业	46.9	46.86	51.55	56.7	62.37

资料来源：2015—2030 年数据系胡鞍钢估计。胡鞍钢：《2030 中国：共同富裕与大同世界》，中国科学院—清华大学国情研究中心《国情报告》2011 年第 1 期专刊。

2013—2030 年，就业结构在城镇化推动下也将不断调整。第三产业就业人口已超过第一产业，第二产业就业人口很快也将超过第一产业。在城镇化的推动下，预计未来第一产业就业人口的比重将出现较大幅度下降，从 2013 年的 31.4%下降至 2030 年的 16.6%；第二、三产业就业人口的比重则将进一步升高，分别从 2013 年的 30.1%和 38.5%上升至 2030 年的 31.6%和 51.8%，其中第三产业的上升幅度较大（见表 7-4）。

表 7-4　中国就业结构（2013—2030 年）　（单位:%）

	2013	2020	2025	2030
第一产业	31.4	27.0	21.8	16.6
第二产业	30.1	29.9	30.8	31.6
第三产业	38.5	43.1	47.4	51.8

资料来源：2020—2030 年数据系胡鞍钢估计。胡鞍钢：《2030 中国：共同富裕与大同世界》，中国科学院—清华大学国情研究中心《国情报告》2011 年第 1 期专刊。

（三）集聚效益红利

城镇化是一个要素集聚过程，从而产生集聚效益。集聚效益可源自社会层面的规模报酬递增、空间上因接近而交易成本下降、知识的溢出效应、地理集中致使竞争协作加强等。世界银行 2009 年世界发展报告《重塑世界经济地理》在实证上也充分论证了这一点。该报告对作为集聚经济的载体城市作如下界定，“许多政策制定者视城市为被管理被操纵服务于某种社会目标的国家建筑。然而实际上，正如公司和农场，城市和乡镇也是市场的产物。正如公司和农场生产最终和中间商品与服务，乡镇和城市为生产者和工人提供集聚经济。计划者和政策制定者应当视自己为地方组合谨慎的管理者，去实现集聚经济的最大效益”。

《重塑世界经济地理》认为，不同规模的城市，有不同方式的集聚经济，因而产生不同的集聚效益。一个多少有点过于简单的概括如下所述，市镇促进农产品销售和分配的规模经济，中等城市提供制造业的地方化经济，而特大城市提供多种设施，促进企业、政府和教育服务领域的创新。城市体制呈现为一些典型模式：大城市倾向于以服务业为主导，多元发展：创新、发明、培育新公司，将成熟的产业驱逐出去。小城市倾向于发展专业化产业：制造产品并接受和重新安置多元化城市驱逐出来的产业。城市规模的相对分布和产业集中在特定城市的状态在一定时期内保持稳定。城市体系常常由几个大型的多元化城市和许多更为专业化的小城市组成。①

我们可从一些实际数据来说明城镇化所带来的集聚效益红利。大量的、不断丰富的学术文献认为，城市规模扩大一倍将使生产率增加3%—8%。欧洲标准地区统计单元区域的经济活动密度增加一倍，一年的全要素生产率就可以增长0.42个百分点。来自巴西和美国的证据显示，与密集城市中心的距离每增加一倍，生产率将降低15%；距离从280公里增至550公里，利润将降低6%。②

三、开发性金融对城镇化的促进作用

（一）城镇化发展融资瓶颈

中国的城镇化发展长期以来一直受资金瓶颈制约，主要包括城市基础设施建设的资金约束和中小企业发展的资金约束。

城市基础设施建设项目普遍具有超前性、社会性、公益性等公共产品属性，以及投入量大、建设周期长、沉淀成本高、需求弹性小等特点。这种特征与商业金融主要追求短期盈利的要求并不符合。另外，城市基础设施建设项目的融资周期往往在10年以上，与商业性金融的资金来源期限不匹配，这决定了商业性金融通常不愿涉足该领域。

在商业性金融不愿介入的情况下，国际上有两种成熟的城市基础设施建设融资模式：一种是美国模式，即由城市政府发行城市市政债券，信用担保公司担保，吸引广大个人投资者参与到城市基础设施建设中；另一种是以中央或地方财政税收收入投资为主的日本模式，中央财政为每个地区制定发展蓝图，通过直接介入或补贴地方财政的方法参与。

但是，市政债券的发行必须解决融资和偿还中的代际平衡问题，即必须有完善的制度保障其未来的可偿还性，而且必须依托发达的债券市场和成熟的投资者群体以保证市政债券的流动性；以中央财政或地方政府税收投入为主体的融资模式则需要以政府坚实的财政税收实力为担保，随着城镇化率的提高，大量农民进城还需要巨额的财政支出来保障进城农民的市民化政策的实施。对广大发展中国家而言，这些条件成为采取两种融资模式的约束。

---

① 世界银行：《重塑世界经济地理》，清华大学出版社2009年版，第137页。

② 世界银行：《重塑世界经济地理》，清华大学出版社2009年版，第134—135页。

城镇化意味着大量农村转移人口，需要众多的中小企业以吸纳和消化城镇化所带来的就业压力。但是，与大企业相比，由于缺乏必要的担保、信息不对称以及信用基础薄弱等原因，商业性金融机构一般不愿为中小企业提供信贷支持，这是世界各国中小企业发展中面临的共同难题。①

（二）开发性金融对解决城镇化融资瓶颈的机理

上述城镇化融资瓶颈实际上由政府失灵和市场失灵造成。一方面，城镇化进程中的资金资源配置存在明显的市场失灵，需要政府干预来纠正；另一方面，政府财政资金不足、制度不健全等缺陷导致政府干预的能力不足。为了克服这种矛盾，作为连接政府和市场桥梁的开发性金融便有了用武之地。

城镇化不仅涉及交通、能源、电信、住房、原材料工业等各种基础设施建设，更涉及中小企业、医疗、教育、住房、就业、文化、收入分配、社会保障和环境保护等方方面面。对于这些领域，传统财政融资日益不足，作用有限；由于前期市场和信用建设不完善，商业性金融也不愿涉足。因此，缺乏有效的资金支持。

开发性金融通过政府组织增信作用，发挥建设市场、建立机制、建设信用的作用，搭建国家、社会、公众目标和市场之间的桥梁，把这些城镇化所涉及领域转变为政府的热点，最终变为金融的热点，使各方受益，把市场的空白变成商业可持续的业务领域，使这些领域从经济社会发展的薄弱环节变成经济社会发展的推动力和增长极，成为开发性金融发展的重要基点和支柱。

在具体操作上，开发性金融以建立统一融资平台为载体，帮助各地政府逐渐理顺城镇化建设项目的投融资体系。各级政府则纷纷组建国有资产运营有限公司或城市建设投资公司作为政府唯一投融资平台和对外融资管理部门，由其代表政府统一对外融资、统一管理政府项目投资、统一归还借款以及负责政府与银行之间的沟通协调。开发性金融支持各级政府的发展规划，在综合考察各地可支配财力、财政收入增长率、建设支出占比等因素的基础上，基于对平台未来现金流和政府未来项目建设预算资金的科学测算进行合理授信，有效防范了平台的过度负债，促进了金融与财政的良性互动和安全。事实也证明，融资平台的建立，对改进和完善政府类贷款客户管理水平、有效防范城镇化建设贷款风险和帮助政府控制财政风险起到了重要作用，从根本上改变了各地原有的融资空白状况，开辟了各地经济社会发展的新的渠道，极大地促进了各地的城镇化发展。②

---

① 陈元：《开发性金融与中国城镇化发展》，《经济研究》2010 年第 7 期。

② 陈元：《开发性金融与中国城镇化发展》，《经济研究》2010 年第 7 期。

第四节 开发性金融对农业发展的促进关系

一、农业与发展

农业作为经济发展的基础产业，对经济发展过程作出了重要贡献，即产品贡献、市场贡献、要素贡献、外汇贡献。① 农业被视为在经济发展中起着核心作用，因为贫困国家的大多数人都是靠土地谋生的。② 西奥多·舒尔茨还特别指出，世界上大多数穷人依靠农业生活，所以，如果我们知道了农业经济学，我们就基本上知道了穷人经济学。③ 阿瑟·刘易斯也认为，由于欠发达国家的劳动力队伍中绝大多数都是农民，他们的收入也是最低，所以只有提高农民的收入，才能提高绝大多数人口的生活标准。④

中国科学院国情分析小组在1989年《生存与发展》国情报告中，曾依据农业对国民经济的贡献将其发展阶段划分为三个时期：第一时期，绝对贡献期。农业是国民经济的主导部门，是经济的重心，相对于各产业部门对国民经济的贡献，农业部门绝对地大于非农业部门；第二时期，相对贡献期。随着经济发展，非农产业占国民收入的比重逐渐增大，与农业部门的比重大致平衡时，两者对经济发展的贡献均具有相对的重要性，彼此相互支持，相互促进，共同增长；第三时期，贡献回转期。当非农产业占国民收入比重大大超过农业部门的比重，并成为经济的主导部门时，农业的发展就有赖于非农业部门的支持，非农产业理应对农业作出更多的贡献，即贡献回转于农业。中国农业已进入贡献回转期，即不仅农业的积累应当转向于农业的自身发展，而且工业还应当对农业发展作出更多的支持，大幅度提高对农业的投入，包括资金、物质和技术等新的生产要素。⑤

---

① 详细分析见A. P. 瑟尔沃：《增长与发展》，中国财政经济出版社2001年版，第138—140页。有关中国农业对工业化的四大贡献分析和计算见郭庆、胡鞍钢：《中国工业化问题初探》，中国科技出版社1991年版，第85—92页。

② 德怀特·波斯金等：《发展经济学》，人民出版社2006年版，第470页。

③ Schultz, T. W., "The Economics of Being Poor", *Journal of Political Economy*, August, 1980. 引自A. P. 瑟尔沃：《增长与发展》，中国财政经济出版社2001年版，第140页。

④ Sir W. Arthur Lewis, "Development Strategy in a Limping World Economy", *The Elmhurst Lecture*, *The International Conference of Agricultural Economists*, Baff, Canada, September, 1979, pp. 2-9. 引自杰拉尔德·梅尔、詹姆斯·劳赫主编：《经济发展前沿问题》，人民出版社2004年版，第368页。

⑤ 中国科学院国情分析研究小组：《生存与发展》，胡鞍钢、王毅执笔，科学出版社1989年版，第72—73页。

中国的发展模式和途径不同于其他国家（包括西方国家和韩国①），是先搞工业革命后搞农业革命，先搞城市工业化后搞农村工业化。② 用工业革命带动农业革命，诸如以增产、节地为目标的绿色农业革命③，以节地、节时、节水为目标的白色（塑料）革命，以节工、高效为目标的（人工养殖）水产品革命。用城市现代化带动农村现代化，诸如农村基础设施现代化，农村信息通信技术现代化，农村居民居住及生活方式现代化，农村教育、文化、卫生现代化。这是迄今为止，人类历史上农村人口最大规模的农业革命和农村工业化、现代化。④

二、农业发展的资金瓶颈

由于中国发展模式是先搞工业革命后搞农业革命，先搞城市工业化后搞农村工业化，在此过程中，国家对农业不但没有提供资金倾斜，反而是一种资金抽离。农村资金城镇化严重，大大降低了支农资金的供应力度。很长时间以来，中国农村金融运行的一个非常突出的现象是，农村金融资金通过现有的农村金融机构大量流出农村，这就是人们常说的中国农村“大流血”现象。根据专家测算，1979—2002 年，通过农村信用社、邮政储蓄机构的资金净流出量为 18334 亿元，这些金融机构成为地地道道的“抽血机”，仅邮政储蓄机构就从农村抽走超过 8000 亿元的资金。据国务院发展研究中心研究，国家采取工农业产品的剪刀差的办法从农民身上取得的资金约有 6000 亿—8000 亿元，通过低价征用农民土地取得的资金约有 2 万亿元（还不包括土地增值部分）。由于缺乏资金，农业经济只能保持简单再生产，无法进行扩大再生产。

中国对农业的投资长期处于“缺血”状态。20 世纪 80 年代以来，在初步建立了工业化体系以后，国家发展战略的重心未及时向农村和农业倾斜。与工业项目相比，农业

① 例如韩国是在 20 世纪前半期发生工业化之前，就开始对农业基础设施（主要是公路）、水利灌溉、肥料和高产种子品种的大量投资，为之后韩国的工业腾飞创造了重要的初始条件。Kang Kenneth and Vijaya Ramachandran, “Economic Transformation in Korea Rapid Growth without an Agricultural Revolution?” *Economic Development and Cultural Change*, 1999, 47 (4), pp. 783-801.

② 阿瑟·刘易斯指出，在一个封闭经济中，工业部门的大小是农业生产率的函数，农业必须有能力生产为工业部门所消费的粮食和原料。而且，只有农民富裕了，他们才能为工业品提供市场。因此，如果工业品要能在国内市场销售，工业革命就要以农业革命为前提，这种农业革命如果不是在工业革命之前发生，至少也要与工业革命同时发生。见阿瑟·刘易斯：《增长与波动》，华夏出版社 1987 年版，第 227 页。

③ 例如中国和澳大利亚、美国等大范围推广基因改良型棉花，为提高棉花在生产率和全球产量作出了巨大贡献。Poulton Colin, “Bulk Export Commodities: Trends and Challenges”, Background Paper fortle World Development Report 2008, 2007。由于绿色革命，仅改良种植品种就使发展中国家在 20 世纪 90 年代节约了 8000 万公顷土地。Nelson M. Chad and Mywish K. Maredia, “International Agricultural Research as a Source of Environmental Impacts: Challenges and Possibilities”, *Journal of Environmental Assessment Policy and Management*, 2007, 9 (1), pp. 103-119.

④ 胡鞍钢：《中国农业转型之路》，中国科学院—清华大学国情研究中心《国情报告》2008 年第 5 期。

显然缺乏有效的投资机制。一是投资量严重不足。20世纪90年代以来，虽然国家财政支农支出的绝对额从1990年的307.4亿元增加到2000年的3172.7亿元，但财政支农支出占财政支出比重整体上却呈现下降趋势，1990年为9.8%，2007年下降到了7.5%。2008年，中央财政用于“三农”的支出达到5955.5亿元，增长了37%。2009年，中央财政用于“三农”的支出合计7253亿元，增长21.8%。2012年国家财政安排“三农”投入12287亿元，比2011年增长17.9%。也就是说国家财政支农从2008年开始才真正转向反哺农业阶段。二是投资结构不尽合理，如没有优先发展农业基础设施，不能长期满足农业生产发展的需要。三是农业投资决策的科学性和规范性不足。

此外，农户分散的、小规模的经营方式无法形成有效金融需求。中国农村人多地少的国情致使农户难以实现规模化经营从而无法形成有效的金融需求。由于中国农业的经营方式以家庭联产承包责任制为基础，农户生产规模小、市场组织化程度低，传统农业主要特点是简单的“劳动力+土地”模式，土地是农民最重要的生产资料和生活资料，对资金的需求不高，从而许多农村信贷机构所发放的贷款难以实现自我发展。

三、开发性金融对农业发展的促进关系

农业农村发展建设中的资金供给机构主要包括政策性金融机构、国家商业性银行、农村合作金融机构以及民间借贷四类。

政策性金融的功能缺位极大地制约了金融支农作用的有效发挥。支持新农村建设经济发展从某种意义上来说，是一项政策性极强的政治任务。除需要大量的财政资金的投入以外，政策性金融机构应该发挥其特有的扶持功能。但从现实情况看，中国唯一的农业政策性金融机构——农业发展银行，基本上只负责粮棉油收购资金的发放和管理，仅限于单一的国有粮棉油流通环节的信贷服务，其他大量的政策性业务，如支持农业开发、农业产业化和农村基础设施建设等并没有充分开展起来。

商业性金融则不愿涉足，直接减少了对“三农”的信贷资金投入。近几年，国有商业银行实施“抓大促重”战略，逐步从欠发达县域经济中退出。同时，上收信贷管理权限，除一些小额质押贷款外，其他贷款权统一集中到省分行，使基层机构的贷款不断萎缩。更为不利的是，商业银行逐利的秉性使其不愿将资金投入到期限长、见效慢、成本高、风险大的农业项目、普通农户和农村中小企业，直接导致了商业银行逐年减少对农业农村的贷款投入。

合作性金融支农乏力，难以提供新农村建设经济发展所需要的金融服务。商业银行从县域经济的逐步退出，把农村信用社推到了支农的前沿。但土生土长的农信社具有先天的不足与缺陷，如资产规模小、不良资产占比高、资金筹集难、科技力量薄弱、电子

化程度低、结算手段落后、员工素质较低等。

民间借贷活跃，加大了农民的债务负担和农村的金融风险。由于中国农村金融体系存在缺陷，已滞后于农村经济的发展，形成了一定的金融空白，民间借贷应运而生。虽然目前只能以“灰色”或“黑色”的形式存在，表现却异常活跃；虽屡遭政府取缔或禁止，却表现出顽强的生命力。据统计，农产借款中，民间借款所占的比例超过70%，农村高利贷有8000亿元—1.4万亿元。民间借贷虽在一定程度上缓解了农民贷款难的问题，但良莠不齐，加大了农民的债务负担和农村的金融风险。①

开发性金融作为连接政府与市场之间的桥梁，突破融资瓶颈，弥补市场缺损，构建融资平台，消除融资风险，创建良好的农业融资环境、健康的农业金融体系。开发性金融可以与其他商业银行和农村金融机构广泛合作，在农村地区推动建立新型农业开发金融体系，发挥支农的作用。开发性金融还可以进一步整合支农资金，把财政和金融资源结合起来，实现两者的良性互动。中央目前每年用于“三农”的支出已达上万亿元，但通过财政直拨或其他渠道下拨的支农资金使用效果不好。如果与开发性金融有效结合，改变长期以来支农资金使用分散、效率低下的局面，确保资金安全运行，就能发挥集合效应，提高支农效果。

开发性金融加大支农力度是工业反哺农业、城市反哺农村的历史必然走向。正如陈元所言：“如果说国家开发银行先后重点支持了‘两基一支’和城镇化的发展，那么现在开行要进入支持新农村建设的重要阶段。这可以看成是开行发展的‘三部曲’，具有鲜明的时代特征，反映了中国经济社会发展阶段的客观需要、党的政策要求和公众的需要，也是开发性金融成功实践的拓展。”② 2012年，国家农业部与国家开发银行签署了《共同推进现代农业发展合作协议》，并联合下发了《农业部、国家开发银行关于推进开发性金融支持现代农业示范区建设的意见》。近年来，国家开发银行把支持现代农业发展作为一项新的重点工作，不断加大创新和支持力度。截至2013年年底，国家开发银行已累计发放农业贷款1300多亿元。

综上所述，开发性金融促进农业发展的具体举措主要包括：

坚持科学发展规划先行。科学发展规划是开发性金融服务农业发展的前提。2020年全面建成小康社会的目标要求开发性金融覆盖到县，这需要做好县域经济发展规划工作，由过去局限在单个项目的贷款条件，拓展为成系统地构造符合贷款条件的项目。开发性金融通过技术援助贷款、智库支持等多种方式，充分动员各方力量，积极参与支持各级政府制定科学发展规划，并推动落实到具体的项目上来。

---

① 梅世文：《开发性金融支持新农村建设研究》，中国农业科学院2007年博士学位论文。

② 陈元：《用开发性金融开创新农村建设新局面》，《金融时报》2006年5月9日。

坚持制度建设，创新融资模式。“管理平台+操作平台+担保平台+公示平台+信用协会”的“四台一会”模式，是开发性金融支持农业发展的基本融资模式。其本质上是将政府组织协调优势和开发性金融融资、融智优势紧密结合，发挥龙头企业、农投公司的带动作用，引入政府增信、担保公司和保险公司构建信用结构，实现以批发的方式解决零售问题，以统一的标准模式解决千家万户的共性问题。

建立金融全面覆盖体系。开发性金融促进农业发展，与地方尤其是落后地区加强金融合作的一个重要目标就是，要彻底改变基层金融严重“失血”、资金大量外流的局面，把资金留在当地。这就需要开发性金融在充分利用好自身贷款规模的同时，加大与商业性金融的合作，尤其是与市县中小金融机构在资金、人才等各方面的合作。一方面，开发性金融通过建立市县资金平台，就地筹集管理资金，或继续通过管理资产等方式，带动商业银行和其他社会资金进入地方急需发展的项目；另一方面，开发性金融通过加强与城市商业银行、城市信用社、农村信用社等金融机构合作，通过“政府牵头、金融参与、平台运作”的方式，推动重组改制，提高其支持各市县经济发展的能力。

第八章

开发性金融对社会繁荣与进步的参与关系

第一节 中国社会发展差距

2002年，党的十六大提出用20年的时间，全面建设惠及十几亿人口的更高水平的小康社会。并将全面建设小康社会概括为六个方面的内涵："经济更加发展、民主更加健全、科教更加进步、文化更加繁荣、社会更加和谐、人民生活更加殷实"。[①] 党的十七大报告进一步提出到2020年全面建设小康社会的新要求，有了更加清晰完整的2020年宏伟蓝图。[②] 根据党的十六大报告、十七大报告提出的构想，到2020年，在960万平方公里的国土面积、473万平方公里的海域面积上，由十几亿人民所共同建设和发展的中国特色社会主义社会就是全面小康社会。

在党的十六大、十七大提出的"全面建设小康社会"目标基础上，党的十八大在报告主题中鲜明作出"全面建成小康社会"的新部署——从"建设"到"建成"，这是共产党人作出的郑重承诺，体现了小康社会的建设已到了收官阶段，也意味着要把社

① 江泽民：《全面建设小康社会，开创中国特色社会主义事业新局面——在中国共产党第十六次全国代表大会上的报告》，载中共中央研究室编：《十六大以来重要文献选编》（上），中央文献出版社2005年版，第14页。

② 胡锦涛指出："到2020年全面建设小康社会目标实现之时，我们这个历史悠久的文明古国和发展中社会主义大国，将成为工业化基本实现、综合国力显著增强、国内市场总体规模位居世界前列的国家，成为人民富裕程度普遍提高、生活质量明显改善、生态环境良好的国家，成为人民享有更加充分民主权利、具有更高文明素质和精神追求的国家，成为各方面制度更加完善、社会更加充满活力而又安定团结的国家，成为对外更加开放、更加具有亲和力、为人类文明作出更大贡献的国家。"（胡锦涛：《高举中国特色社会主义伟大旗帜，为夺取全面建设小康社会新胜利而奋斗——在中国共产党第十七次全国代表大会上的报告》（2007年10月15日），新华社北京2007年10月24日电。）

会发展中的各短板补齐。这些短板实际上就是各方面社会发展的差距。

一、城乡收入差距

改革开放以来，城乡居民的收入差距呈现了“缩小—扩大—缩小—扩大”的趋势，这一变化趋势很大程度上取决于农民收入的增长幅度。1990 年以来，农民收入的增幅明显低于城镇居民，二者之间的收入绝对额差距逐渐增大。按照可变价计算，1978 年城镇家庭居民人均可支配收入比农村居民家庭人均纯收入要高出 210 元，1990 年这一数值达到 824 元，1995 年高出 2705 元，2000 年高出 4027 元，2013 年高出 18059 元。也就是说，1990—2013 年的 23 年中，城乡之间居民收入的绝对额差距上升了 22 倍左右。从城乡收入比例看，1990 年的城乡收入差距仅为 2.2 倍，到 1994 年上升到 2.86 倍。此后有所下降，到 1997 年降为 2.47 倍，然后不断攀升到 2009 年的 3.33 倍，2010 年之后略有下降，到 2013 年为 3.03 倍（见图 8-1）。上述数字仍不足以反映真实的城乡收入差距，这主要是由于城乡分割、不平等公民待遇的存在，城镇居民的可支配收入没有涵盖城市居民所享有的各种各样的实物性补贴，而对农村居民来说，根本无法享受这些补贴。

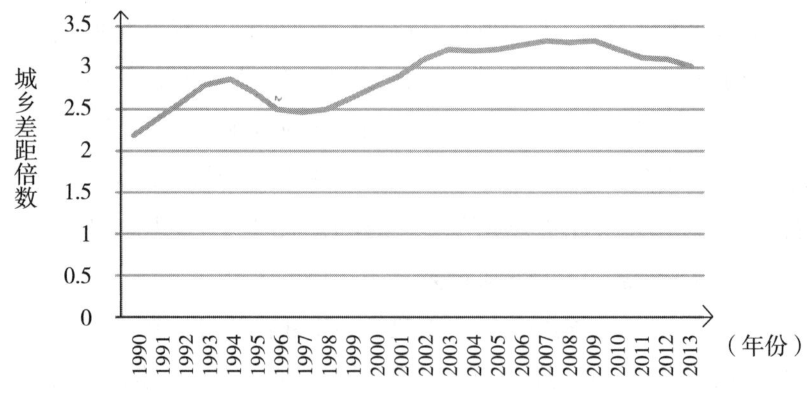

图 8-1 1990—2013 年城乡收入差距

资料来源：《中国统计年鉴（2014）》，国家统计局网站数据。

二、教育差距

新中国成立以来，中国人口的受教育水平得到迅速提高，人力资本得以跨越发展。虽然义务教育得以普及，全国人口素质得到巨大改善，但城乡居民之间、不同地区居民之间仍然存在着在教育资源分配、教学机会享有、人口受教育程度等方面的显著差异。

第一，从教育资源分布看，各地区高校数量差异显著。东部地区高校占到全国高校的近45%，西部地区最低，占比不到25%。东部地区中央部委院校比例远远高于中西部地区和全国平均水平，达到9.08%，中部地区该数据最低。可见，东部地区占据了中国大部分高校资源与优质资源。西部地区高等教育基础薄弱，中部地区优质高等教育资源相对贫乏。

重点高校分布方面，北京占据了全国20%的“211”高校，其余30个省区市该数据都低于10%。尤其是西部地区，除了四川、重庆、陕西、新疆，其余地区“211”高校占比都低于1%。这表明中国稀缺的优质高等教育资源在区域间分配不均衡。从东中西部三大地区看，东部地区占据了中国一半以上的重点高校，每百万人拥有的高校是中部、西部地区的约2倍。优质高等教育资源的区域失衡极为明显。

第二，从教育的经费投入来看，研究表明，直辖市市区的学校获得的教育经费最高，其次是直辖市县，再次是一般市区，一般农村县最低。直辖市市区的平均生均教育事业性经费都在一般农村县的3倍以上。

第三，农村人力资本存量远远落后于城市。据调查，中国农村劳动力人口（15—64岁）人均受教育年限为7.8年，比城市的11年低3.2年。差距严重的主要原因是，农村劳动力中具有高中及以上受教育水平的人口比重相对偏低。目前，中国的文盲人口主要集中在农村。

三、医疗卫生差距

随着中国社会经济的发展、医疗服务条件及水平的提高，居民的健康水平也得到了很大的提高。虽然中国在健康方面取得了长足的进步，但由于城乡之间、地区之间发展不平衡，中国城乡之间和不同地区之间的卫生服务水平仍存在较大差异，具体体现在卫生健康投入、卫生服务可及性和人民健康水平等方面，而且这种差异有日趋加大的趋势。

首先，卫生健康投入方面，城市和农村人均卫生费用的绝对差距自1990年以来不断增大，由1990年的相差120元增加到2013年的相差1960元；而城乡人均卫生费用的相对差距则经历了下降—上升—下降的波动过程，在1997年，两者之比达到最小3倍，而后经历了波动过程，在2007年达到高峰4.23倍，然后才不断下降到2013年的2.54倍（见图8-2）。城乡之间的健康投入显著的差异是导致城乡居民健康水平差距的主要原因。

其次，城乡居民在对卫生服务的可及性和利用程度上存在着显著的差异。2013年，城市每千人口拥有卫生技术人员9.18人，而农村只有3.64人；农村卫生技术人才在乡

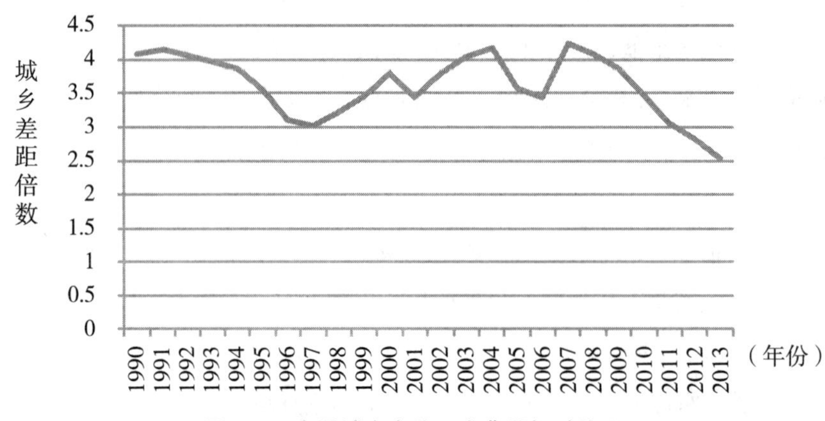

图 8-2　中国城乡人均卫生费用相对差距

资料来源：《中国统计年鉴（2014）》，国家统计局网站数据。

镇卫生院和村卫生室这两级医疗机构中非常匮乏。同时，卫生资源向大中城市不合理地过度集中，这种不合理的资源配置直接影响了农村居民对卫生服务的可得性，加剧了城乡之间的资源拥有不平等现象。

最后，城乡人民卫生健康水平方面，农村儿童和孕产妇死亡率比城市高一倍。2013年新生儿死亡率城市为 3.7‰，农村为 7.3‰；婴儿死亡率城市为 5.2‰，农村为 11.3‰；5 岁以下儿童死亡率城市为 6‰，农村为 14.5‰。

四、社会保障领域的差距

社会保障权利分配的不平等在中国较为突出。政府针对保障对象设立了两个条件：申领者的身份条件和资格条件。居住地、工作单位所有制和户口登记身份都可能影响人们获得社会保障的权利。社会保障项目在需要保障的人群中的覆盖率不同，而在同样符合待遇享受资格条件的人口群体中，得到的社会保障项目和待遇高低不同。中国社会保障的不平等具有显著的制度因素。长期以来，中国就存在城乡分割的劳动力市场和户籍制度，以及所有制和产业偏向的问题，这导致了社会保障资源在不同的社会保障项目之间的不公平分配，以及获取社会保障的权利在不同社会群体之间的不平等分配。

中国的社会保障支出向社会保险方面倾斜，而针对贫困人口的社会救济支出只占很小的比例，对农村贫困人口的救济支出比例更是微小。2013 年，社会保险基金支出达到了 27916.3 亿元，占当年 GDP 的 4.9%，其中基本养老保险支出占社会保险基金总支出的 71%，医疗保险其次，占 24.36%。社会救济支出则处于较低的水平，2013 年民政用于社会救济抚恤的事业费为 4276.5 亿元，仅占当年 GDP 的 0.75%。

第二节　开发性金融对社会繁荣与进步的参与

一、政府的再分配能力

基尼系数是反映收入分配公平的指标。从国际经验看，基尼系数会随着人均收入增长而下降。图 8-3 表明，在人均收入高于 20000 美元以上的 29 个经济体中，有 9 个的基尼系数在 0. 3 以下（北欧国家一般在 0. 25 左右）；有 17 个的基尼系数介于 0. 3 与 0. 4 之间；只有三个经济体的基尼系数高于 0. 4，它们分别是美国、新加坡与中国香港，而中国香港位居榜首，基尼系数达 0. 475。需要指出的是，图 8-5 中“收入”已不是家庭的“市场收入”或“初始收入”，而是“最终收入”，即经过再分配（纳税与享受种种福利待遇）以后的收入。

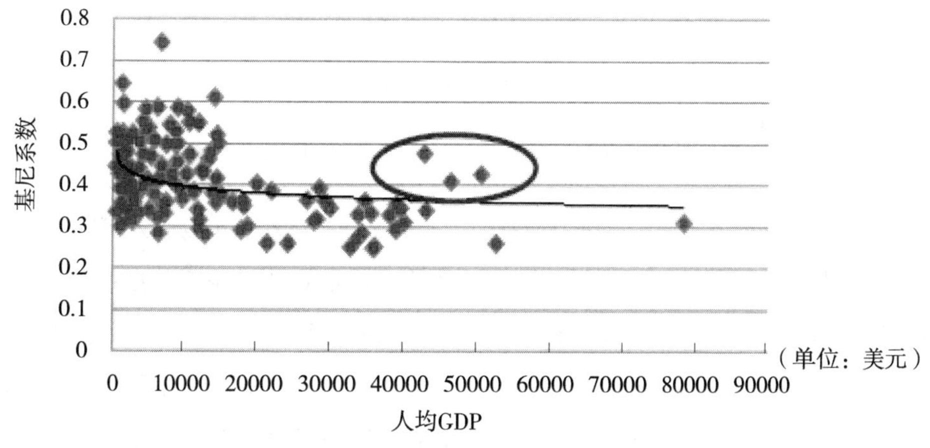

图 8-3　经济发展水平与收入分配

资料来源：人均 GDP 数据来自国际货币基金组织 http：//www. imf. org/external/pubs/ft/weo/2010/01/weodata/WEOApr2010all. xls；基尼系数数据来自 UNDP http：//hdrstats. undp. org/en/indicators/161. html。

关于收入不平等的讨论由来已久，一般看法是市场决定了初始收入或市场收入，而政府经过支付转移决定了最终收入。“市场收入”与“最终收入”是两个不同的概念。在现代社会中，人们从市场经济活动中获得的收入并不是他们最终可以支配的收入。一方面，他们可能要依法向政府纳税；另一方面，他们可能会享受到政府提供的种种福利（包括现金与实物）待遇。因此，最终收入的分配在多大程度上平等，不仅取决于市场收入的初始分配，也取决于政府通过税收与福利政策进行的再分配。

以英国为例，在新自由主义的“撒切尔革命”期间（1979—1990 年），英国迅速两极化。“铁娘子”上台前，衡量市场收入不平等水平的基尼系数是 0. 43；到她下台前后，市场收入的基尼系数已上升至0.54。与此相应，从20世纪70年代末到90年代初，英国税后收入与最终收入的基尼系数也双双升至峰值。然而，英国政府再分配的力度也很强。1977—2004年，与市场初始收入相比，税后收入的基尼系数平均下降了29.3%，最终收入的基尼系数更是平均下降了42.8%。因此，自20世纪80年代中期以来，虽然比70年代末的水平高一些，英国最终收入的基尼系数一直在0.3左右波动（见图8-4）。

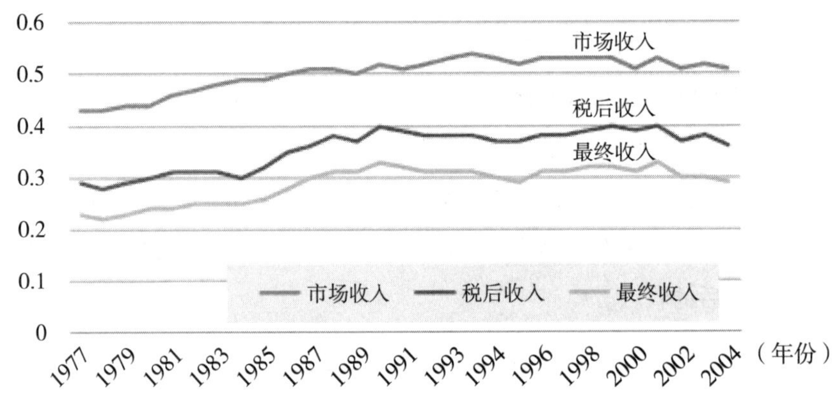

图8-4　再分配对英国收入分配的影响（基尼系数）

资料来源：Howard Glennerster，"Tibor Barna：The Redistributive Impact of Taxes and Social Policies in the UK，1937-2005"，LSE STICERD Research Paper No. CASE115，December 2006，p. 10.

但并非所有经济体的再分配力度都像英国这么强。就初始市场收入而言，几乎所有国家都不太平等。在图8-5涵盖的42个经济体中，有13个基尼系数在0.5以上；其余经济体市场收入的基尼系数也都在0.4以上；只有瑞士与荷兰是例外，基尼系数不到0.4，但也相当接近0.4。即使以平等著称的瑞典，市场收入的基尼系数也高达0.468。也就是说，在资本主义市场经济制度下，初始市场收入的不平等几乎是不可避免的。

然而，就再分配力度而言，这42个国家之间的差别就显现出来。它们可以被分为三组。第一组有17个经济体，它们的再分配力度很强，可以将市场收入的基尼系数消减35%以上。这主要是一些西欧、北欧国家。经过再分配以后，它们最终收入的基尼系数一般在0.3以下。第二组有10个经济体，它们的再分配力度次之，可以将市场收入的基尼系数消减15%以上、35%以下。这主要是一些南欧和盎格鲁—撒克逊国家。经过再分配，它们最终收入的基尼系数一般在0.4以下。在第二组经济体中，美国是唯一的例外，因为它市场收入分配的差距太大，也因为它再分配力度仅仅比第二组的最低门槛高一点点（将市场收入的基尼系数消减了15.21%），其最终收入的基尼系数仍然高达0.418。实际上，美国已处在跌入第三组的边缘。第三组有15个经济体，它们的再分配力度较弱或很弱，至多能将市场收入的基尼系数消减15%。这主要是拉美国家，但也包括中国香港、新加坡与俄罗斯。即使经过再分配，它们最终收入的基尼系数依然在0.45左右。在巴西与智利，税收与福利则完全没有带来收入分配的任何改善。①

国际经验告诉我们，要缓解收入分配不平等的程度，仅靠初始市场收入恐怕难以改善。起关键作用的，还是政府再分配的转移支付力度。这一方面需要政府有足够的财政收入，另一方面需要加大政府社会支出。其中，跟开发性金融密切相关的是政府社会支出。

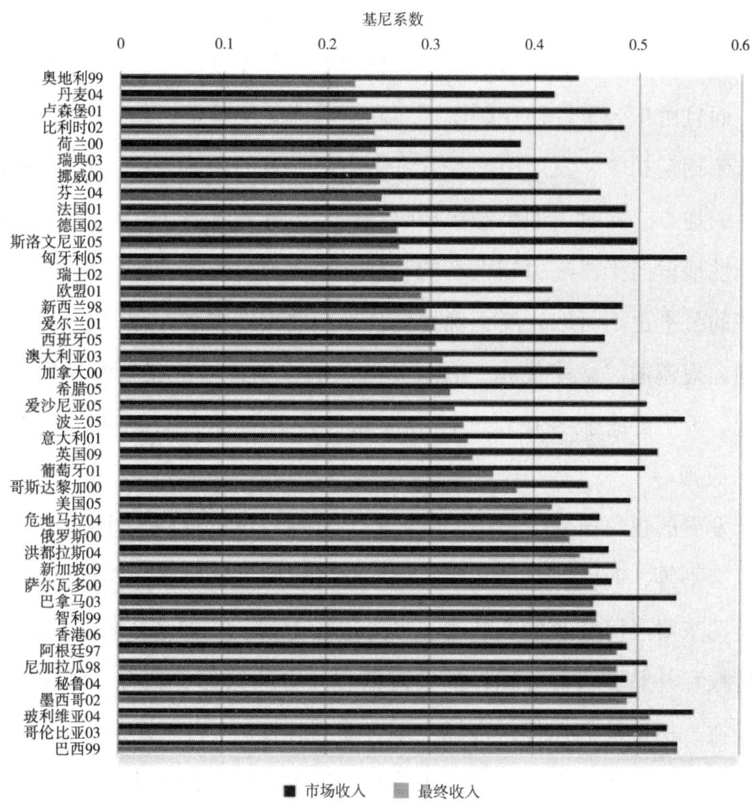

图 8-5　各国市场收入与最终收入基尼系数的差别

资料来源：拉丁美洲数据来自 Rodrigo Cubero and Ivanna Vladkova Hollar, "Equity and Fiscal Policy: The Income Distribution Effects of Taxation and Social Spending in Central America", IMP Working Papers, WP/10/112 (May 2010), http://www.imf.org/external/pubs/ft/wp/2010/wp10112.pdf; 发达国家的数据来自 David K. Jesuit and Vincent A. Mahler, "Fiscal Redistribution Dataset" Version 2.0 (Feb.2008), http://www.lisproject.org/publications/fiscalredistdata/fiscred.htm; 新加坡的数据来自 Singapore Department of Statistics, "Key Household Income Trends, 2009" (Feb. 2010), http://www.singstat.gov.sg/pubn/papers/economy/op-s16.pdf; 俄罗斯数据来自 Michele Giammatteo, "Inequality in Transition Countries: The Contribution of Markets and Government Taxes and Transfers", Luxembourg Income Study (LIS) Working Paper Series No. 444 (August, 2006), http://www.lisproject.org/publications/liswps/443.pdf. 引自王绍光、夏瑛：《再分配与不平等：香港案例对中国大陆的启示》，中国科学院—清华大学国情研究中心《国情报告》2010年第27期。

① 以上关于初始收入和最终收入的相关论述参见王绍光、夏瑛：《再分配与不平等：香港案例对中国大陆的启示》，中国科学院—清华大学国情研究中心《国情报告》2010年第27期。

二、公平发展与普惠金融

公平不只是收入上的平等，以及任何其他具体结果的平等，也是一种机会上的平等。在这种状况下，个人的努力、偏好和主动性，而不是家庭背景、种姓、种族或社会性别，成为导致人与人之间经济成就不同的主要原因。而现实情况是，不同人的收入差距很大程度上是由于地区、社会性别和社会群体造成的极不公平的人生机会差别所带来的。收入不平等只是经济发展的一个结果，机会不平等才是深层次的原因。公平性不仅本身是原则，而且由于公平性往往刺激更多和更具成效的投资，从而导致更快的经济增长。公平与繁荣相辅相成，发展中国家有许多市场失效的领域，市场失效造成资源未必流向回报最高的地方。同时，如果经济和政治的不平等程度高，在经济制度和社会安排上，就会系统性地偏向于影响力较大者的利益，造成穷者越穷，富者越富。

牺牲效率的公平也不可取，要正确处理公平与效率的关系。在促进经济增长、运用市场机制方面，应遵循“效率优先、兼顾公平”的原则；但是在收入分配、就业机会、教育资源分配、卫生健康服务提供、社会保障等公共服务方面，应遵循“公平优先、兼顾效率”的原则。①

从公平与发展的视角出发，根据国际经验，发展政策设计应当注意以下几点：政策的目的在于机会平等，而并非结果平等；应当将发展政策和公平政策统一考虑；政府需要通过公共行动来对经济和政治领域的不平等进行干预；共同富裕政策应该对主导群体的影响力、特权和补贴进行再分配；扩大对低收入者的医疗、教育、就业和资金通道，保障他们的权益，保证他们在任何市场上不会受到歧视。

以上论述主要强调了三点，政府的再分配力度以实现最终收入的平等，以及发展机会的平等。前者是末，后者是本，既治本也治末。这正是开发性金融的特点和优势所在。在这方面，开发性金融呈现为普惠金融的面貌。

普惠金融是指能有效、全方位为社会所有阶层和群体提供服务的金融体系，实际上就是让所有老百姓享受更多的金融服务，实现共同富裕。普惠金融源于英文“inclusive financial system”，始用于联合国2005年宣传小额信贷年时，后被联合国和世界银行大力推行。国内最早引进这个概念的是中国小额信贷联盟（原名中国小额信贷发展促进网络）。2006年3月，中国人民银行研究局焦瑾璞在北京召开的亚洲小额信贷论坛上，正式使用了这个概念。2012年6月19日，胡锦涛同志在墨西哥举办的在二十国集团峰会上指出：“普惠金融问题本质上是发展问题，希望各国加强沟通和合作，提高各国消

---

① 胡鞍钢：《追求公平的长期繁荣》，中国科学院—清华大学国情研究中心《国情报告》2006年第13期。

费者保护水平，共同建立一个惠及所有国家和民众的金融体系，确保各国特别是发展中国家民众享有现代、安全、便捷的金融服务。”这是中国国家领导人第一次在公开场合正式使用普惠金融概念。周小川将普惠金融定义为“通过完善金融基础设施，以可负担的成本将金融服务拓展到欠发达地区和社会低收入人群，向他们提供价格合理、方便快捷的金融服务，不断提高金融服务的可获得性”。2013 年 11 月 12 日，党的第十八届中央委员会第三次全体会议通过《中共中央关于全面深化改革若干重大问题的决定》，正式提出“发展普惠金融。鼓励金融创新，丰富金融市场层次和产品”。

普惠金融是一种共同富裕理念，只有每个人拥有并实际获得金融服务的权利，才有机会参与经济发展，才能实现共同富裕，构建和谐社会，其主要任务是为传统或正规金融机构体系之外的广大中、低收入阶层，甚至是贫困人口提供机会，为贫困、低收入人群和微小企业提供可得性强的金融服务。

三、开发性金融对共同繁荣的贡献

社会共同繁荣要求政府加大社会支付，并在兼顾效率前提下实现机会公平。这需要开发性金融的积极有效参与。政府社会支出需求庞大，单靠政府财政能力难以支撑。据测算，到 2015 年，基本满足人均住房建筑面积 13 平方米以下的低收入家庭的住房需求，需要建设保障性住房 3600 万套，投资超过 5 万亿元；实现城镇新增就业 4500 万人的目标，需要对小型、微型企业提供融资支持约 7000 亿元；提高基层特别是农村的医疗卫生服务能力，投资将超过 1 万亿元。这需要开发性金融巨大的融资优势来打破社会建设的融资瓶颈。

党的十八大报告指出“加强社会建设，必须以保障和改善民生为重点。提高人民物质文化生活水平，是改革开放和社会主义现代化建设的根本目的。要多谋民生之利，多解民生之忧，解决好人民最关心最直接最现实的利益问题，在学有所教、劳有所得、病有所医、老有所养、住有所居上持续取得新进展，努力让人民过上更好生活”。这表明，开发性金融要主动承担社会责任，积极致力改善民生，为社会繁荣进步作出积极贡献。

金融是现代经济的核心，保障和改善民生更离不开金融支持。但过去，由于制度及信用缺失、金融基础设施建设落后、信息不对称、操作成本高等原因，民生、富民领域融资难的问题始终没有得到妥善解决。2003 年，以国家开发银行为代表的开发性金融的服务领域开始从传统的基础设施领域拓展到全面建设小康社会的基础和支柱上来，补齐社会建设的短板。10 年来，国家开发银行民生业务成果显著，产生了较大的社会影响力。截至 2012 年年末，各项民生业务累计发放贷款 2.62 万亿元，贷款余额 1.41 万亿元，占全行贷款余额的22%，不良贷款率持续保持在1%以下，已成为开行“一体两翼”发展格局中不可或缺的“民生之翼”。

国家开发银行以微贷款项目为开端，大力推动中小企业贷款业务，建设人人享有平等融资机会的融资体系。针对中小企业信用不足、缺少抵押物、信息不对称、业务分散、管理难度大等问题，国家开发银行运用开发性金融原理，形成了“用批发的方式解决零售问题，用统一的标准模式解决千家万户的共性问题”的金融普惠模式。截至2012年年底，中小企业贷款共支持中小企业、个体经营户180万家。

大力支持中低收入家庭住房建设，努力使群众安居乐业，促进社会和谐稳定。2005年4月，国家开发银行作为唯一的金融机构发放首笔30亿元贷款，给辽宁棚户区改造注入了启动资金，开启了金融支持保障房建设的先河。通过开展开发性金融支持住房保障体系建设试点，探索建立了“政府主导、专门机构实施、开发性金融支持、社会公众监督”的住房保障体系，并将强化质量管理、健全准入与退出机制融入到项目开发、评审、贷后管理全流程，推动建立质量有保证、分配与退出公平公正的住房保障长效机制。目前，国家开发银行支持保障房建设总面积达3.4亿平方米，惠及约661万户、2078万中低收入群体，为实现“十二五”期间全国建设3600万套保障性住房目标提供了强有力的支持。

全面推进助学贷款，帮助广大家庭经济困难学生获得公平、公正的教育机会。助学贷款单笔金额小、成本高、收益低，违约率较高，金融机构参与的积极性不高。国家开发银行主动与教育部门联系，申请积极介入该项业务，一举扭转了助学贷款业务的停滞局面。2007年，国家开发银行设计并开展了生源地助学贷款业务，并在全国迅速推开。截至2012年年底，国家开发银行已累计发放助学贷款420亿元，支持家庭经济困难学生774万人次，占全国的85%以上，并配合教育部建立覆盖全国25个省市、1767个区县和2594所高校的国家助学贷款资助体系。

深化部行合作，融资、融智助推水利事业改革发展。长期以来，国家开发银行发挥中长期投融资的优势，把水利作为重点支持领域。截至2012年年底，全行累计发放水利建设贷款3223亿元，切实解决了一批社会关注、政府关心的水利建设瓶颈问题，为水利事业发展提供了有力的资金保障。

加强机制建设，夯实长远发展基础，支持新农村建设取得实效。国家开发银行新农村建设贷款余额已从2006年的500亿元增长到2012年的6700多亿元，增长13倍，开发性金融服务延伸到2000多个市县，为全国94%的村镇编制了融资规划，贷款覆盖农村基础设施、农业产业化龙头企业和农民致富等“三农”发展的各个领域。同时，以国家政策为导向，先后出台了有关粮食增产、现代种业、食品安全、现代农业等一系列贯彻实施意见，累计发放贷款 1494 亿元，有力地支持了农业产业化发展。

建立应急贷款快速响应机制，为抗灾救灾提供重要金融支持。应急贷款是一种带有鲜明开发性金融特色，区别于其他商业银行的短期贷款品种，是用来支持地方政府和重要客户应对突发事件的贷款品种，核心理念是“预案先行、组织增信、快速审批、高效发放”。通过快速启动应急机制，以最快的速度向灾区提供贷款，有效缓解各地救灾过程中应急资金不足的燃眉之急，帮助灾区政府和群众渡过难关。截至 2012 年年底，开行已累计发放 233.48 亿元应急贷款，及时向舟曲、汶川和玉树等重大地震灾区提供了救灾资金，有力支持地方政府抗击洪涝、干旱、台风、泥石流、雪灾等自然灾害，得到了民政部等有关部门的高度认可，也得到了受灾群众的衷心拥护。①

第三节　开发性金融对打赢脱贫攻坚战的作用

一、多维度贫困

如何理解贫困这个概念？它应当包含哪些内容？实际上人类对这一概念的认识是不断演变、不断深化、不断丰富的。

阿玛蒂亚·森认为，应该从概念上将贫困定义为能力不足而不是收入低下。② 联合国开发计划署（UNDP）1997 年《人类发展报告》提出了人类贫困的概念，除了缺乏物质福利的必需品外，贫困还意味着被排斥——不能得到对于人类发展所必需的最基本的机会和选择权，如过上长期、健康、有创造性的生活，达到体面的生活标准，有尊严、满足自尊、受到他人尊重以及得到人们在生活中普遍看重的东西。为此，联合国开发计划署首次提出了人类贫困指数（HPI），用来衡量一个社会中被排除在人类进步之外者的比例，在实际计算中这一指数包括 5 方面的指标③，显然比仅使用贫困线人口比例这一收入贫困指标提供了更多的人类贫困信息。如 1998 年中国人类贫困指数为 19%，在发展中国家排第 30 位；2003 年为 12.3%，在发展中国家居第 27 位。④ 2000 年世界银

① 袁立：《开发性金融致力改善民生》，《中国金融》2013 年第 12 期。

② 转引自胡鞍钢：《中国减贫之路：从贫困大国到小康社会（1949—2020）》，中国科学院—清华大学国情研究中心《国情报告》2008 年第 29 期。

③ 计算发展中国家的人类贫困指数（HPI）包括：不能活到 40 岁人口比例；成人文盲率；无法获得安全饮用水人口比例；无法获得卫生服务人口比例；5 岁以下儿童中等或严重体重不足的比例。联合国开发计划署：《1997 年人类发展报告》。

④ 联合国开发计划署：《1998 年人类发展报告》，中国财政经济出版社 2000 年版，第 168 页；UNDP, *Human Development Report* 2005, p. 227, UNDP.

行《世界发展报告》认为，贫困不仅指物质的匮乏（以适当的收入和消费概念来测量），而且还包括低水平的教育和健康，贫困还包括风险和面临风险时的脆弱性，以及不能表达自身的需求和缺乏影响力。①

但是上述贫困概念还不能完全表达人类所面临的贫困挑战。贫困的核心概念是能力、权利和福利的被剥夺，贫困不只是收入的贫困，它是一个多维度的现象。由此出发，胡鞍钢从四个维度来定义贫困类型：收入贫困、人类贫困、知识贫困和生态贫困。②

收入贫困（income poverty）是指物质条件贫困，缺乏最低水平的、足够的收入或支出。贫困标准由食物贫困标准和非食物贫困标准两部分构成，指可以满足一个家庭在食品、住房、衣着等方面最低需求的生活水平标准值。中国的食物标准是根据农村住户调查低收入组的食品消费清单，按每人每天必需 2100 大卡营养摄入的食品消费标准量，乘以其相应的价格计算而得。③ 世界银行提出用国际贫困线标准来定义绝对贫困（absolute poverty），是指按照购买力平价计算，每人每天支出不足 1 国际美元，第二个标准是 1.25 美元，这两个标准都是针对低收入国家贫困线，第三个标准是 2 国际美元的贫困线，通常用来代表中等收入国家贫困线④，用它来比较不同类型国家的贫困程度。中国国家农村贫困线，相当于 1 美元国际贫困线的 60%左右，但是逐年有所提高。⑤

人类贫困（human poverty）是指生存状况的贫困，缺乏基本的生存能力，如营养不良、缺乏卫生条件、平均寿命短等。⑥ 可以用五岁以下儿童中轻体重人口，文盲率、饮用水不安全人口，预期寿命等指标来衡量。

知识贫困（knowledge poverty）是基本发展能力与机会的贫困，是 21 世纪全球进入知识经济、知识社会时代的新贫困。我们定义为人们普遍缺乏获取、交流、应用和创造知识与信息的能力，或者缺乏权利、机会与途径获得这一能力。⑦ 对知识贫困人口的测量，这里不仅使用了成人文盲率，还加上小学文化程度人口比例，即未达到九年义务教

---

① 世界银行：《2000/2001 年世界发展报告：与贫困作斗争》，中国财政经济出版社 2001 年版，第 15 页。

② 参见胡鞍钢：《中国减贫之路：从贫困大国到小康社会（1949—2020）》，中国科学院—清华大学国情研究中心《国情报告》2008 年第 29 期。

③ 国家统计局：《中国统计摘要——2008》，中国统计出版社 2008 年版，第 218 页。

④ 陈少华、马丁·瑞沃林：《发展中国家比我们早先的设想更贫困，但反贫困斗争依然成功》，世界银行政策研究工作论文，参见 http://econ.worldbank.org/povcalnet，2008 年 8 月 25 日。

⑤ 如 1978 年贫困标准为每人每年收入 100 元，1984 年为 200 元，1990 年为 300 元，2007 年为 785 元，相当于 1978 年的近 8 倍。国家统计局：《中国统计摘要（2008）》，中国统计出版社 2008 年版，第 103 页。

⑥ UNDP（1998）：所谓人类贫困（human poverty）是指缺乏基本的人的能力，如不识字、营养不良、缺乏卫生条件、平均寿命短等。（联合国开发计划署：《1998 年人类发展报告》，中国财政经济出版社 2000 年版，第 22 页。）我们定义和指标与之略有不同。

⑦ 详细讨论参看胡鞍钢主编：《全球化挑战中国》，北京大学出版社 2002 年版，第 134—136 页。

育程度人口的比例；基本信息产品，如广播、电视、有线电视、移动电话和互联网未覆盖人口比率等指标。在许多情况下，即使消除了收入贫困或人类贫困，仍将存在着大量的知识贫困人口，其规模远远超过前两种贫困人口的总和，成为21世纪知识经济、知识社会的“边缘化人群”。如果普及九年义务教育和现代信息通信技术，知识贫困人口是可以大幅度减少，甚至是可以根本性消除的。

生态贫困（ecological poverty），是基本生存环境的贫困。我们定义为由于生态环境不断恶化，超过其承载能力而造成不能满足生活在这一区域的人们基本生存需要与再生产活动，或因自然条件恶化、自然灾害频发而造成人们基本生活与生产条件被剥夺的贫困现象。生态贫困具有负外部性，生态环境恶化不仅可以导致当地的贫困，还会波及和影响周边地区，甚至影响全球环境和气候变化。这类贫困通常难以识别和统计，常常最容易被人们所忽视，又是解决难度极大的贫困。

上述四类贫困构成全球贫困人口多维的特征，突破了原有的单一的收入贫困的概念，由此我们可以构建出一个比较完整的综合减贫战略分析框架。这四类贫困相互叠加，相互作用，互为因果，成为发展中国家面临的最大发展挑战。收入贫困人口可能导致自身及下一代的人类贫困与知识贫困；而人类贫困与知识贫困则反过来又导致收入水平难以提高，成为收入贫困的根源，生态贫困实质上是人类发展基础自然条件的贫困，它可能成为其他三类贫困的根源，同时也因其他贫困人口过度向自然索取，而加剧了生态贫困。

21世纪的综合减贫战略就是一种同时全面减少四类贫困的战略，不但要提高贫困人口的收入，还要赋予他们发展的权利、增强其发展能力、扩大他们的发展机会，并且要帮助他们学会吸收知识，运用知识，改善当地的生态环境，增加自然资产，提高生产效率。不但要创造良好的制度环境，也要有良好的治理，形成政府、企业、私人以及国际社会共同参与、互相合作的减贫机制。

二、中国减贫之路：从贫困大国到全面建成小康社会

（一）“毛泽东时代”：为消除贫困奠定重要的基础

自1949年新中国成立之后，中国开始进入现代经济增长时期，人均GDP增长率首次持续超过1%以上，在2.8%—4.0%之间①，与此同时也在消除人类贫困方面取得了举世瞩目的成就，为1978年之后进一步消除四类贫困奠定了重要的人类发展基础。

---

① 根据中国国家统计局的数据，1952年到1978年，中国26年间人均GDP平均年增长率为4.05%；按照Maddison的数据计算，1950年到1978年，中国28年间人均GDP平均年增长率为2.83%。无论按照哪一种计算结果，均超过了1%的年平均增长率，因此我们视为中国进入现代经济增长时期。

第一，城乡人口健康水平大大提高，从东亚病夫到东方巨人。近代中国不仅贫穷落后，也被视为“东亚病夫”“鸦片之国”。1949 年之前中国人口平均预期寿命为 35 岁左右[①]，低于世界平均期望寿命（1950 年为 49 岁），还低于 1820 年法国平均预期寿命（为 37 岁）[②]，到 1980 年提高至 66.8 岁，提高了 32 岁，高于世界平均期望寿命（为 62.6 岁），也高于中等收入国家平均期望寿命（为 65.6 岁）。

1950 年中国婴儿死亡率为 200‰[③]，到 1982 年下降至 37.6‰；中国孕产妇死亡率在 1950 年为十万分之 1500[④]，到 1982 年下降至十万分之 100。20 世纪 50 年代全国传染病报告发病率由十万分之 3000 左右下降至十万分之 200，死亡率由十万分之 20 下降至十万分之 0.43。[⑤]

第二，城乡人民受教育水平大大提高，从文盲充斥大国到人力资源大国。1949 年，中国还是一个文盲充斥的国家，全国人口中 80%以上是文盲，学龄儿童入学率只有 20%左右，全国各级各类学校学生仅占全国人口的 5%左右。[⑥] 从 1952 年到 1978 年，中国的学龄儿童入学率由 49.2%上升为 95.9%，文盲人口由 4.32 亿人减少至 1982 年的 2.38 亿人；成人文盲率由 1949 年的 80%迅速下降为 25%（1982 年为 22.8%），是世界上文盲率减少最快的国家之一；我们估计，1950 年时中国 15 岁以上人口人均受教育年限只有 1 年，到 1982 年全国第三次人口普查时达到 4.6 年，低于世界平均水平（1980 年为 5.92 年）。[⑦] 总人力资本（指 15—64 岁人口与平均受教育年限乘积）由 1949 年的 5.24 亿人年上升至 1982 年的 28.82 亿人年，增长了 4.5 倍，成为世界上总人力资本最大的国家，也为中国改革开放奠定了重要的人力资本基础。

第三，人类发展指标取得明显进展，从极低人类发展国到下中等人类发展国。[⑧]

---

① 国家统计局：《新中国五十年（1949—1999）》，中国统计出版社 1999 年版，第 86 页。如 1935 年南京市男性人口平均预期寿命 29.8 岁，女性人口平均预期寿命 38.2 岁。国家统计局社会统计司：《中国社会统计资料 1990》，中国统计出版社 1990 年版，第 33 页。

② Angus Maddision, *The World Economy: A Millennial Perspective*, Table 1-5a, Paris, OECD, 2001.

③ 国家统计局：《新中国五十年（1949—1999）》，中国统计出版社 1999 年版，第 85—86 页。

④ 国家统计局：《新中国五十年（1949—1999）》，中国统计出版社 1999 年版，第 86 页。

⑤ 国家统计局：《新中国五十年（1949—1999）》，中国统计出版社 1999 年版，第 86 页。如 1935 年南京市男性人口平均预期寿命 29.8 岁，女性人口平均预期寿命 38.2 岁。国家统计局社会统计司：《中国社会统计资料 1990》，中国统计出版社 1990 年版，第 33 页。

⑥ 国家统计局：《新中国五十年（1949—1999）》，中国统计出版社 1999 年版，第 63 页。如 1935 年南京市男性人口平均预期寿命 29.8 岁，女性人口平均预期寿命 38.2 岁。国家统计局社会统计司：《中国社会统计资料 1990》，中国统计出版社 1990 年版，第 33 页。

⑦ RobertJ. Barro ang Jong-Wha Lee, "International Data on Educational Attainment: Updates and Implications", Working Papers, CID Working Paper No. 42, April, 2000.

⑧ 按人类发展指标（HDI）可以将人类发展划分为四个水平：HDI<0.5 为低人类发展水平，0.5≤HDI<0.65 为下中等人类发展水平，0.65≤HDI<0.8 为上中等人类发展水平，HDI≥0.8 为高人类发展水平。0.65 的分界值为作者确定，其他贫界值为 UNDP 确定。胡鞍钢：《2020 中国：全面建设小康社会》，清华大学出版社 2007 年版，第 68 页。

1950年中国是世界上人类发展指标（HDI）最低的国家，仅为0.225，略低于印度(0.247)，大大低于发达国家（美国为0.866）;[①] 到1980年提高到0.553，进入下中等人类发展国家行列，比印度高出0.443，与美国（0.883）的相对差距明显缩小。[②] 这反映了中国的人类发展水平进程快于印度，但仍属于人类发展指标较低的国家。

"毛泽东时代"，中国的社会结构发生了翻天覆地的变化，20世纪50年代中期开始建立了社会主义制度，尽管先后发生了由"大跃进"引起的"大饥荒"，"文化大革命"引起的"天下大乱"，但是并没有能够改变中国现代化的历史进程，总的来说创造了一个极为平等的社会，有效地消除了极端人类贫困现象。[③] 第一是农业集体化（指合作社、人民公社）防止了赤贫无地农民阶层的产生，国家保证最低限度的粮食需要。第二是建立了一个高度覆盖、广泛可及的基本社会保障体系，绝大多数人都可享受基本医疗卫生服务和计划生育服务。[④] 第三是集中力量消灭或基本消灭了几种在旧中国流行猖獗、严重危害人民的急性传染病，有效控制了一些通过人工免疫可以预防的传染病。[⑤] 第四是妇女的社会地位发生革命性的变化。妇女就业参与率不断提高，在20世纪30年代，只有20%的农业劳动是由妇女完成，到1978年女性占总就业人员比重为43.3%[⑥]，甚至还高于发达国家的平均数（1980年为41.8%）。[⑦]

（二）改革开放时期：中国明显减少多维贫困

1. 中国成为世界减少收入贫困人口最多的国家

过去三十年，大规模减少贫困人口是中国改革开放的最大发展成就，也是中国对人类发展所作出的最大贡献。1978年中国的基本国情不仅是"人口多、底子薄、耕地少"[⑧]，而且还是世界贫困人口第一大国：按每人每日支出1美元的国际贫困线标准估

---

① Crafts N, "The Human Development Index, 1870-1999: Some Reviewed Estimate", *European Review Economic History*, 2002 (6), 495-505.

② 联合国开发计划署:《2003年人类发展报告》，中国财政经济出版社2003年版，第245—247页。

③ 详细分析参见胡鞍钢:《中国政治经济史论（1949—1976)》，清华大学出版社2008年版。

④ 以农村合作医疗为例，全国行政村（生产大队）举办合作医疗的比重，1958年为10%，1960年为32%，1962年上升到46%，1962年后中央对人民公社制度和与之相关的农村医疗卫生体系进行了调整。1964年，全国农村只有不到30%的社队还维持合作医疗。在全国范围，1972年实行合作医疗的比例从前两年的高峰跌至62%，1973年年底时更降至54%（见王绍光:《中国如何摸着石头过河——学习机制与适应能力》，中国科学院—清华大学国情研究中心《国情报告》2008年8月8日专刊)。1970年全国乡村医生和卫生人员达到121.8万人，1978年上升为166.6万人，其中农村卫生员74.3万人，国家统计局社会统计司:《中国社会统计资料1990》，中国统计出版社1990年版，第224页。

⑤ 到20世纪70年代中国基本消灭了新中国成立初期十分流行的鼠疫、霍乱、天花、回归热、黑热病等传染病，有效地控制了白喉、麻疹、伤寒、血吸虫病和布鲁氏菌病等多种传染病和寄生虫病的流行。国家统计局:《新中国五十年（1949—1999)》，中国统计出版社1999年版，第85页。

⑥ 国家统计局社会统计司:《中国社会统计资料（1990年)》，中国统计出版社1990年版，第47页。

⑦ 国家统计局国际统计和外事司:《国际经济和社会统计摘要（1987)》，中国统计出版社1987年版，第244页。

⑧ 邓小平:《坚持四项基本原则》，1979年3月30日，《邓小平文选》第二卷，人民出版社1994年版，第163—164页。

计，中国的国际贫困人口可能高达8.6亿，国际贫困发生率为90%左右。① 以每人每日消费支出1美元、1.25美元、2美元这三种国际贫困线计算，1981—2005年中国对全球的减贫贡献率分别达到95.1%、122%、951%。

2. 减少人类贫困取得重大进展

中国迅速完成了第一次卫生革命，基本控制与消除严重的传染病和寄生虫病；孕产妇死亡率、婴儿死亡率均大幅度下降；人口预期寿命继续延长，2005年达到了73岁。

改革开放以来在我国农村地区收入贫困人口大幅度减少，但随着人民公社解体，农村合作医疗体系也随之急剧瓦解，到20世纪80年代只有不到10%的行政村仍保留了合作医疗。中央和地方政府在提供公共卫生及基本医疗服务方面严重缺位。1990年以来，中国政府提出的2000年人人享有卫生保健的最低标准，很多指标没有按期达到。城乡健康贫困人口日益增加，且规模庞大。其中全国农村未获得社会医疗保险人数达到80394万人，到2003年仍有74469万人②，健康不安全成为中国人类不安全的最大挑战。③

党中央、国务院于2002年10月下发《关于进一步加强农村卫生工作的决定》，确定2003年开展新农合试点，到2010年在全国农村基本建立农村卫生服务体系和农村合作医疗制度。仅用五年的时间，新型农村合作医疗就提前实现了基本覆盖全国农村的目标。2003年至2007年，全国农民累计有9.2亿人次享受到新农合补偿。至2008年，开展新型农村合作医疗的县（市、区）有2859个，实现百分百覆盖，提前三年实现了“十一五”规划目标。④ 这充分反映了领导人不仅有强烈的政治意愿（“病有所医”的政治理念）和明确的政治目标，而且还有有效的实施能力和充裕的财政能力。

3. 知识贫困程度大大减轻

减少教育贫困就是减少长远性贫困，使教育贫困人口成为经济发展的人力资源。改革开放以来，中国教育贫困程度大大减轻，受教育机会日益成为普遍可得的公共产品，“让所有孩子都能上得起学”⑤，已经变为现实，义务教育进一步普及与巩固，两基覆盖率已达到99%，初中三年保留率达到94.7%。

---

① 胡鞍钢按照世界银行数据推算。以1美元国际贫困线计算，世界银行估计，1981年中国贫困人口为7.3亿人，比第二位印度的2.96亿人多出4.3亿；到2002年中国已经不再是世界贫困人口第一大国，贫困人口绝对数为2.4亿，而印度成为贫困人口第一大国，其贫困人口为2.76亿人。

② 胡鞍钢根据卫生部统计信息中心第一次（1993）、第二次（1998）、第三次（2003）《国家卫生服务调查主要结果》推算。

③ 胡鞍钢、胡琳琳：《中国人类不安全的最大挑战：健康不安全》，中国科学院—清华大学国情研究中心《国情报告》2004年第85期。

④《中华人民共和国国民经济与社会发展第十一个五年规划纲要》将新型农村合作医疗覆盖率作为“十一五”时期经济社会发展二十二个主要指标之一，提出到2010年覆盖率要大于80%。

⑤ 温家宝总理在十届人大五次会议上作《2007年政府报告》时的讲话，新华网北京2007年3月6日电。

教育贫困人口及比重大幅度下降。1982 年成人文盲率达到 22.8%，2006 年降至 7.5%。教育贫困人口（指小学文化程度以下成人），由 1982 年的 59370 万人减少至 2007 年的 49416 万人，减少了 9954 万人，其中文盲人口由 23772 万人减少至 9815 万人，减少了 13957 万人，教育贫困人口发生率 1982 年为 58.2%，2007 年已经下降到 34.9%。

人均受教育年限不断提高。1982 年为 4.6 年，1990 年为 5.5 年，仍低于世界平均水平（为 6.43 年）；到 2000 年时提高到 7.11 年，已经超过了世界平均水平（为 6.66 年）；① 2007 年已经提高到了 8.8 年，接近于 1980 年发达国家的平均水平（为 8.86 年）。不但城镇人口受教育程度提高，农村人口也大大提高，据第二次全国农业普查数据，农村劳动力平均受教育年限已经达到 7.78 年，农民工平均受教育年限已经达到 8.67 年。

信息贫困是获取、传播、使用知识的贫困，消除信息贫困的直接表现就是提高各类信息技术产品的普及程度。通过“村村通工程”等方式，中国已经基本消除了传统信息产品的贫困，表现为广播未覆盖人口比例、电视未覆盖人口比例从 1980 年的 46.3%、50.5%，分别下降到 2007 年的 4.6%、3.4%；有线电视未入户比例由 1995 年的 100%到 2007 年下降至 62%。

4. 消除生态贫困面临重大挑战

消除生态贫困成为 21 世纪初期中国减贫的最大挑战和重大任务。中国绝大多数收入贫困人口、人类贫困人口主要是生活在自然条件十分恶劣、自然资源承载能力不足的生态脆弱地区，他们许多人本身就是生态贫困人口。

目前中国重度生态贫困人口大约 800 万人，这些人生存所在的地区自然环境极度恶劣，各类灾害频发，生态基础极度脆弱，开发活动会带来严重的生态后果。中度生态贫困人口大约 6000 万人，这些人生存在荒漠化、石漠化防治区，过度开发会造成生态退化面积进一步扩大。轻度生态贫困人口 1.38 亿人，这些人生活在水土严重流失区，生态环境破坏相当严重。据胡鞍钢保守估计，全国生态贫困人口约 2 亿，相当于国际贫困线人口的两倍，所在地区占全国国土面积比重的 44%，占全国总人口的 15.4%；这些地区是国家主体功能区划分的开发区和限制开发区，其主要功能是保护生态环境，投资生态资本，减少总人口规模，转移人口和劳动力。

总的来说，对于重度生态贫困人口主要应实施就地生态保护，积极推动生态移民；对于中度生态贫困人口与轻度贫困人口要实施生态补偿、教育扶贫和教育移民、就业扶

① Robert J. Barro ang Jong - Wha Lee, “International Data on Educational Attainment: Updates and Implications”, Working Papers, CID Working Paper, No. 42, April, 2000.

贫和劳动力转移。①

（三）全面建成小康社会时期：打赢脱贫攻坚战

中国减贫之路走到十八大，正是到了攻坚时期，全面建设小康社会在党的十八大报告上则体现为从“建设”到“建成”的转变。习近平总书记在2015年11月27日至28日的中央扶贫开发工作会议上强调“全面建成小康社会，是我们对全国人民的庄严承诺。脱贫攻坚战的冲锋号已经吹响。我们要立下愚公移山志，咬定目标、苦干实干，坚决打赢脱贫攻坚战，确保到2020年所有贫困地区和贫困人口一道迈入全面小康社会”。

全面建成小康社会，关键是“全面”，难点在于如何让目前尚未达到小康的一部分地区和一部分人如期实现全面小康。做到这一点，最艰巨的任务是扶贫。从这个意义上说，全面小康攻坚战就是扶贫攻坚战。据国务院扶贫办统计，按照我国标准，目前还有7000多万贫困人口；按照世界银行标准，还有近2亿贫困人口。他们主要集中在农村特别是革命老区和边疆地区。因此，“小康不小康，关键看老乡”，其中最关键的是看老区和边疆的老乡。打好扶贫攻坚战，顺利实现全面建成小康社会的目标，重点是实现“五个一批”：发展生产脱贫一批，易地搬迁脱贫一批，生态补偿脱贫一批，发展教育脱贫一批，社会保障兜底一批。

2015年12月7日，《中共中央　国务院关于打赢脱贫攻坚战的决定》发布。这份指导当前和今后一个时期中国脱贫攻坚任务的纲要性文件，详细阐述了未来的脱贫攻坚之策。对于多维贫困的解决，《中共中央　国务院关于打赢脱贫攻坚战的决定》给出了具体指导意见。例如，在收入贫困方面，《中共中央　国务院关于打赢脱贫攻坚战的决定》指出“发展特色产业脱贫。制定贫困地区特色产业发展规划。出台专项政策，统筹使用涉农资金，重点支持贫困村、贫困户因地制宜发展种养业和传统手工业等”；“探索资产收益扶贫。在不改变用途的情况下，财政专项扶贫资金和其他涉农资金投入设施农业、养殖、光伏、水电、乡村旅游等项目形成的资产，具备条件的可折股量化给贫困村和贫困户，尤其是丧失劳动能力的贫困户”。在人类贫困方面，《中共中央　国务院关于打赢脱贫攻坚战的决定》指出“开展医疗保险和医疗救助脱贫。实施健康扶贫工程，保障贫困人口享有基本医疗卫生服务，努力防止因病致贫、因病返贫”；“实行农村最低生活保障制度兜底脱贫。完善农村最低生活保障制度，对无法依靠产业扶持和就业帮助脱贫的家庭实行政策性保障兜底”。在知识贫困方面，《中共中央　国务院关于打赢脱贫攻坚战的决定》指出“加大职业技能提升计划和贫困户教育培训工程实

① 参见胡鞍钢：《中国减贫之路：从贫困大国到小康社会（1949—2020）》，中国科学院—清华大学国情研究中心《国情报告》2008年第29期。

施力度，引导企业扶贫与职业教育相结合”；“着力加强教育脱贫。加快实施教育扶贫工程，让贫困家庭子女都能接受公平有质量的教育，阻断贫困代际传递。国家教育经费向贫困地区、基础教育倾斜”。在生态贫困方面，《中共中央　国务院关于打赢脱贫攻坚战的决定》指出“对居住在生存条件恶劣、生态环境脆弱、自然灾害频发等地区的农村贫困人口，加快实施易地扶贫搬迁工程”；“结合生态保护脱贫。国家实施的退耕还林还草、天然林保护、防护林建设、石漠化治理、防沙治沙、湿地保护与恢复、坡耕地综合整治、退牧还草、水生态治理等重大生态工程，在项目和资金安排上进一步向贫困地区倾斜，提高贫困人口参与度和受益水平”。

对打赢脱贫攻坚战，党中央和国务院的决心前所未有，措施也全面到位，其中开发性金融发挥着关键的作用。

三、开发性金融在打赢脱贫攻坚战中的作用

《中共中央　国务院关于打赢脱贫攻坚战的决定》对发挥开发性金融在打赢脱贫攻坚战中的作用提出了明确要求，指出：

加大金融扶贫力度。鼓励和引导商业性、政策性、开发性、合作性等各类金融机构加大对扶贫开发的金融支持。

运用多种货币政策工具，向金融机构提供长期、低成本的资金，用于支持扶贫开发。

设立扶贫再贷款，实行比支农再贷款更优惠的利率，重点支持贫困地区发展特色产业和贫困人口就业创业。

运用适当的政策安排，动用财政贴息资金及部分金融机构的富余资金，对接政策性、开发性金融机构的资金需求，拓宽扶贫资金来源渠道。

由国家开发银行和中国农业发展银行发行政策性金融债，按照微利或保本的原则发放长期贷款，中央财政给予90%的贷款贴息，专项用于易地扶贫搬迁。

国家开发银行、中国农业发展银行分别设立“扶贫金融事业部”，依法享受税收优惠。

长期以来，国家开发银行将扶贫开发作为民生业务的重中之重，不断加大支持力度。截至2015年11月底，国家开发银行累计发放扶贫贷款1.37万亿元，贷款余额超过7700亿元，业务覆盖全国832个国家级贫困县和集中连片特困县中的727个县，重点支持了基础设施建设、特色产业发展、农户脱贫致富以及教育卫生等领域。

在接下来的脱贫攻坚战中，开发性金融将以系列举措发挥其积极作用：

一是将政府组织协调优势与开行融资融智优势相结合，推动建立社会化脱贫攻坚合

作机制。加强与国务院扶贫办、中农办、发改委等部门合作，积极参与易地扶贫搬迁、乡村基础设施建设等领域的方案研究和政策设计，探索推进金融扶贫的超常规措施。推动 14 个集中连片特困地区和国家级贫困县建立省、市、县三级开发性金融扶贫开发合作办公室，协调解决脱贫攻坚过程中遇到的困难和问题。

二是将融资主体建设与模式创新相结合，积极推动完善脱贫攻坚的思路方法。按照省负总责的要求，协助各省建立和完善省级扶贫开发投融资主体，统一负责、统一组织推动脱贫攻坚工作。配合政府设立脱贫攻坚基金，形成政府资金、社会资本共建共享的良性机制。推广政府和社会资本合作、政府采购，探索多种类型的 PPP 模式实现路径。围绕脱贫攻坚重点领域的资本金需求，创新金融工具，设立专项建设基金，以股权投资方式解决项目资本金不足问题。

三是将政府与市场的作用相结合，探索形成多元化、可持续的扶贫开发体制机制。作为扶贫开发综合金融协调人，发挥政府和市场之间的桥梁作用，把政府信用与市场化、商业化运作相结合，推动贫困地区建立吸引社会资金持续进入、实现良性循环的市场、信用、规则和制度，弥补市场空白和制度缺损。同时，通过“投贷债租证”综合金融服务，积极引导社会资金进入扶贫开发领域，建立市场化的运作模式和风险防范机制，探索形成“政府主导、财政支持、金融服务、市场运作”的扶贫开发新路径。

四是以规划为引领，提升脱贫攻坚的精准度。围绕“五个一批”脱贫攻坚行动计划，积极配合、参与和支持有关部委和地方各级政府编制好“十三五”脱贫攻坚规划。切实做到因人因地施策，因贫困原因施策，因贫困类型施策，精准滴灌、靶向治疗。

五是选派金融服务专员，加大对脱贫攻坚的人才支持。选派综合素质好、责任意识强、业务能力过硬的骨干人才，到 14 个集中连片特困地区和国家级贫困县所在的 180 个地市（州），专职开展扶贫开发工作，当好宣传员，宣传国家金融扶贫方针政策和开行扶贫举措；当好规划员，协调做好当地扶贫开发规划，特别是系统性融资规划；当好联络员，协助解决金融扶贫中遇到的实际困难和问题。

六是加大教育扶贫力度，提升贫困群众的素质和能力。发挥助学贷款主力银行作用，按照应贷尽贷原则，确保每一位家庭经济困难学生都不失学。支持农民工培训和职业教育发展，提高贫困人口素质和技能，促进贫困地区劳动力就近转移就业。加大对 14 个集中连片特困地区和国家级贫困县的领导干部开展专题培训。继续开展“彩烛工程”“金惠工程”和“关爱奖励金”等项目，促进广大农户增长金融知识。

七是以易地扶贫搬迁为切入点，打好脱贫攻坚战的第一仗。加强与有关部门沟通对接，按照省负总责的原则，帮助地方政府建立和完善省级投融资主体，积极配合和支持地方政府编制“十三五”易地扶贫搬迁规划。帮助地方政府理顺投融资模式和机制，根据搬迁任务合理制定年度筹资方案和资金安排。特别是要积极探索支持易地扶贫搬迁的新模式和新路径，确保搬迁群众搬得出、稳得住、有就业、能脱贫。

八是以基础设施建设为着力点，加快破除发展瓶颈制约。发挥开发性金融支持基础设施业务优势，以集中连片特困地区为突破口，加大对重大基础设施的支持力度。同时，研究探索以整村推进为重点，打通贫困地区基础设施建设的“最后一公里”。

九是以产业发展为突破口，增强贫困地区发展内生动力。继续完善和推广“四台一会”模式，促进贫困地区金融生态环境改善。融资支持各类产业园区建设、特色产业和文化旅游产业发展，建立产业发展与农民利益紧密结合的可持续增收脱贫机制。借鉴助学贷款模式，创新开展扶贫小额信用贷款，支持贫困农户发展特色产业。探索与地方农村金融机构合作，共同开展对全国农户贷款的新模式和新方法。①

① 胡怀邦：《发挥开发性金融作用　全力支持打赢脱贫攻坚战》，《人民日报》2015年12月4日。

第九章

开发性金融对生态文明与科学发展规律的改善关系

第一节　生态文明与科学发展的全球共识与共同行动

一、全球气候变化与减排共识

（一）全球气候变化是21世纪人类发展的最大挑战

金融危机只是全球短期危机，而事实上全世界无论发达国家，还是发展中国家都要面对的最大危机、最根本的危机是全球气候变化危机，短期的金融危机可能在一定程度上掩盖了世界最大的危机，也在一定程度上影响了许多国家（特别是发展中国家）的应对气候变化的能力。另外，各国经济刺激方案有可能加快二氧化碳的排放，金融危机使得许多国家特别是穷国难以应对气候变化，包括减少能源和减排投资。①

全球气候变化的事实从本质上宣告了西方自工业革命以来的高投入、高消耗、高污染排放的增长模式是不可持续的。根据世界气象组织的研究，工业革命之前全球二氧化碳在大气中的浓度大约为280ppm（百万分之一），到2008年已上升至385.2ppm。根据国际能源署（IEA）的最新研究，如果人类不加以有效控制，温室气体在大气中的长期浓度将超过1000ppm二氧化碳当量，那么，全球温度将比工业革命前升高6°C。2009年11月24日发布的《哥本哈根诊断》报告指出，到2100年全球气温可能上升7°C，海平面可能上升1米以上。

最近十多年来，全球为了促进减少温室气体排放的政治努力从未停歇。2009年12

① 胡鞍钢：《全球背景下的中国能源挑战与战略》，中国科学院—清华大学国情研究中心《国情报告》2009年第14期。

月召开的哥本哈根气候变化会议和2010年12月11日召开的坎昆联合国气候大会，都引起各方关注，甚至一度被寄予厚望。然而，现有的全球法律协议框架下的未来长期减排趋势却不容乐观。国际能源署（IEA）2010年11月出版的《世界能源展望2010》（以下简称《展望》）在进行了详细的计算后明确地指出，哥本哈根协议中各国所宣布的温室气体减排承诺，整体上与全球气温增长限制到2摄氏度目标的要求相差甚远，并且其结果无疑使真正达到2摄氏度目标的可能性减小。① 尽管哥本哈根会议上各国都宣布了大量的减排承诺，但是即便在这些承诺都得到兑现的"新政策"情境下，全球在2035年之前的减排形势仍将较大地偏离450ppm的目标。在"新政策"情境的趋势下，长期来看全球温室气体浓度将超过650ppm二氧化碳当量，导致气温上升超过3.5摄氏度。

尽管政治上的努力受到一时挫折，但是这也让人们进一步看清了减缓温室气体排放的复杂形势。切实地控制住全球气候变暖趋势并不是一蹴而就的事情，也不能指望某一次全球政治峰会就能达成一份彻底解决这个问题的协议。恰恰相反，减少温室气体排放、走低碳发展之路，需要的是全面地建立环境友好型、低碳发展型的经济社会模式，而要建立起这样的模式，就需要我们全面地采用并转向绿色发展战略。

（二）国际减排共识

到21世纪中叶，全球经济将翻两番，而按照当前趋势，能源相关的二氧化碳排放量将增长一倍以上，这可能使世界步入一个气温比前工业化时期至少上升5℃的灾难性轨道。但这并非不可避免，如果全球达成共识并共同行动起来，采取正确的政策和低碳技术，就有办法转入可持续性较高的轨道，使气温升幅维持在2℃左右。

1988年11月，在世界气象组织（WMO）和联合国环境规划署（UNEP）的倡导下，国际社会建立了政府间气候变化专门委员会（IPCC），其主要任务是对气候变化有关的各种问题展开定期的科学、技术和社会经济评估，提供科学和技术咨询意见。IPCC发表的评估报告表明，全球气候确实日益趋暖，而且正在对人类社会产生许多不利影响，这促使国际社会在该问题上投入越来越多的政治关注。为了全面控制二氧化碳等温室气体排放，减少气候变暖给人类社会带来的损失，1992年5月22日，联合国政府间谈判委员会就气候变化问题达成《联合国气候变化框架公约》，为全球气候变化问题的国际合作提供了一个基本框架。该公约确立了五个基本原则，分别为"共同但有区别"的责任原则、公平原则、"经济有效"及"最低成本"原则、可持续发展原则和加强国际合作原则。迄今为止，《联合国气候变化框架公约》缔约方大会已举行了15次。

① IEA：*World Energy Outlook* 2010，p. 53.

1997年12月11日，第三次联合国气候变化缔约方大会在日本京都召开。在本次会议上，149个国家和地区的代表通过了《京都议定书》，规定2008—2012年，主要工业发达国家的温室气体排放量要在1990年的基础上平均减少5.2%，这是首次针对发达国家规定了减排的目标和具体时间表，是人类对付全球变暖史上的一次巨大突破，可能会被证实为20世纪末最重要及最有深远意义的世界条约。

2005年11月，在加拿大蒙特利尔举行的联合国气候变化会议上通过了《京都议定书》执行决定，进入了全面执行期。

2007年国际能源署（IEA）提出“450ppm稳定情景”，即将大气中二氧化碳当量浓度长期稳定在450ppm左右，使全球温度平均升高值比工业革命前上升2.4℃（IEA，2007）。

2007年12月联合国气候变化大会“巴厘路线图”，为应对气候变化谈判的关键议题确立了明确议程。按此要求，一方面，签署《京都议定书》的发达国家要履行《京都议定书》的规定，承诺2012年以后的大幅度量化减排指标；另一方面，发展中国家和未签署《京都议定书》的发达国家（主要指美国）则要在《联合国气候变化框架公约》下采取进一步应对气候变化的措施。此谓“双轨”谈判。

2008年5月，斯特恩的《应对气候变化关键要点》提出未来大气中温室气体二氧化碳浓度控制在450—500ppm。2020年全球温室气体排放量达到顶峰，到2050年排放量要比1990年减少50%，人均排放量维持在2吨水平上。

2009年7月8—9日，G8+5国高峰会议决定，温室气体排放量到2050年减少80%，控制温度上升不超过工业革命之前2℃（见图9-1）。

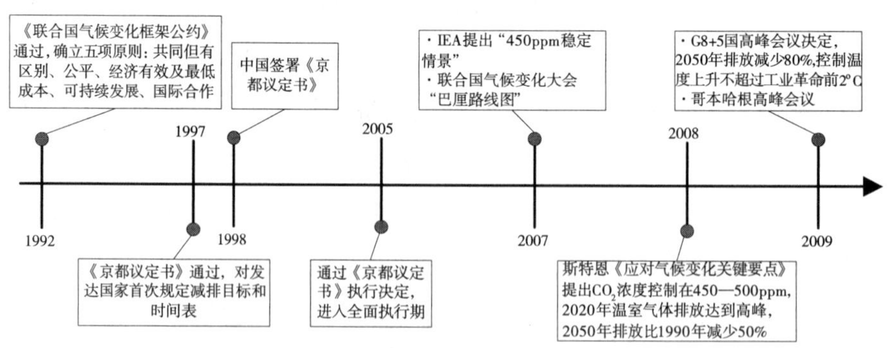

图9-1　全球减排共识历程

2009年12月，联合国召开哥本哈根高峰会议，决定2012年全球减排协议。会议达成不具法律约束力的《哥本哈根协议》。这是继《京都议定书》后又一具有划时代意义的全球气候协议书，毫无疑问，对地球今后的气候变化走向产生决定性的影响。这是一次被誉为“拯救人类的最后一次机会”的会议。《哥本哈根协议》维护了《联合国气候变化框架公约》及其《京都议定书》确立的“共同但有区别的责任”原则，就发达国家实行强制减排和发展中国家采取自主减缓行动作出了安排，并就全球长期目标、资金和技术支持、透明度等焦点问题达成广泛共识。

（三）国际减排行动

中国气候政策也经历着演变过程（见图 9-2）：从气象资源政策到气候变化政策；从节能政策到节能减排、应对气候变化综合政策；从能源、环保、气象部门政策到国家发展战略。

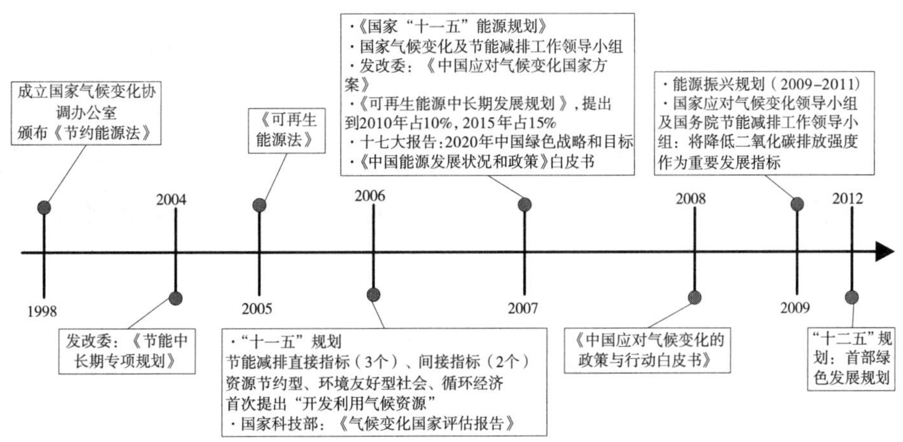

图 9-2　中国气候变化政策演变

全球减排之所以逐渐在各国形成广泛共识，不只在于能为全球提供公共物品并转向可持续发展道路，还在于能为各国带来巨大的经济利益——节约更多资源，降低当地空气污染程度，提高能源安全，增加当地工业就业量，提高生产力增强竞争力。2006 年，可再生能源产业（直接或间接）为世界创造了 230 万个就业机会，提高能效的行动为美国新增了 800 万就业机会。过去 35 年中，加利福尼亚的能效和技术创新项目使该州的生产总值实现了实际增长。许多发达国家和发展中国家正在为清洁能源技术制定目标和政策（见表 9-1）。这些行动多数是由国内发展利益驱动的，但也能大量减少二氧化碳排放量。中国政府制定了从 2005 年到 2010 年能源强度降低 20%的目标。截至 2010 年，中国将每年减少 15 亿吨二氧化碳排放量，这是世界上力度最大的减排目标，是欧盟在《京都议定书》中承诺的 3 亿吨减排目标的 5 倍，是加利福尼亚州 1.75 亿吨减排目标的 8 倍。①

① 世界银行：《2010 年世界发展报告：发展与气候变化》，清华大学出版社 2010 年版，第 189 页。

表 9-1　许多国家制定了能源与气候变化的国家行动计划或提案

国家	气候变化	可再生能源	能效	交通
欧盟	从 1990 年到 2020 年减排 20%（如果其他国家承诺大量减排，则为 30%）；从 1990 年到 2050 年减排 80%	到 2020 年占一次能源构成的 20%	到 2020 年比参照案例节能 20%	到 2020 年生物燃料占交通燃料的 10%
美国	到 2020 年减排达到 1990 年水平；从 1990 年到 2050 年减排 80%	到 2025 年占电力的 25%		到 2016 年燃料效益标准增长每加仑 35 英里
加拿大	从 2006 年到 2020 年减排 20%			
澳大利亚	从 2000 年到 2020 年减排 15%			
中国	国家气候变化战略及气候变化政策与行动白皮书，成立总理负责下的节能减排领导小组	到 2020 年占一次能源的 15%	从 2005 年到 2010 年能源强度降低 20%	达到每加仑 35 英里的燃料效益标准；计划成为电动车的世界领先者；目前正在大规模建设地铁
印度	国家气候变化行动计划：人均减排不超过发达国家水平，建立了由总理领导的气候变化顾问委员会	到 2012 年可再生能源量达 230 万瓦特	到 2012 年节能 100 亿瓦特	城市交通政策；增加公共交通投资
南非	制定长期减排方案：减排量在 2020 年至 2050 年达到顶峰，再经过 10 年平稳期之后，开始绝对下降	到 2013 年占能源构成的 4%	到 2015 年能效提高 12%	计划成为世界电动车领先者；扩建巴士快速交通
墨西哥	从 2020 年到 2050 年减排 50%；制定国家气候变化战略；设立气候变化委员会，促进协调	到 2012 年占能源构成的 8%	能效标准，热点联供	增加公共交通投资
巴西	国家气候变化战略；到 2018 年使森林砍伐减少 70%	到 2030 年占能源构成的 10%	到 2030 年节能 103 太拉时	世界甲烷生产的领先者

资料来源：世界银行：《2010 年世界发展报告：发展与气候变化》，清华大学出版社 2010 年版，第 190 页。

二、全球绿色新政

为了应对全球气候变化，欧美日竞相出台“绿色新政”，正大力推进以高能效、低排放为核心的低碳革命，着力发展低碳技术，并对能源、产业、技术、贸易等政策进行重大调整。

欧洲是低碳概念的发轫地，也是发展低碳经济的最早行动者。早在 2007 年年初，欧盟委员会就推出了一份内容庞杂的新能源政策动议。欧盟委员会主席巴罗佐形容说，这一能源“新政”将带动欧洲经济向高能效、低排放的方向转型，引领全球进入“后工业革命”时代。

以这份动议为基础，欧盟成员国领导人后来确立了到2020年要实现以3个20%为核心的低碳经济发展目标，即实现温室气体排放量在1990年基础上减少20%，可再生能源在一次性能源消耗中所占比例提高到20%并将能效提高20%。欧盟委员会今日又出台了一份未来10年的经济发展战略草案。其中，低碳经济被确立为欧盟未来三大发展方向之一。

英国把发展绿色放在绿色经济政策的首位。2009年7月15日，英国发布了《低碳转换计划》和《可再生战略》国家战略文件，这是继《气候变化法》之后，英国政府绿色新政的又一新动作，是迄今为止，发达国家中应对气候变化最为系统的政府白皮书，也标志着英国成为世界上第一个在政府预算框架内特别设立碳排放管理规划的国家。按照英国政府的计划，到2020年可再生能源在供应中要占15%的份额，其中40%的电力来自可再生能源、核能、清洁煤等低碳绿色领域，这既包括对依赖煤炭的火电站进行“绿色改造”，更重要的是发展风电等绿色能源，目标是把英国建设成为更干净、更绿色、更繁荣的国家。

德国发展绿色经济的重点是发展生态工业。2009年6月，德国公布了一份旨在推动德国经济现代化的战略文件，在这份文件上，德国政府强调生态工业政策应成为德国经济的指导方针。德国的生态工业政策主要包括六个方面的内容：严格执行环保政策、制定各行业有效利用战略、扩大可再生使用范围、可持续利用生物智能、推出刺激汽车业改革创新措施及实行环保教育以及资格认证等方面的措施。

法国的绿色经济政策重点是发展核能和可再生能源。2008年12月，法国环境部公布了一系列旨在发展可再生能源的计划，这一计划有50项措施，涵盖了生物、风能、地热能、太阳能以及水力发电等多个领域。除了大力发展可再生能源之外，2009年，法国政府还投资4亿欧元，用于研发清洁汽车和“低碳汽车”。此外，核能一直是法国政策的支柱，也是法国绿色经济的一个重点。

能源资源贫乏的日本也高度重视低碳社会建设。现在，推进3R（Reduce、Reuse、Recycle，即减排、重复利用、循环利用）运动已成为日本社会的广泛共识。日本早稻田大学创造理工学研究科教授森康晃说，“日本重视节能问题，是源于20世纪70年代石油危机给日本带来巨大冲击，当时东京不得不关闭霓虹灯，连东京塔的照明都省掉了”。

2008年7月29日，日本内阁会议制定了《建设低碳社会行动计划》，就推进低碳社会提出了详尽的目标。该计划提出，要普及革新性技术和现存的先进技术，进行革新性开发，切实落实革新技术开发路线图。政府应身先士卒，国家整体推动实现低碳化的措施，并支援地方和国民的活动，推进建设低碳城市和地区，推动商务模式和生活模式的变革。2009 年 4 月，日本政府公布了名为《绿色经济与社会变革》的政策草案，目的是通过实行削减温室气体排放等措施，强化日本的绿色经济，重点则在于支持政府当前采取环境措施刺激经济，对中长期则提出了实现低碳社会，实现与自然和谐共生的社会目标。2009 年 5 月，日本正式启动支援节能家电的环保点数制度，通过日常的消费行为固定为社会主流意识，集中展示绿色经济的社会影响力。

韩国欲借绿色增长战略再创“汉江奇迹”。此次全球金融危机开始的时候，韩国就提出了“低碳绿色增进”的经济振兴战略，依靠发展绿色环保技术和新再生能源，以实现节能减排、增加就业、创造经济发展新动力等政策目标。2009 年 7 月，韩国公布绿色增长国家战略及五年计划，确定了发展“绿色”的一系列指标，计划建立“环境城”和“绿色村庄”。未来五年间韩国将累计投资 107 万亿韩元发展绿色经济，争取使韩国在 2020 年年底前跻身全球七大“绿色大国”。

美国曾经对低碳经济认识不够，但是奥巴马总统上台后就大声疾呼，在绿色能源竞争中，美国“决不能接受世界第二的位置”。从此美国措施不断：加大对新能源领域的投入，制定严格汽车尾气排放标准，出台新的《清洁能源和安全法案》，外界也将这一系列举动视作奥巴马的“绿色新政”。

美国“绿色新政”可细分为节能增效、开发新能源、应对气候变化等多个方面。其中，开发新能源是绿色新政的核心。2009 年 2 月 15 日，总额达到 7870 亿美元的《美国复苏与再投资法案》将发展新能源作为主攻领域之一，重点包括发展高效电池、智能电网、碳储存和碳捕获、可再生如风能和太阳能等，同时美国还大力促进节能汽车、绿色建筑等的开发。

第二节　生态文明与科学发展的必然选择——绿色发展

一、人与自然的矛盾

中国还没有成为世界经济最大国，就已经成为名副其实的“世界污染排放超级大国”。根据 IEA 的最新报告，[①] 2004 年中国与能源相关的二氧化碳排放量已经超过欧盟；2007 年又超过美国，居世界第一；预计 2028 年将超过北美、欧盟和日本三大经济体的总和。从 1890 年以来，中国累计的二氧化碳排放量在 1990 年占世界总量的

---

① IEA：*World Energy Outlook 2009*，2009，Paris，IEA.

10.7%，居世界第三位，排在美国、俄罗斯之后，2007年上升至21.1%，居世界第二位，仅排在美国之后；中国二氧化硫排放量2007年已经居世界第一位，占世界总量的34.9%，氮氧化物排放量占世界的20.7%，也已经是第一位了，颗粒物排放量占33.5%，也是世界第一位（见表9-2）。这些指标都不同程度地超过中国的人口占世界比重（19.7%）和经济总量占世界比重（16.1%，按PPP计算）①，即使是人均各类污染排放量，也已经超过世界人均水平。

表9-2　中国能源、二氧化碳等占世界总量比重（1990—2030年）　（单位:%）

	1990	2007	2015	2020	2025	2030
初级能源消费	10.0	16.4	20.6	21.6	22.3	22.8
煤炭消费	24.0	40.6	48.1	49.5	49.7	49.0
发电量	5.5	16.8	23.1	24.6	25.5	25.8
二氧化碳排放量	10.7	21.1	26.7	27.8	28.6	28.9
二氧化硫排放量		34.9	41.4	40.0		31.7
氮氧化物排放量		20.7	28.1	28.5		25.5
颗粒物质（PM2.5）		33.5	32.9	30.0		25.7
1890年以来二氧化碳累积排放量	5.0	9.0		13.0		16.0

资料来源：IEA：*World Energy Outlook* 2009.

发展是硬道理。但是发展本身也是悖论。我们发现，从1949年以来现代经济增长的历史过程看，过高过快的经济增长常常是“得不偿失”的。最典型的案例和最痛心的历史教训就是1958年的“大跃进”。改革开放以来，我们基本上避免了经济上的“大折腾”，但是过高过快的增长是以巨大的资源消耗和污染排放为其代价的，却出现了环境污染上的“大折腾”。例如，中国的经济增长率从“九五”时期的8.6%提高到2001—2008年的10.2%，仅提高了1.6个百分点，却导致了煤炭消费、水泥消费、钢铁消费等的大幅度高增长（见表9-3）。根据世界银行数据库估计，2000—2008年中国的二氧化碳排放总量从27亿吨提高到70亿吨，年平均增长率为12.28%，其累计排放量为415亿吨。据估计，2000—2008年，中国煤炭累积消费量为175.6亿吨，排放二氧化碳累计308.2亿吨碳当量；一次性能源总消费量累计183.3亿吨标准煤，总排放二氧化碳累计量450.4亿吨碳当量。无论是哪一类数据都表明，这是一个典型的黑色发展模式，严重脱离了中国人口众多、自然资源相对紧缺、生态环境极其脆弱的基本国情。这

① 根据Maddison计算，2006年（按照PPP计算）中国GDP占世界总量的比重为16.1%，美国为18.8%。Maddison，“The West and the Rest in the World Economy：1000-2030”，*World Economics*，Vol. 9，No. 4，Oct-Dec 2008.

一发展模式也严重危及了人类发展，并成为世界甚嚣尘上的“中国威胁论”的重要理由之一。

表 9-3 中国能源、电力和煤炭消费增长率及弹性系数（1996—2008 年）

指　标	1996—2000	2001—2008
GDP 增长率（%）	8.63	10.2
能源消费增长率（%）	1.10	9.4
弹性系数	0.127	0.922
发电量增长率（%）	6.11	12.5
弹性系数	0.708	1.225
煤炭消费增长率（%）	-0.81	10.80
弹性系数	-0.094	1.059
二氧化碳排放量增长率（%）	-2.85	12.28
弹性系数	-0.33	1.202

资料来源：《中国统计摘要（2009）》，第 23 页，第 45 页。二氧化碳数据来源于世界银行：世界发展指标数据库，2006，2009；世界银行：《世界发展指标 2009》。

二、绿色革命与绿色发展

二百多年的工业革命在创造巨大物质财富、取得巨大社会进步的同时，早已经急剧地扩大了人与自然之间的差距。直到 1972 年召开斯德哥尔摩会议，人类才对此作出滞后性的回应，首次在全球范围内关注环境问题，但是并没有采取任何有效的全球行动。20 年之后，人与自然之间的差距越来越大，1992 年在里约热内卢召开“联合国环境和发展大会”，通过了以可持续发展为核心理念的《里约环境与发展宣言》。在《二十一世纪议程》之中，人类首次开始共同行动，成为其后 20 年里全球环境保护与发展的重要指导思想和行动议程。2002 年在约翰内斯堡由联合国再次召开关于环境与发展问题的全球高峰会议。不过在人类步入 21 世纪第一个十年之时，我们不禁发现，全球范围内的气候变化、环境污染、生态退化和生物多样性破坏问题不仅没有得到有效遏制，反而日趋恶化。特别是全球气候变化问题，已经成为人类迄今为止面临的规模最大、范围最广、影响最为深远的挑战。这些事实无一不告诉我们，一个前所未有的威胁正在到来，一场前所未有的危机正在到来，人类正处在未来发展的十字路口上，人类要么与自然和谐相处，要么受到自然的惩罚。2012 年 6 月的里约热内卢会议，是决定人类未来发展道路的一次重要机遇。面对挑战，传统的黑色发展道路已经不能适应人类新的危机，对于它的修修补补也难以从根本上扭转危机趋势，时代呼唤人类能够在会议中达成共识，要求世界各国尽快开辟一条绿色发展道路，共同呵护人类唯一的家园。

世界与中国发生的巨大变化都反映了一场伟大的革新正在我们身边悄然崛起，即第四次工业革命——绿色工业革命已经到来。这就需要深刻理解第四次工业革命的基本性质和主要特点。这里从历史的角度考察了四次工业革命的演变过程，采用了张培刚关于工业化的定义，即通过启动国民经济中“一系列基要生产函数组合方式发生连续变化”。① 不同类型工业革命的发生，本质上是由于基要生产函数组合方式的改变。受张培刚的启发，这里将绿色工业革命定义为：一系列基要生产函数，发生从自然要素投入为特征，到以绿色要素投入为特征的跃迁过程，绿色生产函数逐步占据支配地位，并普及至整个社会。这一过程的结果是经济发展逐步和自然要素消耗脱钩。这是与前三次工业革命最大的不同之处，其本质就是要创新绿色发展道路。②

绿色发展是绿色工业革命的必然产物，也是这一革命的旗帜和方向。只有充分地认识绿色工业革命的性质和特点，才能真正理解什么是绿色发展以及怎样成为绿色工业革命的领先者。

历史记录表明，经济增长是循序渐进的。不同的时代有不同的工业革命，及其不同的驱动力。从 18 世纪下半叶开始，世界先后经历了三次工业革命。每一次工业革命都有一套典型的产业形式和具有代表性的产品，特别是典型的能源。进入 21 世纪，由于全球气候变化的重大挑战，使得人类第一次面临新的、更大规模的工业革命，即第四次工业革命（见表 9-4）。

表 9-4　四次工业革命的主要特征

	第一次工业革命	第二次工业革命	第三次工业革命	第四次工业革命
时间	1760—1840 年	1840—1950 年	1950—2000 年	2000—2050 年
主导国	英国	美国、英国、苏联	美国、日本、欧洲、苏联	中国、美国、欧盟、日本
跟随国	美国、法国、德国	德国、法国、日本、澳大利亚、俄罗斯	四小龙、中国、印度	印度、其他发展中国家
主导产业	农业生产力大幅提高，工业迅速发展	工业，通信、交通产业	信息经济兴起，服务业开始占主导	绿色经济兴起
主要技术	蒸汽机、棉纺织品、铁器、瓷器	各种新型产品和消费品	ICT 技术、核能技术	绿色技术、绿色建筑、绿色交通
经济组织	商业公司出现	“大企业”出现，国际经济合作开始紧密	跨国公司及中小企业迅速发展	跨国公司、中小公司、网络企业、虚拟公司

① 张培刚：《农业与工业化：农业国工业化问题初探》，华中工学院出版社 1984 年版，第 70—71 页。
② 胡鞍钢：《中国：创新绿色发展》，中国科学院—清华大学国情研究中心《国情报告》2012 年第 4 期。

续表

	第一次工业革命	第二次工业革命	第三次工业革命	第四次工业革命
主要能源	煤炭	石油、天然气	石油、天然气、核能	非化石能源迅速上升、化石能源消费下降
碳排放	开始增长	持续增长	迅速增长	开始脱钩，甚至下降

说明：前三次工业革命资料整理来源：［美］托马斯·K. 麦克劳：《现代资本主义：三次工业革命中的成功者》，赵文书、肖锁章译，江苏人民出版社 2006 年版。

资料来源：胡鞍钢：《中国历史发展战略与“十二五”规划》，中国科学院—清华大学国情研究中心《国情报告》2011 年第 16 期。

1750 年以来，由西方国家主导的三次工业革命都属于“黑色工业革命”，即经济增长的同时伴随着碳排放相应增长，成为全球气候变化的主要人为因素。与前三次工业革命不同的是，这次绿色工业革命的本质就是要根本改变从 1750 年以来经济发展模式和路线图。实际上进入 21 世纪，世界正在酝酿和准备发动一场前所未有的能源与环境革命（Energy and Environmental Revolution），旨在不久的将来使经济增长与碳排放开始“脱钩”，并在 2020 年达到高峰，而后迅速大幅度下降（见图 9-3）。

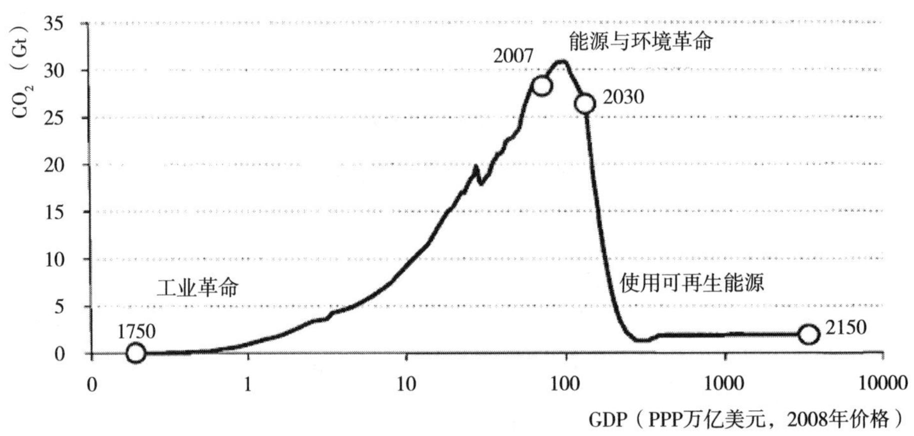

图 9-3　能源相关二氧化碳排放与经济产出之间的联系

资料来源：IEA：*World Energy Outlook* 2009。

第四次工业革命的目的和本质就在于为人类，特别是发展中国家创新出新的发展模式，避免重蹈西方国家 250 年来的传统黑色发展模式，实现“450ppm 情景方案”目标。为此，中国经济发展方式的转变将对此起到根本性的巨大影响。

从工业革命的历史角度看，中国在第一次和第二次革命中都是边缘化者，这是中国落伍的根本原因；中国在第三次革命中主动对外开放，才成为追随者，成为世界最大的 ICT 技术的生产国、消费国和出口国。进入 21 世纪，中国所面临的最重要战略机遇就是成为这场绿色革命的参与者、创新者和领导者，实施绿色创新行动，实行绿色发展战略，实现绿色现代化目标。

三、绿色发展规划

我们在分析“九五”计划、“十五”计划、“十一五”规划时发现，关于人口和资源环境的指标，在“九五”时期只占整个定量指标的 11.8%，“十五”时期提高到 20%，“十一五”提高到 31%，8 个指标中有 5 个是约束性指标，可以说这越来越体现生态安全和环境保护是国家核心利益，更是国家最重要的发展目标。①

以往传统的增长模式已达到了极限，也形成了极大环境成本、生态成本、气候变化成本。从“九五”党中央提出转变经济增长方式到“十五”又到“十一五”，已经有十五年的持续时间，我们还可以进一步通过“十二五”“十三五”再来十年的时间持续的转型，也包括能源战略的转型，来确保中国的能源安全和生态安全。因此，如何遏制化石能源特别是煤炭大幅度增长的问题，显得尤为突出。据天则研究所以定量计算，2007 年中国使用煤炭造成的直接外部损失约 1.79 万亿元，相当于当年 GDP 的 7.3%。虽然计算上大家有一些争议，但是从 1990 年以来中国累积燃烧了 300 亿吨煤炭，累计下来的外部成本是非常明显的。

事实上，在 21 世纪的第一个十年中，中国已经率先开始将绿色发展的创意、理论和意识转化为国家发展规划、行动纲领和社会实践。在 2003 年，党中央提出科学发展观思想，将人与自然和谐发展中国作为最重要目标之一，这是“天人合一”的现代版。在“十一五”规划期间，中国开始加速经济发展方式转型，“十一五”规划所规定的约束性绿色发展指标全部完成，较之“十五”计划有了明显的成效。“十二五”规划的第六篇，就是以“绿色发展建设资源节约型、环境友好型社会”为主题，还分六章进行专门规划设计。在中国，绿色发展已经不仅是学者的理念、理论家的理论和政治家的口号，已经成为绿色发展国家战略，绿色发展宏伟蓝图，绿色发展实施行动，中国拉开了第四次绿色工业革命的序幕。环顾整个世界，在 230 多的国家和地区中，这也是独一无二的，成为 21 世纪上半叶中国新长征——绿色现代化的历史起点和重要标志。②

“十二五”规划首次以“绿色发展”为主题，再次专篇论述“建设资源节约型、环境友好型社会”，明确提出：面对日趋强化的资源环境约束，必须增强危机意识，树立绿色、低碳发展理念，以节能减排为重点，健全激励与约束机制，加快构建资源节约、环境友好的生产方式和消费模式，增强可持续发展能力，提高生态文明水平。绿色发展

① 胡鞍钢：《全球背景下的中国能源挑战与战略》，中国科学院—清华大学国情研究中心《国情报告》2009 年第 14 期。

② 胡鞍钢：《中国：创新绿色发展》，中国科学院—清华大学国情研究中心《国情报告》2012 年第 4 期。

战略也形成了六大支柱，为此规划分为六章进行专门论述：积极应对全球气候变化；加强资源节约和管理；大力发展循环经济；加大环境保护力量；促进生态保护和修复；加强水利和防灾减灾体系建设。

“十二五”规划更加凸显了绿色发展指标。绿色指标的比重大幅度上升，不包括人口指标，资源环境指标由“十一五”规划的 7 个提高到“十二五”规划的 8 个，占总数比重由 27.2%提高至 33.3%。其中，资源环境指标三个，还有五个间接绿色指标，包括产业结构从工业为主转向服务业为主，如服务业增加值占 GDP 比重提高 4 个百分点，以及 4 个教育科技指标，这些指标都会促进绿色发展。

“十二五”明确提出中国积极应对全球气候变化的主要目标。制定了到 2015 年减少单位 GDP 二氧化碳排放减少量、增加非化石能源消费比重的直接相对减排的量化指标，以及增加森林覆盖率、林木蓄积量、新增森林面积的直接增强固碳能力的量化指标。充分反映了中国特色的控制温室气体排放、增强适应气候变化能力的特点。

“十二五”规划明确了绿色发展的激励约束机制。首次将深化资源型产品价格和环保收费改革作为五年规划改革攻坚的方向。要求强化节能减排目标责任考核，合理控制能源消费总量，把绿色发展贯穿经济活动的各个环节。

“十二五”规划首次提出实行“生态安全”战略。对限制开发区、禁止开发区实施严格的生态保护，保障生态安全，明确国家生态屏障布局，实施专项生态修复工程，呵护 960 万平方公里国土的生态环境，为中华民族子孙后代留下美好的绿色家园。

总之，“十二五”规划成为真正意义上的“绿色发展规划”，这标志着中国进入“绿色发展时代”，也是中国发动和参与世界绿色革命的重大历史起点，更是中国积极应对全球气候变化的具体行动方案。这将在世界范围内产生积极深远的影响。①

四、绿色现代化

中国的现代化道路是一条创新之路，它将不同于从 1750 年英国工业革命以来经济增长与温室气体排放共同增长的传统发展模式②，而是在 21 世纪上半叶创新一种经济增长与温室气体排放同期下降乃至脱钩的绿色发展模式。

中国绿色现代化可以分“三步走”③：

---

① 胡鞍钢：《中国历史发展战略与“十二五”规划》，中国科学院—清华大学国情研究中心《国情报告》2011 年第 16 期。

② IEA 报告指出，1750—2007 年全球 GDP 美元值与碳排放均呈增长趋势。IEA，*The Impact of the Financial and Economic Crisis on Global Energy Investment*，May，2009.

③ 参见胡鞍钢：《2030 中国》，中国科学院—清华大学国情研究中心《国情报告》2012 年专刊 1。

第一步（2006—2020年）：为减缓二氧化碳排放、适应气候变化阶段。到2020年左右，二氧化碳排放量到达顶峰。① 据IEA数据，1990年中国能源相关的二氧化碳排放量为22.44亿吨，2006年达到56.84亿吨。力争到2020年控制在80亿吨左右（即使如此，中国也占世界总量的20%左右）。这就要求在“十二五”期间（2011—2015年）大大减少排放量速度；在“十三五”时期（2016—2020年），排放量趋于稳定且达到高峰。到那时，中国农业占GDP比重只有8%左右，工业比重下降至38%左右，服务业比重提高至47%左右；城市人口比重在57%；可再生能源比重接近或达到20%，煤炭消费比例降至60%以下，清洁煤技术利用率较高；森林覆盖率23%；本国居民国家发明专利申请量居世界第三名；中国GDP居世界第二位，GDP（PPP）居世界第一位。②

第二步（2020—2030年）：进入二氧化碳减排阶段，到2030年二氧化碳排放量大幅度下降，力争达到2005年水平。③ 到那时，中国农业占GDP比重只有5%左右，工业比重只有30%左右，服务业比重占60%左右；城市人口比重在65%；可再生能源比重超过25%，煤炭消费比例降至45%—50%，清洁利用率很高；森林覆盖率24%；本国居民国家发明专利申请量居世界第二名；中国GDP居世界第一位，GDP（PPP）居世界第一位。

第三步（2030—2050年）：到2050年二氧化碳排放量继续大幅度下降，与世界同步，达到1990年水平的一半。④ 到那时，中国农业比重只有2%—3%，工业比重下降至不足20%，服务业比重接近80%；城市人口比重在78%以上；可再生能源比重超过55%，煤炭消费比例降至25%—30%，全部清洁利用；森林覆盖率26%；本国居民国家发明专利申请量居世界第一名；基本实现绿色现代化，达到发达国家水平，真正对人类发展作出绿色贡献。⑤

2030年中国将进入全面生态盈余期。一是经济增长与能源消耗、煤炭消耗、二氧化碳排放、水资源消耗脱钩、污染物排放脱钩。二是人类反哺自然，环境质量改善，森林、草地、湿地等生态资产大幅度上升。这也意味着，中国古代“天人合一”的理念得到真正的实现，人类的发展不以掠夺自然为代价，人与自然共生共荣，这不但对中国

---

① 据IEA估计，OECD国家在2015年达到温室气体排放量高峰，随后开始下降（IEA，2007）。

② 这也表明，实行减排目标并没有影响中国实现2020年全面建成小康社会的总体目标，中国不仅经济总量居世界首位，而且人类发展指数达到了世界高水平组。

③ 根据国际能源署（IEA）数据，1990年中国二氧化碳排放量22亿吨，2005年增加至52亿吨（IEA，2007）。

④ IPCC（2007）报告认为，到2050年使大气中温室气体浓度长期稳定在445—490ppm水平，就要使全球温室气体排放量比1990年减少一半。

⑤ 1987年4月26日上午，邓小平会见捷克斯洛伐克总理卢博米尔·什特劳加尔时指出，到21世纪中叶，我们可以达到中等发达国家的水平。如果达到这一步，第一，是完成了一项非常艰巨的、很不容易的任务；第二，是真正对人类作出了贡献；第三，就更加能够体现社会主义制度的优越性。中共中央文献研究室编：《邓小平年谱（1975—1997）》下，中央文献出版社2004年版，第1182页。

未来发展有重大意义，同时也将是对人类文明作出最大的贡献，即绿色贡献。①

第三节　开发性金融与绿色投资

一、绿色增长引擎

绿色低碳经济涉及电力、交通、建筑、冶金、化工、石化等部门，以及在可再生及新能源、煤的清洁高效利用、油气资源和煤层气的勘探开发、二氧化碳捕获与埋存等领域的有效控制温室气体排放的新技术。如果相关技术及产品在政府的引导下得到广泛应用，在投资的推动下，全球将形成一个数十万亿美元规模的实体经济新产业，不仅能带动世界经济走出困境，还将成为新一轮增长周期的领头羊。而一旦技术上取得重大突破，新绿色产业很有可能像20世纪的信息技术产业一样迅猛发展，成为世界经济增长点。

其实，一些发达国家已经通过“绿色新政”，把开发新能源、发展绿色经济作为此次全球金融危机后重新振兴本国经济的主要动力和新的增长极。如经过几年的不断推进，目前，绿色经济产业是英国衰退期几个为数不多的经济增长领域，其增长率超过4%。绿色行业将创造40万个工作岗位，而且这一数字还将不断上升，到2020年，将有120万人从事绿色工作岗位。此外，从长远来看绿色经济还能提升未来英国国家和企业的核心竞争力。德国近年来可再生产业快速发展，可再生能源占德国全部能源消耗的比例已经超过15%，已成为新的经济增长点。目前该行业就业人数约为28万人，2008年可再生能源在德国的销售额达到290亿欧元。德国环境部部长加布里尔指出，德国经济如果能完成生态变革，那么到2020年就可新增100万个就业岗位。法国政府预计新可再生能源计划的实施，能够在2020年之前为法国创造20万到30万个就业岗位。美国也是把以开发新能源、发展绿色经济作为此次全球金融危机后重新振兴美国经济的主要动力，其总额达到7870亿美元的《美国复苏与再投资法案》，将发展新能源作为主攻领域之一，其短期目标就是促进就业、拉动经济复苏，并计划在10年内每年投资150亿美元，将创造500万个新、节能和清洁生产就业岗位，最终为美国经济打造一个“岩上之屋”。日本的《绿色经济与社会变革》的政策草案，也将使日本环境领域的市场规模从2006年的70万亿日元增加到2020年的120万亿日元，相关就业岗位也将大

① 胡鞍钢：《中国应当对人类作出更大的绿色贡献》，中国科学院—清华大学国情研究中心《国情报告》2008年第32期。

大增加。韩国按照“低碳绿色增进”经济振兴战略到2013年将进行107万亿韩元的“绿色投资”，将建造156万至181万个就业岗位，用以拉动国内经济，并为韩国未来的发展提供新的增长动力。

根据有关专家预测，到2030年，全球“绿色经济”各行业中，仅可再生能源行业新增的就业机会，就将达到2000万个。总之，绿色经济已成为各国应对金融危机，进而推动各国及全球经济增长的新引擎。

二、绿色开发性金融

（一）绿色金融

根据《国家环境保护“十二五”规划》和环保部举措（“十二五”期间全国环保类总投资3.4万亿，其中八项重点工程1.5亿元，实际执行总量将超过5万亿）、水污染防治行动计划（2014年新发，总投资计划2万亿）、大气污染防治行动计划（2014年新发，总投资计划1.7万亿）、铁路总公司年报（2014年铁路固定投资目标8000亿，2013年完成量6638亿元）、Renewable Energy Policy Network（2013年，中国在风能、太阳能和其他可再生能源项目的投资总额为563亿美元，约3500亿人民币，尚不包括天然气）、Bloomberg（2012年中国可再生能源投资677亿美元，合4200亿人民币，不包括天然气）等提供的数据，估计在今后五年中，中国在环保、节能、清洁能源和清洁交通领域的年均投资需求分别应至少达到人民币8000亿、2000亿、5000亿、5000亿元左右，年均总量至少达2万亿元。也就是说，中国在绿色产业上每年需投入约3%的GDP。庞大的绿色投资离不开绿色金融的支撑。

绿色金融包括绿色贷款、绿色私募股权和风险投资基金、绿色ETF、共同基金、绿色债券、绿色银行、绿色保险等。

1. 绿色贷款

绿色贷款政策，通常是指银行用较优惠的利率和其他条件来支持有环保效益的项目，或者限制有负面环境效应的项目。绿色贷款包括针对个人的房屋贷款、汽车贷款、绿色信用卡业务，以及面向企业的项目融资、建筑贷款和设备租赁等。

企业贷款方面，赤道原则（the Equator Principles）是目前全球流行的自愿性绿色信贷原则。根据赤道原则，如果贷款企业不符合赤道原则中的社会和环境标准，银行将拒绝提供融资。赤道原则的意义在于第一次将项目融资中模糊的环境和社会标准数量化、明确化和具体化。截至2013年，接受“赤道原则”的金融机构已达78家，分布于全球35个国家或地区，项目融资总额占全球项目融资市场总份额的86%以上。

中国目前已有一些鼓励绿色信贷的规定和政策意见（如《关于落实环境保护政策

法规防范信贷风险的意见》《节能减排授信工作指导意见》以及《绿色信贷指引》)。这些绿色信贷政策旨在限制“高污染、高能耗”企业的贷款，却较少涉及为环保行业或环境友好型企业提供贷款等促进类措施。在推广“赤道原则”方面，环保部编译出版了《促进绿色信贷的国际经验：赤道原则及IFC绩效标准与指南》，但赤道原则尚未在中国商业银行中广泛普及，目前仅有兴业银行成为“赤道原则”的成员机构。

2. 绿色私募股权和风险投资基金

目前国际上大规模绿色直接投资的主导方是国际知名的金融集团，同时也有一些专业投资者参与。1999年，世界资源所（World Resources Institute）发起“新风险投资(New ventures)项目，并得到花旗集团的资金支持。该项目专注于投资新兴市场经济体环境行业中的中小企业。1999—2012年，该项目共帮助367个“产生明显环境效益”的中小企业获得风险投资3.7亿美元，累计减排二氧化碳330万吨、保护耕地450万公顷、节水净水57亿升。气候变化资本集团（Climate Change Capital）从事全方位的绿色产业投融资业务，其私募股权部门只投资于500万至2000万欧元规模的公司，行业集中于清洁能源、绿色交通、能源效率、垃圾处理和水务。其他国际上专门开展绿色私募/风投的公司还有Environmental Capital Partners等数十家。

根据清科研究的数据计算，2007—2013年上半年，中国的VC/PE总共进行了694笔清洁能源领域的投资，总额达82亿美元，且有多家公司成功在国内外上市。值得注意的是，近两年投资于清洁能源的项目有所减少，表明中国清洁技术行业发展中存在几个问题：一是政策支持力度不足，绿色产业项目回报率偏低，资金回收周期较长；二是国内市场化仍不够充分，基础配套不全（如风电、太阳能上网困难等），部分产品较多依赖出口，需求波动性较大；三是投资者和消费者尚未形成对清洁技术和产品的良好认知与社会责任感。

3. 绿色ETF、共同基金

国外金融市场上已有相当数量具备较好流动性的绿色金融产品，其中以ETF指数和基金类产品为主，也包括碳排放权类的衍生品等。这些产品吸引了包括个人在内的广泛投资者。

目前国际上的绿色指数主要包括：标准普尔全球清洁能源指数（包含全球30个主要清洁能源公司股票），纳斯达克美国清洁指数（跟踪50余家美国清洁能源上市公司)、FTSE日本绿色35指数（环保相关业务的日本企业）。这些指数都催生了跟踪该指数的相应投资基金。此外，特色指数和基金还包括：德意志银行x-trackers标普美国碳减排基金、巴克莱银行的“全球碳指数基金”等。中国在这方面起步较晚，目前在A股市场有部分基金产品（如A股富国低碳环保基金、中海环保新能源基金等），但规模相对较小且投资标的并未严格限定在环保行业。

4. 绿色债券

绿色债券是国际金融组织和政府支持金融机构发行的债券。由于发行者的信用级别较高，能享受政府担保或免税，可以较低利率融资以支持绿色项目。目前，国际上已发行绿色债券的机构包括：世界银行、亚洲开发银行、英国绿色投资银行、韩国进出口银行等。绿色债券的承销商通常是国际投资银行，投资者则包括大型机构投资者和部分高净值个人投资者。绿色债券的平均期限为5—6年。自2007年以来，全球发行的绿色债券总市值超过50亿美元，其中世界银行约占50%。

绿色债券能够吸引投资者的原因主要是：第一，绿色题材和社会价值；第二，较短的期限和较高的流动性。绿色债券的期限一般为3至7年，且具有较好的二级市场流动性；第三，部分绿色债券免税，具有良好的投资回报；第四，较低的风险。通过投资绿色债券，投资者避免了对单个环保项目的投资风险，且发行机构本身也会对所投资项目进行严格筛选。

5. 绿色银行

英国绿色投资银行是英国政府全资拥有的政策性银行。政府出资30亿英镑作为银行资本并拥有一个董事席位，但银行独立于政府运营。绿色投资银行的作用是解决英国绿色基础设施项目融资中的市场失灵问题。英国政府希望通过调动私人投资加快向绿色经济的转型。根据《英国绿色投资银行》年报，绿色投资银行每投资1英镑可撬动近3英镑的私人资金。

英国绿色投资银行按三个准则评估项目：稳健性、杠杆效应、绿色效应。投资重点是具有较强商业性的绿色基础设施项目。至少有80%的投资将针对海上风电、废物回收、废物再生能源和非住宅能效等领域。该银行可通过股票、债券和担保等方式进行投资，但不提供软贷款、风险投资或补贴。

6. 绿色保险

绿色保险又叫生态保险，是在市场经济条件下进行环境风险管理的一种手段。一般来说，环境责任保险以被保险人因污染水、土地或空气，依法应承担的赔偿责任作为保险对象。生态保险的意义在于：如果没有保险，许多企业在发生意外的污染事件之后将无力提供赔偿和修复环境，而且对某些行业采取强制保险能将环境成本内化，减少环境风险过大的投资行为。

欧盟始终坚持以立法形式强调“污染者付费”原则，并于2004年发布《欧盟环境责任指令》（Environmental Directives of European Union）强调污染责任，相关保险业务在欧洲发展较快。德国政府于1990年通过《环境责任法案》（Environmental Liability

Act)，强制10大类96个小类行业（主要包括热电、采矿和石油等行业）必须参保。英国保险业协会也组织全国保险公司推出类似保险，一旦污染发生，赔付内容不仅包括清理污染成本，还包括罚金、不动产价值损失、全部相关法律费用和医疗费用等。

中国2007年开始试点环境污染责任保险。2013年1月，环保部和中国保监会联合发文，指导15个试点省份在重金属和石油化工等高环境风险行业推行环境污染强制责任保险，首次提出了“强制”概念，但现阶段仍属指导性意见而无法律效力。①

（二）开发性金融对绿色发展的促进作用

上述绿色金融各有特色，在绿色低碳产业发展中发挥着不同作用。在绿色低碳产业开发初期，开发性金融的作用尤为重要。这是因为：第一，因为当前的资源价格还没充分体现所造成的自然成本在内，所以绿色低碳产品在价格上没有竞争优势，对商业性金融的吸引力不大。对此，党的十八届三中全会《中共中央关于全面深化改革若干重大问题的决定》已提出，“加快自然资源及其产品价格改革，全面反映市场供求、资源稀缺程度、生态环境损害成本和修复效益”。但需要一个过程，在此过程中需要开发性金融的孵化。第二，绿色低碳产业相关基础设施的配套支撑不到位，如智能电网、电动车充电站、LNG加气站等。也就是说开发性金融需要从对传统基础设施建设的支撑和拓展来加强对绿色基础设施建设的支撑。第三，绿色消费的习惯、认知和责任感需要一个培养过程。第四，大多数新兴绿色低碳产业项目在开发初期，信用状况无法达到商业性金融的融资标准，这就需要通过开发性金融的组织增信来承担低碳项目的融资风险。开发性金融的前期支持，提升了企业信用状况，从而为商业性融资创造了条件。

中国发展绿色经济面临巨额的资金需求，绿色发展面临投入不足的制约，绿色信贷在商业银行资产占比仅为1%左右，资金缺口高达20倍，仅靠政府资金或者民间资本根本无法解决，而开发性金融由于自身的巨大融资优势，具备了这种聚集各种社会资本、实现资源优化配置的功能，所以开发性金融成为实现绿色经济发展的重要的推动力和杠杆。

近几年来，开发性金融在绿色发展方面迈出了重要的步伐，大力推进绿色信贷和绿色金融，为中国绿色经济发展作出了重要贡献。2007年开发性金融节能减排和环保贷款余额890亿元，2008年833亿元，2009年1751亿元，2010年2320亿元，2011年6583亿元，年均增长64.91%。开发性金融在支持低碳发展方面进行了具体的尝试，其中包括印发了相关节能减排支持项目政策，提供绿色贷款、提供低碳咨询服务、支持污水处理、水环境综合整治等重点领域建设、推动低碳城市建设等。

---

① 马骏、施娱、姚斌：《绿色金融政策及在中国的应用》，《中国人民银行工作论文》2014年第7期。

第十章

开发性金融对知识信息化与科学创新的影响关系

第一节　国家可持续发展与创新

一、国家可持续发展的创新核心因素

国家可持续发展的核心问题在于能否创新，能否持续地创新。国家不可持续发展的根源在于不能创新，压抑创新。这必将使其在面临冲突和竞争的过程中走向衰退。不断创新是一个国家迅速发展、迅速崛起、迅速强大的根本动因。

1978 年改革开放以来，中国进入一个大规模创新、集体创新、加速创新、不断创新的时代，开拓了“中国之路”（西方学者称之为“北京共识”① ）。在 1982 年党的十二大会议上，邓小平提出“中国式的现代化之路”即“中国特色的社会主义现代化”②，既不照搬苏联式的社会主义模式，也不照搬西方式的资本主义模式，尽管那个时候要求学习西方、借鉴西方。他提出的是一个不同于西方的、有中国特色的发展道路，也不同于其他所谓非西方国家（如印度）的道路。从那时迄今，中国在这一思路的指引下，创造出了大国迅速崛起的世界奇迹。

中国进入 21 世纪，就意味着进入大规模创新的时代、加速创新的时代、全面创新的时代。全面创新就是创新发展模式，走自己的发展道路。全面创新包括：制度创新，建立旨在激励人们创造各种财富、各种知识、各种发明和各种文化的制度体系；市场创新，旨在充分利用中国巨大国内市场的特有优势，激活市场活力，提高市场效率；技术

---

① Joshua Cooper Ramo, *The Beijing Consensus*, 2004. 英国外交政策研究中心“中国与全球化”研究项目。

② 邓小平：《中国共产党第十二次全国代表大会开幕词》，1982 年 9 月 1 日，《邓小平文选》第三卷，人民出版社 1993 年版，第 1—4 页。

创新，旨在鼓励自主技术创新、引进消化基础上的再创新、集成各种技术的创新、原始性和基础性创新；观念创新，旨在充分利用“解放思想，实事求是”的观念资源，提倡新思想、新主意、新观点和新理念，鼓励百花齐放、百家争鸣，充分利用各种媒体媒介和传播手段，广泛传播新思想、新主意、新观点和新理念。

需要指出，除印度之外，其他国家的崛起都不过是几千万人的崛起，即便是日本也只是一亿左右人口的崛起，而中国的崛起却是十几亿人的崛起。一旦中国全面创新，无论是技术创新，还是制度创新，还是观念创新，就会产生出我们所说的巨国规模效应。所以，中国就会出现和其他国家不同的崛起的方式、崛起模式、崛起影响、崛起效应，这就是中国可持续发展最重要的动力。

二、新常态下经济持续快速发展取决于全要素生产率（TFP）的提高

2014 年 11 月 9 日，习近平总书记在亚太经合组织工商领导人峰会上发表题为《谋求持久发展　共筑亚太梦想》的主旨演讲，系统阐述“新常态”，指出“中国经济呈现出新常态，有几个主要特点。一是从高速增长转为中高速增长。二是经济结构不断优化升级，第三产业、消费需求逐步成为主体，城乡区域差距逐步缩小，居民收入占比上升，发展成果惠及更广大民众。三是从要素驱动、投资驱动转向创新驱动。新常态将给中国带来新的发展机遇”。新常态下从要素驱动、投资驱动转向创新驱动，这表明经济持续快速增长取决于全要素生产率（TFP）的提高。

根据傅勇等①对 1978—2006 年 TFP 的测算，得出以下一些结论：（1）TFP 的平均增长率接近 3%，对整体经济增长率贡献率接近三成（见图 10-5）。1978—2006 年 TFP 平均年增长达 2.9%，对同期经济增长的贡献度达 27.08%。（2）TFP 增长率波动呈现收敛态势，显示出更强的可持续性。与 20 世纪 80 年代相比，20 世纪 90 年代以后的 TFP 变动较为平稳。1978—1990 年 TFP 增长率的标准差为 2.43，明显高于 1991—2000 年的 1.69，而 1995—2006 年仅为 0.59。（3）TFP 增长率未有明显下滑。20 世纪 90 年代的 TFP 平均增长率明显快于 20 世纪 80 年代，由 2.1%上升到 3.8%，提高了 1.7 个百分点之多。其中，在 20 世纪 90 年代的前 5 年里，TFP 平均增长率达到了 29 年中的峰值，即 5.2%，对经济增长的平均贡献率达 34.5%。新千年之后的 TFP 平均增长率为 3.3%，仍高于改革开放以来的平均增速。（4）改革进程和重大事件对 TFP 影响巨大。1978—1984 年 TFP 出现了一个举足轻重的增长期，从 1979 年增长 0.4%提升到 1984 年增长 7.9%，对经济增长率的贡献度也在同期由 5%，迅速提升到 50%。这个成就应该

① 傅勇、白龙：《中国改革开放以来的全要素生产力变动及其分解（1978—2006 年）》，《金融研究》2009 年第 7 期。

主要归功于改革开放的启动和经济制度的变革，它们有力地推动了经济增长向潜在水平靠近。改革重心转到城市后，进展并不像农业改革那样顺利，同时通胀周期也开始活跃起来，导致了 TFP 增长率的快速回落。TFP 增长在 1987—1988 年有所恢复后，1989 年的特殊时期使得 TFP 增长重陷停滞。1992 年开始第二轮改革开放显著地提升了 TFP 增长率，但其后出现了一个下降周期，尤其是 1995 年开始的 TFP 增长乏力在学界引起了广泛关注，此时出现了一个明显的“资本深化”过程（参见张军，2002）。不过，进入新千年，TFP 增长开始企稳。

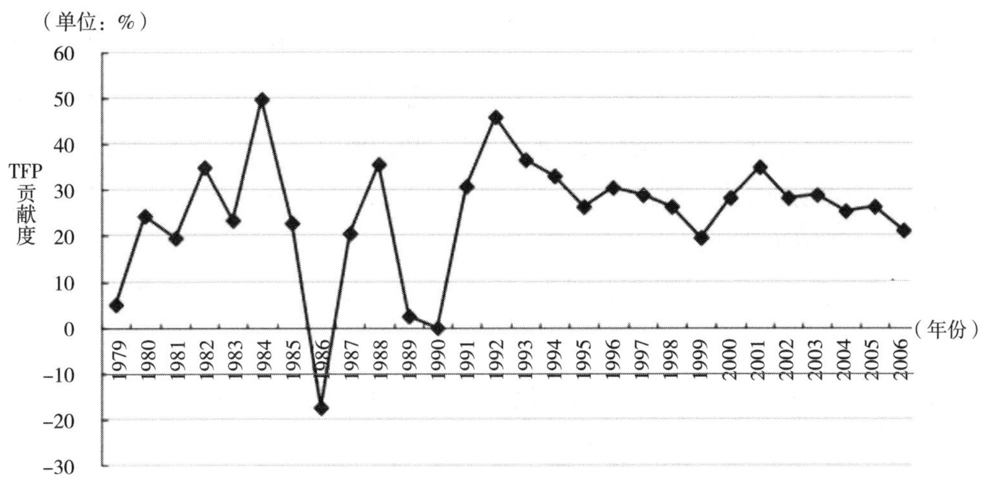

图 10-1 中国 TFP 对经济增长的贡献度（1979—2006 年）

傅勇这一研究结论和世界银行的路易斯·库伊斯（Louis Kuijs）的研究结果相近，他指出，1978—1994 年，中国 TFP 提高 3%；1994—2009 年，TFP 提高 2.7%。类似地，德怀特·珀金斯（Dwight Perkins）和汤姆·罗斯基（Tom Rawski）发现，1978—2005 年，中国 TFP 增长率为 3.8%，贡献了 40.1%的 GDP 增长。中国经济的 TFP 表现令人印象深刻。事实上，日本的 TFP 增长率即使在经济高峰期也从未达到过如此高的水平。甚至在东亚经济体中 TFP 表现最为出色的香港在 1960—1990 年的平均年 TFP 增长率也只有 2.4%。而且，中国的 TFP 贡献了达 40%的 GDP 增长，而东亚“四小龙”（中国香港、新加坡、韩国和中国台湾）的这一比例估计只有 20%—30%。至于苏联，即使在最佳年份，TFP 也只贡献了 GDP 增长的 10%左右。

中国的 TFP 对 GDP 增长的贡献尽管远高于其他所谓的“粗放型”经济体，但仍低于集约型的美国经济。美国经济的这一比例超过 80%。当然，这是因为美国的年增长率平均只有 2%—3%。对两位数 GDP 年增长率的中国而言，80%这一比例几乎是不可能完成的任务。随着中国经济从高速增长转为中高速增长的新常态，TFP 对 GDP 增长的贡献应达到 50%以上，并不断接近美国 80%的水平，应是今后中国 TFP 所应有的贡献和任务。

第二节　开发性金融对知识信息化与科学创新的影响关系

一、中国自主创新和知识信息化

（一）中国自主创新

20 世纪 90 年代中期，中国政府提出的科教兴国战略极大地促进了中国科技创新发展。进入 21 世纪，中国不仅保持了持续的经济高速增长，也出现了前所未有的科技创新成果爆发式增长，占世界比重和位次不断提升。中国成为自主创新强国，表现在科学创新能力、技术创新能力、科技人力资本、科技投入能力、科技市场能力大幅提高，整体科技实力有望成为世界第一。

中国的科技论文产出数量自 20 世纪 90 年代中期开始直线激增。根据汤姆森·路透公司发布的全球研究报告（Global Research Report），中国的科学论文数从 1981 年 1745 篇增加到 2009 年的 127075 篇，占全世界总量比重由 0.4%上升到 10.9%，成为继美国之后的第二大科学论文产出国。根据目前的趋势，中国将有希望在十年内超过欧盟，成为世界第一大科学论文产出体，① 到 2030 年，中国发表的科学论文占世界总量的比重将达到 25%，超过欧盟 27 国的 24%。这表明，中国作为世界科学技术知识的主要创新者和生产者的地位日益巩固（见表 10-1）。

表 10-1　五大经济体科学论文占全世界比重（1980—2030 年）　（单位:%）

国家＼年份	1980	1990	2000	2009	2020	2030
中　国	0. 2	1. 3	3. 7	10. 9	18. 0	25. 0
美　国	39. 7	34. 9	28. 6	29. 0	24. 0	20. 0
欧　盟	32. 2	29. 6	34. 2	36. 5	30. 0	24. 0
日　本	7. 2	7. 6	9. 6	6. 7	5. 0	4. 0
俄罗斯	5. 7	6. 2	3. 3	2. 6	2. 0	2. 0

资料来源：Thomas Reuters，*Web of Science*；Jonathan Adams，Christopher King，Nobuko Miyairi and David Pendlebury (2010)，*Global Research Report*：*Japan*. Thomson Reuters Global Research Report Series；2020 和 2030 年数据系胡鞍钢教授估算。

① Jonathan Adams、David Pendlebury，*Global Research Report*：*United States*. Thomson Reuters Global Research Report Series，2010.

从科学论文的质量来看，据中国科学技术信息研究所发布消息（《中国科技论文统计结果（2014）》），中国国际论文被引用次数排名世界第4位，提前完成了《国家十二五科学和技术发展规划》所规定的到2015年“国际科技论文被引用次数进入世界前5位”的目标。

在专利申请量方面，中国已成为世界第一大国。世界知识产权组织（WIPO）在日内瓦发布的《2014世界知识产权指数》报告显示，全球专利年申请量2013年继续强劲增长，这主要得益于中国两位数的增长势头。在全世界近257万件专利申请中，中国提交了82万多件，占全球总量的32.1%；美国57万多件，占22.3%；日本约32.8万件，占12.8%。从战略上讲，中国已经开始从“中国制造”向“中国创造”转型，从制造业向知识密集型产业过渡。从专利申请类别来看，计算机技术比例最高，占总量的7.6%，其后是电气机械、测量、数字通信和医疗技术。从国家来看，瑞士主要提交药品领域的专利申请，俄罗斯大多数是食品化学领域的专利申请，法国和德国主要是与运输相关的专利申请，而中国、韩国、美国和英国主要集中在计算机技术领域。

继2012年中国R&D经费总量突破万亿元大关后，2013年，中国R&D占GDP比重首次突破2%，为2.08%，表明中国科技实力不断增强，与美日等发达国家的差距进一步缩小。但与科学论文和专利申请量两个科技创新产出指标相比，科技投入占世界总量水平仍相对较低。

（二）中国知识信息化

进入21世纪，以大数据、云计算等为代表的全球信息化浪潮迈向新的阶段。信息化基础设施是推动国家信息化的基本条件，如同铁路、公路和电网等基础设施在前两次工业革命中发展的巨大作用一样，信息化基础设施成为生产和生活中不可或缺的基础条件。中国作为信息化浪潮的后来者，通过引进和利用国外信息化技术，迅速提高自身的信息化水平，并通过对信息化技术的吸收和再创新，迅速成为信息化技术的生产国和出口国，使中国在全球信息化浪潮中完成追赶，并实现超越，从信息化的学习者，逐步成为信息化的领导者。

20世纪80年代，中国只是信息化边缘化国家，到90年代中国积极采用和参与信息化，当时中国主要ICT用户指标与美国的相对差距相当大，例如移动电话用户数，1990年美国是中国的288.4倍，互联网用户数是中国的1515倍。进入21世纪以来，中国与美国的信息用户差距迅速缩小，不仅实现了快速追赶，还实现了大幅度超越美国用户，已经快速成长为全球信息化技术的潜在领导国。

截至2014年6月，中国网民规模达6.32亿，互联网普及率为46.9%，其中，手机网民规模达5.27亿，在网民上网设备中，手机使用率达83.4%，首次超越传统PC整体使用率（80.9%），手机作为第一大上网终端设备的地位更加巩固。

世界第一大规模互联网用户是知识信息化的坚实基础，在此基础上所积累的大数据以及对其进行挖掘形成价值巨大的互联网产业。截至2014年6月，中国搜索引擎用户规模达5.07亿，使用率为80.3%，其中手机搜索用户数达4.06亿，使用率达到77.0%；网络购物用户规模达到3.32亿，使用率为52.5%，其中手机购物在移动商务市场发展迅速，用户规模达到2.05亿，手机购物的使用比例为38.9%；使用网上支付的用户规模达到2.92亿，使用比例为46.2%，其中手机支付增长迅速，用户规模达到2.05亿，使用比例为38.9%；即时通信网民规模达5.64亿，即时通信使用率为89.3%，其中手机即时通信网民数为4.59亿，手机即时通信使用率为87.1%。随着手机即时通信产品将整个生态链条打通，游戏、电子商务、O2O等服务都将通过即时通信入口到达用户。

进入2014年，互联网金融爆发出强劲成长力，P2P网贷从业企业规模超过千家，尤其互联网理财产品，发展仅数月间销售达到万亿规模，互联网理财产品用户规模为6383万，使用率为10.1%。

二、智慧经济的兴起与开发性金融的支撑

随着创新要素、人力资源、自然资源在经济社会发展中日益占主导地位，资本的概念逐渐从金钱、物质拓展向人力资本、自然资本、知识资本。对中国而言，未来经济能否持续高速增长关键是能否提高全要素生产率（TFP），而TFP的提高则取决于知本在其中的主导作用。知本的主导作用必将驱动智慧经济的兴起。

智慧经济在中国已悄悄兴起，逐渐成为占主导地位的经济形态。智慧经济以知本作为战略性资产，以投知作为投资方式，以创新作为驱动力，以产学研战略联盟作为纽带，以智库作为核心，以大数据、云计算、物联网等为支撑技术，以孵化作为创新和可持续发展的不绝动力，以信息知识消费作为消费模式（见图10-2）。

智慧经济是中国经济新常态的重要内容之一，因仍处于新兴状态，所以需要开发性金融的推动。金融一般可分为需求带动型和供给引导型，对于新兴产业，由于还没形成有效需求，所以供给引导型金融更适合，而开发性金融正是供给引导型金融。与需求推动型金融发展政策不同，供给引导型金融不是在经济产生了对金融服务的要求以后再考虑金融发展，而是在需求产生以前就超前提供金融支撑，即金融可以主动和相对先行。尤其对作为后发国家的中国，在工业化初期和中期金融体系不够完善，新兴产业急需大量的长期资金，然而市场发育落后，只靠市场配置资金来培育新兴产业，时间成本太

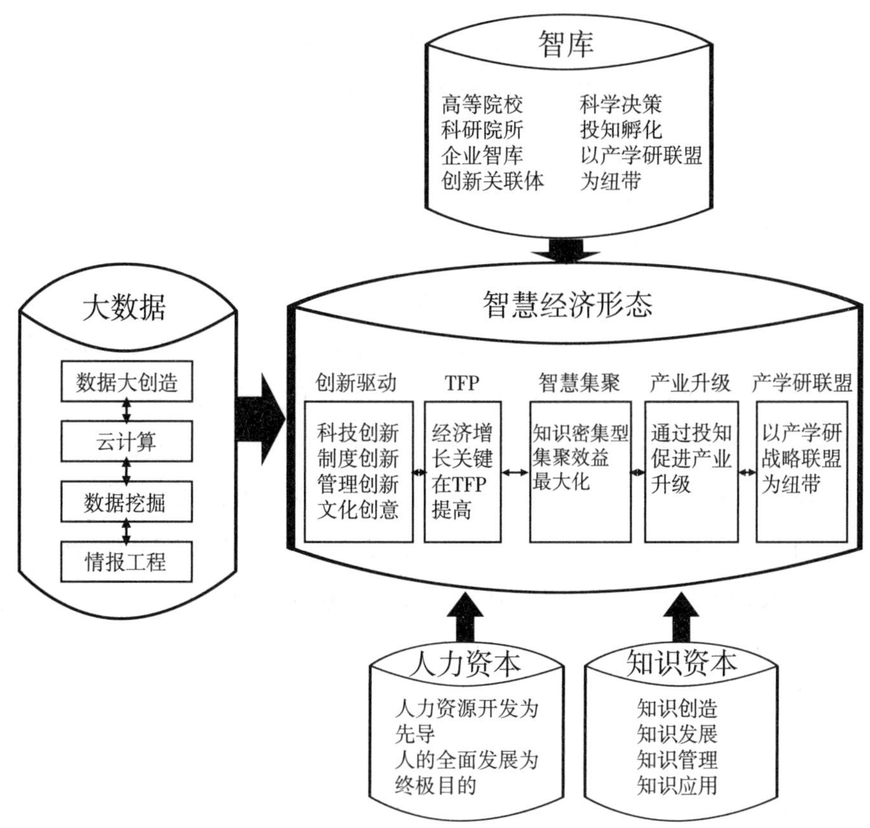

图 10-2 知本主导下的智慧经济形态

高，通过建立开发性金融机构，实施新兴产业政策来有效地引导市场，有助于快速发展壮大新兴产业。开发性金融主动运用国家信用，在市场缺损的地方建设市场，在有市场的地方充分利用市场，具有“供给导向”特点。

从国家生命周期的视角分析表明，大国的兴衰无不与产业升级和科技自主创新息息相关。在经济全球化不断加深的今天，科技创新的步伐日益加快，世界各国特别是发达国家更是把加强科技创新能力建设、升级产业结构、提升产业整体发展水平作为国家发展战略的核心。中国也必须抓住历史机遇，掌握发展的主动权，以开发性金融提高自主创新能力，大力发展智慧经济，维护国家利益和经济安全。

作为开发性金融的代表，国家开发银行正以实际行动推动着国家自主创新能力和产业升级。正如国家开发银行前行长陈元曾指出，“作为政府的开发性金融机构，国家开发银行始终以支持国家重点产业发展和科技自主创新为己任，坚持以融资推动市场建设，通过构建市场化的运作平台，提升产业自主创新能力和发展水平，促进创新型国家和节约型社会建设。截至 2016 年 6 月底，开行资产总额超过 2.7 万亿元，不良贷款率为0.8%，良好的经营业绩提升了开行支持国家产业发展和自主创新的能力。下一步，我们将继续贯彻国家‘十一五’规划纲要，加大与国家发改委、科技部、环保总局等行业部门、地方政府，以及重点企业的合作力度，不断探索和完善支持产业发展和科技自主创新的模式，为中国产业发展和科技进步贡献自己的力量。”实际上2006年3月20日，科技部与国家开发银行正式签署了贷款总额为500亿元的“十一五”期间支持自主创新开发性金融合作协议。这是《国家中长期科学和技术发展规划纲要（2006—2020年)》配套政策中第一条得到落实的金融政策，也是开发性金融支持自主创新的具体举措。此协议的积极意义在于：（1）为《规划纲要》中涉及的重大专项以及国家科技计划、科技型中小企业、科技创业投资等提供了稳定的、长期的、具有政策导向的信贷资金支持。(2）开行的投入将带动更多的金融机构增加对科技的投入。开行运用开发性金融的理论，针对科技项目和高科技企业面临的实际情况，创造了许多新的经验和做法，搭建了一批科技金融合作平台并取得了积极的成效。同时，为其他金融机构的参与提供了参考案例和工作平台，必将带动更多的金融资金和社会资金参与科技投资。(3）推动了科技创新和金融创新的有机结合。科技部与开行通过协议建立和探索出了科技金融合作的新模式。

第十一章

开发性金融对现代管理创新与金融可持续发展机制的构建关系

第一节　开发性金融对市场建设的作用

一、市场失灵和政府失灵

市场经济是迄今为止人类发现的较有效的资源配置方式。国际、国内的经验都表明，市场机制是经济活力的源泉，是提高企业效率的最佳途径，市场对资源的配置起决定性作用。竞争性行业要由市场来配置资源；基础性行业也要打破垄断，引入市场竞争机制；对一些公共产品，也要界定产权，积极引入市场机制。但是，市场经济不是万能的，市场本身会失灵，市场也存在着自发性、盲目性甚至贪婪性的一面，不受监管的市场也会给社会带来巨大的灾难。现实中也不存在完全竞争的市场，市场机制在许多领域不能充分发挥作用，经济学中把这些问题归结为市场失灵。从“凯恩斯革命”到“新古典综合派”经济学的发展，都正视“市场失灵”的存在。市场失灵问题主要包括外部性、信息不对称和垄断三个方面。当生产或者消费某一产品给其他个体强加了成本（负外部性）或者带来了收益（正外部性）时，就产生了外部性。污染是负外部性的典型例子。当立约当事人在获得相关商品或服务信息的途径上处于不平等的地位时，就产生了信息不对称问题。当一个企业有足够的市场力量将产品价格提升到竞争水平之上，不惜损害消费者利益和经济效率，以此获得更高的收益时，垄断就出现。

由于市场失灵的存在，政府采取宏观调控措施，以弥补或纠正。不过，政府为弥补市场失灵而对经济社会进行干预的过程中，由于自身的局限性和各种制约因素，无法使资源配置达到高效率，这就是政府失灵。政府失灵通常有三种来源：（1）信息和能力问题。在制定和执行干预措施时，政府经常面临严重的信息问题。在干预对企业成本和激励可能造成的影响的问题上，政府能获得的信息永远不如企业多。（2）寻租。寻租可能通过多种形式使政府治理扭曲。企业或其他团体会寻觅那些可以使他们免于竞争，而政府官员又可加以利用的机会索要贿赂，并以偏向性的解释、快速决定或者选择性干预作为回报。这就使企业产生了激励，通过一系列的策略来“俘获”治理者。（3）僵化。治理倾向于刚性，这使得其很难跟得上技术或者商业模式的变化。事实上，发展中国家的许多治理手段已经数十年甚至更长时间没有重新审查过。之所以出现这种情况，一部分是由于惰性所致，但是更重要的原因是，那些从特定的治理中获益的企业、政府官员以及其他利益集团都强烈地反对改革，而不管这些改变可能给社会带来多少收益。

政府“缺位”干预不足，或“越位”过度干预会导致政府失灵。政府正当干预与政府监管，是经济社会持续发展的必要条件，能够对市场经济和个人活动起催化、促进和补充作用。因此政府首先要转变职能，减少对微观经济活动的直接干预，转向宏观经济调节、市场监管、社会管理、公共服务，加快推进政企分开、政资分开、政事分开、政府与市场中介组织分开。其次要建设有效精干政府。提高政府的决策能力、执行能力、财政汲取能力、再分配能力、维护社会和谐稳定能力。

总之，要用好政府的“有形之手”与市场的“无形之手”。它们之间不能相互割裂、相互对立、相互排斥，而是相互结合、相互补充、相互促进。

二、市场建设和开发性金融的作用

如何使有限的资源配置符合并满足国家发展的要求，这要考察资源配置的机制和主体。现代市场经济中，市场机制从起基础性作用到决定性作用，政府财政机制与市场机制有效结合，需要市场机制的“无形之手”与政府干预的“有形之手”两手并抓。市场机制活动的有效区域集中在具有良好直接经济效益的私人产品领域。政府财政机制的着力点是保证无法通过价格的运作而得以有效提供的公共产品的合理供给。同时作为市场机制缺陷的弥补或弱点的矫正机制，政府财政机制理应承担供应准公共产品的责任。问题在于，政府财政机制的非价格性或者财政分配的基本无偿性，无法避免准公共产品因财政提供而产生内部直接经济效益的不必要降低。这无疑违背了经济学对资源配置的基本要求，而且在中国长期财政经济实践史上已有了深刻而沉痛的教训。准公共产品的不可或缺性及市场机制与政府财政机制无法单方面有效提供的局限性，决定了准公共产品有效提供的唯一可能的途径：市场机制的“无形之手”与政府财政机制的“有形之手”的联手。这种政府财政机制与市场机制双面为一的联合机制，在金融资源配置领域表现为政策性金融机制。①

单纯市场化机制的金融资源配置会产生“马太效应”，从而使发达地区或成熟产业资金供给充足，急需资金的不发达地区或新兴、弱势产业出现资金短缺。政策性金融是为了弥补“市场失灵”的缺陷，以一国国民经济长远发展和社会利益最大化为目标，以国家信用为基础，代表国家和政府进行金融资源开发和服务，积极配合政府产业和经济政策的贯彻和实施，并享有其他商业性金融所没有的政策优惠。政策性金融根据政府发展国民经济的意愿，实现政府的政策性目标，对弱势产业、弱势地区、弱势领域给予政策性扶植，促进国民经济的长远发展。

开发性金融是政策性金融不断发展的新阶段，是其不断深化的结果。在许多发达国家，与相对来讲比较完善的金融体系适应，实际上政策性金融已处于高级发展阶段，也就是开发性金融阶段。开发性金融一般为政府拥有、赋权经营，具有国家信用，体现政府意志，把国家信用与市场原理特别是与资本市场原理有机结合起来。开发性金融可以说是政策性金融市场化的结果。

与商业性金融相比，市场建设是开发性金融的优势。商业性金融是被动地运用制度和市场，而开发性金融是主动地运用和依托国家信用建设制度和市场，在没有市场的地方建设市场，在有市场的地方充分利用和完善市场。在运行中，开发性金融不直接进入已经高度成熟的商业化领域，而是从不成熟的市场做起。只要是市场缺损、法人等制度缺损，而又有光明市场前景的投融资领域，能够进行制度建设的、以整合体制资源取得盈利的，特别是政府关注的热点和难点，都是开发性金融发挥作用的领域。

开发性金融有巨大的融资优势，但必须和政府的组织协调优势相结合，才能发挥市场建设的功能。完全市场化的融资体制，政府不直接参与运行。但在中国体制转轨过程中，政府既要制定规则，又要在相当领域和相当程度上发挥示范作用，具有管理、规范、提供制度框架和参与运行双重身份，政府和市场要相互结合、相互作用，政府推动市场发展，这是社会主义初级阶段融资体制的基本特征，在当前是可以实现高效率的。同时，从路径依赖看，可以以政府协调为载体，利用中国和谐一致的社会文化条件，把政府作为信用建设的基础，依靠地方党委和政府维护市场秩序、建设信用制度、规范市场环境，从而推进经济发展和市场建设。②

---

① 白钦先、郭纲：《关于中国政策性金融理论与实践的再探索》，《财贸经济》2000 年第 10 期。

② 陈元：《发挥开发性金融作用　促进中国经济社会可持续发展》，《管理世界》2004 年第 7 期。

第二节　中国开发性金融市场化改革及对中国金融改革导向的影响

一、中国开发性金融市场化改革历程

改革开放前，中国所有经济活动都由计划指令来确定，几乎没有政策性金融。从改革开放到1994年三家政策性银行成立之前，中国的政策性金融采取的实现模式是财政加专业银行的模式。但当时的专业银行经营的自主性并不高，而且由于承担了大量的政策性业务，从而不堪重负。专业银行在政策性业务的有限能力导致财政负担也一直很重。

1993年年底，随着经济体制改革的不断深入，为了建立与社会主义市场经济体制相适应的金融体制，中国先后成立了三家政策性银行，分别是国家开发银行、中国进出口银行和中国农业发展银行。经过二十多年的实践，三家政策性银行对经济社会的发展和金融改革作出了显著贡献。随着市场经济体制逐步完善和金融体制改革的深入，政策性银行的发展也暴露出一些亟待解决的问题。在“摸着石头过河”的过程中，三家政策性银行走出了不同的发展轨迹：国家开发银行主动进行内部改革和追求国际一流的经营业绩，形成了一套独特的市场建设模式，信贷资产质量不断上升，不良贷款率逐年下降，业务范围逐步扩大，经营业绩超过了大多数国有商业银行；中国进出口银行基本是“财政补贴+成本核算”；中国农业发展银行在完成政策目标的同时，不良资产比重居高不下，路子越走越窄，某种程度上成为政府的财政负担。

国家开发银行之所以取得良好业绩，成为开发性金融发展的典范，皆因其进行了有效的市场化改革。以改革促发展，用改革的办法解决前进中的问题，是国家开发银行从实践中得出的一条基本经验。国家开发银行进行了以防范和化解风险为核心的信贷体制改革，实现了市场化的三次飞跃。①

第一次飞跃（1998年）：转变思想观念。亚洲金融危机后，防范和化解金融风险摆上了中国金融部门的议事日程，政策性银行的风险更加引人关注。开发银行面对这种形势，适时推进第一步改革，将在“市场环境下、银行框架内”发挥政策性金融机构作用作为指导思想，具体措施包括建立面向市场、自主经营的运行机制；强化市场分析，提高项目评审质量；强化信贷管理，实行信贷业务全过程、全方位的风险控制，开始探

① 郑一萍：《金融资源约束下政策性银行的可持续发展问题研究》，厦门大学博士学位论文，2006年。

索利用资本市场工具改善信贷资产结构的新途径。改革的结果是树立市场观念和风险意识；贷款粗放管理的弊端开始得到扭转；新增贷款的风险得到有效控制；由注重项目管理转向注重市场，建立面向市场、权责统一、有效配合、相互制约的运行机制，实现信贷资金的良性循环。

第二次飞跃（1999—2000 年上半年）：全过程全方位防范风险。1999 年国家开发银行开始第二阶段的信贷改革，主要目标是围绕波士顿公司的咨询意见，重点化解国家开发银行的存量风险。改革的措施是，加强分行建设，完善两级管理，建立“防火墙”，强化本息回收和不良贷款化解，实行资产负债管理。通过改革，不仅使新增贷款的风险得到控制，本息回收和不良资产化解工作也取得了明显成效。初步建立了“全过程、全方位”的风险控制机制；成立了 28 家分支机构，建立了“统一法人、分级管理、总行决策、授权经营”的总分行两级管理体制；与地方政府的合作取得新的进展，发挥了地方政府的积极性，增强了企业信用和政府信用，对克服企业道德风险起到促进作用。

第三次飞跃（2000 年下半年）：与国际接轨。2000 年下半年开始，即以迎接 WTO 为契机，通过运用和引进国外银行的先进经验，全面构建与国际接轨的现代化银行。改革的措施是：运用和引进国外银行的先进经验，在组织机构、业务功能、技术手段等方面达到现代化，全面提升国家开发银行的国际竞争力，确立了与国际接轨的发展目标：保持准主权级的信用等级；按照国际通用会计准则，准确公开反映财务状况；盈利能力达到国外先进政策性金融机构的水平；资本充足率不低于 8%、不良贷款率不高于 3%；在金融债券市场保持重要地位；银行功能健全，能运用市场手段为政策性业务服务；综合管理达到国际先进水平。

在经历了市场化的三次飞跃之后，国家开发银行初步探索出在市场环境下、银行框架内办好政策性银行的路子，不仅实现了在与传统体制磨合中加快转型，而且在银行业改革方面，摆脱了亚洲金融危机的阴影和后遗症，充分发挥出中国基础设施和重点项目建设的主力军作用，主要经济指标向国际一流银行迈进。

二、开发性金融现代管理创新

即便用纯商业性的标准来衡量，国家开发银行都达标。国家开发银行之所以取得良好业绩，关键在于它比较早地意识到传统政策性银行的弊端，并且比较好地实现了现代管理创新。

（一）多元化的产权结构

2011 年 6 月，全国社会保障基金理事会出资人民币 100 亿元入股国家开发银行。至此，国家开发银行的股权结构由原来财政部单一所有模式演变为目前由财政部、汇金公司、社保基金理事会等共同拥有的多元模式，各方持股比例分别为 50.18%、47.63%、2.19%。多元化的股权结构一方面充实了国家开发银行的资本金，提高其抵御信用风险和市场风险的能力；另一方面有利于国家开发银行推进现代治理改革，形成有效监督制衡机制。国家开发银行可以按照股份制企业模式逐步构建政企分开的公司治理结构，将国家开发银行培育成真正的市场主体。

（二）完善公司治理结构

1999 年 9 月，巴塞尔银行监管委员会颁布了《加强银行公司治理》条例，强调了几项公司治理的关键原则，用以指导不同法律和监管体系国家构建本国各类银行“三会一层”① 的公司治理结构。国家开发银行开始按照此建议建立现代金融企业制度，加强公司治理能力建设。目前，国家开发银行已建立起完整的公司治理结构，“三会一层”各司其职。股东大会定期召开，审议通过财务决算、董事会工作报告等重大事宜，三个股东给予国家开发银行发展战略有力指导，董事会下设战略发展与投资管理委员会、审计委员会、风险管理委员会等五个专门委员会，各司其职，提高了董事会决策的科学性；监事会勤勉监督，对董事会、高级管理层进行了有效的尽职评价，向董事会和高级管理层发送管理提示，促进了国家开发银行的深化改革；高级管理层在国际顾问委员会提供的咨询和建议的帮助下，带领全体员工共同努力，推动国家开发银行不断发展。

（三）建立风险防控体系

长期以来，在中国传统的银行管理中，受到强调的是两张表，即资产负债表和损益表，国家开发银行率先在两个表的基础上引进了现金流量表。现金流量表对于现代金融机构的运行来说，其重要性无论怎样强调都不过分。在中国的金融机构中，国家开发银行还率先引进了以风险管理为核心的管理理念，并以此来统领各项业务。从 1961 年开始到 1998 年的几个巴塞尔协议（其中最著名的是 1988 年的《关于统一国际资本衡量和资本标准的协议》和 1998 年的《资本计量和资本标准的国际协议：修订框架》)，以及 2002 年中国银行监管当局提出的银行管理的新理念，都是以管理金融风险为核心的。但在中国绝大多数银行那里，以风险管理为核心的管理理念，直至今天还不能说已经牢固地树立，更遑论成为银行管理的核心。而国家开发银行早在 20 世纪末便引入了风险管理理念，并较早地建立了以管理风险为核心的管理机制，不能不说是走在了中国银行业改革的前列。

---

① 指股东大会、董事会、监事会和高级管理层。

（四）拓宽筹融资渠道

国家开发银行转型后，必须解决融资渠道单一和用资成本上升的问题。与传统商业银行相比，国家开发银行靠吸收居民储蓄解决资金来源问题不可行。以四大行为例，其员工数十万之多，而国家开发银行2011年员工也才7626名，同时国家开发银行的营业网点还极少。目前，国家开发银行主要依靠发行金融债券融资。2011年，国家开发银行全年人民币债券发行量达1.16万亿元，同比增长36%。随着市场化改革进程逐步推进，国家开发银行必须考虑政府信用逐步退出后，国家开发银行债券因信用等级下降后发行成本上升的问题。因此，国家开发银行在不断摸索其他筹融资渠道，以满足国家开发银行日益增长的巨大资金需求。资产证券化是较好的筹融资方式。国家开发银行从2005年开始尝试ABS融资并一期发行成功，至2008年成功发行第三期开元ABS，共募集资金人民币136.7亿元。虽然数额还比较小，但这为国家开发银行将来在市场条件更加成熟时大规模发售积累了实际操作经验。目前，国家开发银行发行的金融债券主要是面向银行间债券市场，国家开发银行也尝试直接面向居民发债。早在2007年，国家开发银行就曾在香港成功发行50亿元人民币债券，其中有10亿元的额度是面向香港市民发售。至2012年1月，国家开发银行累计在港发行人民币债券130亿元。长期来看，随着居民财富逐步增加，国家开发银行针对境内居民发债将切实可行。此外，国家开发银行还尝试吸收重点客户存款。2011年，国家开发银行吸收存款达4466亿元人民币。

（五）不断推动融资技术的创新

过去一段时期，在融资技术创新方面，国家开发银行在国内也是走在前列。例如，在对地方政府的基础设施贷款中推行“打包贷款”，这是在中国特殊制度条件下的一项金融创新。尽管对这种业务活动至今仍有诸多争议，但是，如果从现代金融学的观点出发，从“打包”的安排下所体现的“结构性金融”的理念出发，应当承认，这是一种值得肯定的具有中国特色的金融创新。打包贷款以及类似的安排，正是体现了现代金融中所谓“结构金融”的要点，它通过一个“贷款池”的安排，对各单个贷款的风险和收益特征进行了重组，从而从根本上保证了贷款的整体安全和流动性。正是诸如此类的创新，使得国家开发银行得以进入一个潜力极大的融资领域。如果考虑到在中国目前的体制条件下，一些在市场经济国家中惯常的融资工具（如市政债券）不能被采用的具体情况，这种创新就更有意义了。[①]

三、对金融可持续发展的影响

研究经济与社会的可持续发展，金融的可持续发展应是题中应有之义，没有金融的

---

① 李扬：《国家目标、政府信用、市场运作——中国政策性金融机构改革探讨》，《金融改革》2006年第1期。

可持续发展，便不可能实现经济的可持续发展。金融可持续发展问题是经济可持续发展问题的进一步深化和发展。从可持续发展在时间上的连续性与空间上的协调性来看，金融的可持续发展体现为可持续的融资和金融资源配置的有效协调，下面分别分析开发性金融对这两点的影响。

（一）开发性金融对金融资源的有效配置

资源配置是经济学的永恒主题，资源配置是否合理直接关系到资源的有效利用，进而对经济、社会产生巨大影响。在市场机制调节下，金融资源从低利项目向高利项目流动，从农业向二、三产业流动，从贫困地区向富裕地区流动。这些流动虽有助于稀缺资源的有效利用，但从社会公平发展角度来看，存在机会不公平，忽视了弱势、新兴产业、贫困落后地区的资金需求，造成不公平，投资额巨大、周期较长、风险较大而社会效益也较大的项目、相对落后的地区、部门或产业无法获得资源配置，还会出现资金的倒流现象，形成产业结构、地区间、部门间、行业间生产发展的巨大不平衡和分配的巨大不合理，呈现出“马太效应”，导致社会结构失衡和不稳定。市场机制不是万能的，单纯依靠市场机制并不能完全实现金融资源的有效合理配置和经济与社会的协调稳定发展。在这样的金融资源配置盲区的情况下，开发性金融运用其一系列优惠杠杆，并通过其特有的逆向选择功能、直接扶持与强力推进功能、对商业性金融的倡导与诱导性功能，以及在此基础上的“以小搏大”的虹吸与扩张性功能等，引导金融资源更合理有效的配置，实现符合社会的合理性目标。

制度落后、体制缺损是中国目前向市场经济过渡中面临的主要问题。一方面，表现为不能有效地调节区间、社会成员间的收入分配差距，提供公共产品和公共服务，如“三农”、社会保障、就业和生态等问题；另一方面，表现在企业法人治理结构不健全，社会信用缺失和监督不力等。特别是在金融领域，由于存在大量体制缺损和市场失灵，制度建设的任务更加艰巨，突出表现在投融资体制和微观制度、基础制度的落后，使得制度运转不到位，宏观调控难以有效，市场效率低下。解决这些问题，不能依靠市场自发，需要依靠作为连接政府和市场桥梁的开发性金融来解决。

（二）开发性金融的可持续融资能力

就资金来源讲，开发性金融机构的筹资形式大体分为三种：财政融资、信贷融资和证券融资。财政融资是一种低级的融资方式，以财政补贴为手段，实现政府目标，本身没有业绩和活力；信贷融资是间接融资，是介于财政融资和证券融资之间的过渡形态，是市场信用经济融资方式的初级阶段，公众参与有限，市场监督有限，要求资产安全和资金回流；证券融资是一种高级的融资方式，也是市场信用的高级形态，需要一个发达的市场为条件，公众广泛参与，市场监督最严。财政融资可以在政策目标与银行收益上以政策目标为主，甚至可以牺牲经济利益，信贷融资要在收益与政策上平衡安排，证券融资则以经济利益为优先考虑目标。

中国组建三家政策性银行时，其资本金全部由财政拨付，但随着政策性银行业务规模不断扩大，财政拨款的压力迅速提高。此外，政府对政策性银行的贴息资金也未形成正规的运行机制。据国家开发银行预计，到 2020 年中国能源工业、基本建设和投资资金总需求将达到人民币 8 万亿元，仅电力工业资金需求就约 5 万亿元，而国家投入远远不能满足所开发项目的资本需求。政府有限的财力与政策性银行巨大的资金需求的矛盾越来越大。虽然政府强调要加强财政的注资和资金拨付，但是现实情况却表明政策性银行不具备依赖财政融资的条件，财政对政策性银行的支持更多地体现在对其融资的担保上。因此，政策性银行的资金来源就落到信贷融资和证券融资身上。

改革开放前，中国经济发展主要靠财政融资，经过三十多年的发展逐渐形成以信贷融资为主的基本格局。这种“两头小、中间大”的格局，一方面没有能够很好地发挥三种融资协调合力的高效率，另一方面信贷融资规模虽大，但存在大量不良资产，金融制度和规则还相当薄弱。实现三种融资的协调配合，在规模上匹配、功能上互补，任务是艰巨的。这不仅表现为融资数量的增长，还表现为融资观念、方法和制度的创新。开发性金融作为连接政府和市场之间的桥梁，发挥着重要的作用。随着政策性金融向开发性金融的深化发展，将逐渐地从政府融资为主转向政府融资与市场融资相结合，加快资本市场培育，使信贷市场、债券市场、股票市场相互促进、共同发展。同时，加快开发性金融微观制度和金融基础设施的建设，其中微观制度包括法人、法人治理结构、所有制、产权，金融基础设施包括会计标准、支付、信用、业绩考核和执法等方面。①

① 陈元：《发挥开发性金融作用促进中国经济社会可持续发展》，《管理世界》2004 年第 7 期。

第十二章

开发性金融对国家安全与国防建设的执行关系

第一节　总体国家安全观

一、国家安全观念的变革

从第二次世界大战迄今的世界格局的急剧变化中，安全是任何国家战略目标的首要乃至最高的诉求。“强者能其所事，弱者受其所难”仍然是国家在安全问题上的切实感受。自助、结盟、集体安全等成为国家维护自身安全的可求途径。① 但是，与以往不同是，二战结束以来，全球化进程明显加快，国际关系的内涵大大丰富，国际关系日益多极化、制度化和有序化；非国家行为体（如国际组织、跨国公司等）的作用增强，并逐步得到应有的重视；国际关系中的复合相互依赖日益加深，一损俱损、一荣俱荣的观念逐渐深入人心。表现在安全问题上，大规模的国际冲突得到一定程度的抑制，“非此即彼”的零和（Zero-Sum）博弈模式在减少；出现国际缓和与一定程度的国际合作，双赢博弈越来越普遍。随着冷战的结束，国际合作越来越成为国际关系的主流，国家安全与整个国际社会的和平与安全的关系越来越密切，出现了合作安全、全球安全等新的认识模式。②

随着全球化的不断发展，安全问题的跨国性和综合性日益突出，安全的范畴不再局限于传统的军事、政治、经济安全，更向社会、生态、文化、信息、科技、国土、资

---

① 门洪华：《和平的纬度：联合国集体安全机制研究》，人民出版社2002年版，第1—3页。

② 门洪华：《新安全观·利害共同体·战略通道——关于中国安全利益的一种解读》，中国科学院—清华大学国情研究中心《国情报告》2004年第79期。

源、核等安全领域拓展。全球化不仅导致国家的经济安全利益越来越重要，而且使得科技安全、信息安全、生态安全等成为安全利益的新内容。① 随着中华民族的伟大复兴，其国家战略利益在拓展，国家安全在深度和广度上也在逐渐扩展，如加强经济安全、金融安全、生态安全的维护，强调人类安全的重要意义等。实际上，全球化背景之下的安全概念可谓无所不包，而国家维护国家安全的手段也变得多样了，当然其难度无疑也在增加。在一定意义上讲，中国能否顺利实现崛起，关键在于其国家安全能否得到维护，国家战略利益能否得以拓展。②

二、中央国家安全委员会

鉴于上述国家安全观的演进趋势，中国最近成立的中国共产党中央国家安全委员会和提出的总体国家安全观可谓历史发展的必然。

在国家安全委员会成立之前，已有的中央党政机构中，名称中有“国家安全”字样的有两个：中央国家安全工作领导小组和国家安全部。

中央国家安全工作领导小组设立于2000年，负责对外事、国家安全工作领域的重大问题作出决策，与中央外事工作领导小组合署办公，主要负责对外安全。小组由国家主席、副主席担任正副组长，成员包括负责涉外事务的副总理或国务委员，以及外交、国防、商务、公安、国家安全、国台办、港澳办、侨办、国新办等部门负责人，以及党和军队系统的相关负责人。

国家安全部很少出现在民众视野。这个机构成立于1983年，是一个对内机构，负责侦办刑法中规定的“危害国家安全”的犯罪案件，例如，泄露国家机密、叛逃、间谍等案件，可以行使侦查拘留、逮捕等职权。

实际上，与国家安全相关的机构远不止这些，还有中央政法委、公安部、外交部、国防部等部门、国家反恐小组、中央海洋权益工作领导小组等。由于国家安全相关部门众多，目前无论是对外还是对内，一定程度上存在“各自为战”的问题。比如在情报判断上，有可能出现国防部门和国家安全部门不一致的情况，如果缺乏有效沟通，会导致决策效率低下。各个部门“术有专攻”，却缺少一个强有力的国家安全事务核心机构统筹分析、协调。因此，亟须一个超越部门、权威性的机构，协调多方力量，克服业务分割，高效工作。2013年11月12日正式成立的中国共产党中央国家安全委员会正是对目前国家安全的分割和不协调状态统一领导的有力回应。

---

① 丁志刚：《全球化背景下国家利益的认证与维护》，《世界经济与政治》1998年第8期。

② 门洪华：《新安全观·利害共同体·战略通道——关于中国安全利益的一种解读》，中国科学院—清华大学国情研究中心《国情报告》2004年第79期。

三、总体国家安全观

中央国家安全委员会主席习近平 2014 年 4 月 15 日主持召开中央国家安全委员会第一次会议并发表重要讲话，他强调要准确把握国家安全形势变化新特点新趋势，坚持总体国家安全观，走出一条中国特色国家安全道路。习近平指出，当前中国国家安全内涵和外延比历史上任何时候都要丰富，时空领域比历史上任何时候都要宽广，内外因素比历史上任何时候都要复杂，必须坚持总体国家安全观，以人民安全为宗旨，以政治安全为根本，以经济安全为基础，以军事、文化、社会安全为保障，以促进国际安全为依托，走出一条中国特色国家安全道路。贯彻落实总体国家安全观，必须既重视外部安全，又重视内部安全，对内求发展、求变革、求稳定、建设平安中国，对外求和平、求合作、求共赢、建设和谐世界；既重视国土安全，又重视国民安全，坚持以民为本、以人为本，坚持国家安全一切为了人民、一切依靠人民，真正夯实国家安全的群众基础；既重视传统安全，又重视非传统安全，构建集政治安全、国土安全、军事安全、经济安全、文化安全、社会安全、科技安全、信息安全、生态安全、资源安全、核安全等于一体的国家安全体系；既重视发展问题，又重视安全问题，发展是安全的基础，安全是发展的条件，富国才能强兵，强兵才能卫国；既重视自身安全，又重视共同安全，打造命运共同体，推动各方朝着互利互惠、共同安全的目标相向而行。

总体国家安全观是一种全局性、立体性的安全观，它不仅强调国家安全的外部性变革（如扩大到经济安全、金融安全等非军事领域），也强调政治昌明、社会安定等国内安全，体现了将国际战略与国内战略综合考虑的视角。

第二节　国家安全投资

一、国家安全红利

2015 年 1 月 23 日中央政治局召开会议，审议通过《国家安全战略纲要》。《国家安全战略纲要》的出台表明，中央对国家安全战略的高度重视，为国家安全战略的实施提供了实质性的保障，国家安全政策红利再度升级，将催生大范围国家安全投资良机。利好政策的陆续出台，就短期而言将对军工领域、信息安全、经济安全、食品安全、生态安全、能源安全等相关领域带来刺激作用；从中长期看，国家安全领域也将迎来历史发展机遇，相关产业将开启前所未有的投资机会。

目前中国处于经济转型阶段，国家层面所涉及的包括军事、经济、信息、能源、生态、食品等方面在安全上都面临诸多挑战，国家在不断进步，政治经济地位在国际上不断上升。上述领域不得不受到高度重视，并提升到国家安全战略的高度。尤其是在经济新常态下，中国需要寻找高质量的增长点和未来能够持续增长的支柱产业，大安全相关产业正符合这样的发展需求。因此，不管从政策方面，还是国家本身需求方面，无疑国家安全都将迎来历史发展机遇，相关行业也将迎接前所未有的投资机会。

对于国家安全红利，股市已快速作出反应。据万德数据显示，与安全战略相关的15 只相关概念指数，2014 年平均涨幅超过 50%。随着国家安全战略的持续升级，相关主题或将长期受益。2015 年中国经济逐渐进入降速转型、结构升级、创新驱动的新常态。在这样的经济新常态下，安全战略投资主题发展前景看好。在经济转型升级驱动下，未来 5—10 年军费和安防投入会稳定增长，军工板块潜在资产注入等改革红利都将增加相关上市公司每股盈利；政府不断加速推出信息安全政策，预估信息安全行业平均盈利增长将从 20%提高到 25%以上，行业龙头公司会明显受益；其他行业也将会随着环保问题、食品安全问题的不断暴露，都将加快相关行业上市公司的快速成长。

借鉴美国发展安全产业的经验，在中国经济发展需要新的领头羊，需要新的着力点之际，通过设立国家安全委员会，将改革开放所积累下来的经济实力一部分转向安全产业，或成为经济转型升级的突破口。目前，国内的经济现状是，一方面中国大量中低端工业产品的产能过剩，另一方面中国大量高精尖核心技术和产品还需要从国外购买。以往传统的应对工业产能过剩的办法是投资基础设施建设领域，如铁路、公路、机场等，现今高速公路已连接全国，高速铁路通车里程超过 10000 公里的背景下，继续指望基础设施建设吸纳过剩产能不太现实，中国经济的升级转型需要新的着力点，安全产业则是最好的投资标的。通过对安全产业的投资，通过对军工技术的自主创新，及加快军用高技术向民用产业的转移，有望为国内经济的转型升级找到新的突破口。如果说 1986 年中国的百万大裁军向全球宣告中国把发展重心转向民用产业，那么如今国家安全委员会的成立，则向全球宣告中国将借助国内经济庞大的体量，实现安全产业与民用产业共同发展的雄心。一手抓经济，一手抓安全，会成未来十年中国经济发展的核心，投资安全产业与安全技术，与国家安全战略共舞，将是未来十年最好的投资抉择。

二、开发性金融与国家安全保障

巨大的国家安全红利的另一面就是巨大的国家安全成本。以对外投资为例，根据克危克险的研究，截至 2014 年年底，中国对外直接投资存量超过 6600 亿美元，其中 1 亿美元以上的大投资项目有 600 个，失败的项目高达 100 个，这 100 个失败的大项目占整个投资的2200亿美元。一般而言，国际上的安全运营成本一般是10%—20%，在有的国家像伊拉克、阿富汗、巴基斯坦等可能到25%。安全问题与发展问题相伴而生，总体国家安全观也强调既重视发展问题，又重视安全问题。

发展与安全关系是更根本的关系，两者既相辅相成，也存在某种程度的相悖。正因如此，所以更需要协调。从改革开放到现在，中国经济社会发展经历了不同发展阶段，国家安全问题也随之演变。当前，中国经济已进入新常态，经济增速减缓和面临下行压力，需要不断挖掘新的增长点。因此，在准确把握经济发展规律的同时，要主动协调好相应的国家安全问题，使两者构成相辅相成而不是相悖的关系。

发展中的安全问题广泛且复杂，其安全成本巨大，需要从全局和战略的高度进行协调，这也是中央国家安全委员会（以下简称“国安委”）的协调职能之一，而开发性金融正是国安委协调和保障国家安全的重要手段。开发性金融所具有的全局性和协调性，决定了开发性金融需要参与国安委的国家安全协调工作。例如，在对外投资风险的保险业务方面，中国政府已成立了中国出口信用保险公司，这是一家政策性保险公司，为中国企业对外投资提供征用、汇兑限制、战争及政治暴乱、政治风险等四大类保险业务，以确保在损失实际发生之后获得部分或全部的赔偿。可见，单一的对外投资项目所面临的风险属于局部风险，个体是无法规避的，但通过开发性金融从全局上对各个单一的对外投资项目风险进行有效协调和整合，通过金融纽带形成有机整体，个别的不确定性被包含并扬弃在整体的确定性中。

开发性金融对国家安全保障当然不局限于上述对外投资问题上，它所能发挥作用的领域和覆盖范围是全局性的。至于能否发挥全局性的国家安全保障，需要与国安委充分的配合。

正如大数规律一样，个别孤立的事件充满不确定性，但从整体而言却是完全确定的。具备整合和协调全局资源和对冲手段的国安委从理论上讲，是可以做到各项风险完全可管控。从全局看，各项风险密切相关，有的相互加强，有的彼此抵消。所以如果把这些孤立的风险进行有机整合有效协调，则能确保在全局上它们是完全可管控。因此，需要一种协调机制以把各项风险有机整合，形成全局性风险对冲体系，这正是而且只有国安委能发挥的职能作用。

工作重点应该从应对安全事件转向前瞻性的风险管理，从响应措施转向预防措施。当然，这要以具备相应的响应措施或对冲手段为前提。这要求国安委还需以创新和孵化相关工具和手段为己任，包括信息服务、传媒、海外安保、金融保险、非政府组织、援助、外交交涉、经济制裁、军事打击、国际制度、国际共同行动等。这些手段和工具的孵化很大部分都需要开发性金融的支撑。

第十三章

开发性金融对国家发展战略的服务关系

第一节　基于国情的国家发展战略

一、认识国情是制定国家战略的基础

正确认识国情，是制定国家战略的基础。国家战略是否成功，取决于是否符合国情。中国领导人一直很注重了解国情、研究国情，并在实践中形成了科学认识国情、正确制定国家战略的基本方法。毛泽东曾指出，“认清中国的国情，乃是认清一切革命问题的基本的根据”。[①] 毛泽东主张，“没有调查研究就没有发言权”。[②] 他还形象地讲，“调查就像‘十月怀胎’，解决问题就像‘一朝分娩’”。[③] 陈云同志也有类似的提法，曾提出“九一开”的调查研究与决定政策的方法，他说，“我们做工作，要用百分之九十以上的时间研究情况，用不到百分之十的时间决定政策。所有正确的政策，都是根据对实际情况的科学分析而来的”。[④]

在不同时期，毛泽东总是亲自研究中国基本国情。例如，他在党的七届二中全会上

① 毛泽东：《中国革命和中国共产党》（1939 年 12 月），《毛泽东选集》第二卷，人民出版社 1991 年版，第 633 页。

② 毛泽东：《农村调查的序言和跋》，1941 年 3 月、4 月，《毛泽东选集》第三卷，人民出版社 1991 年版，第 791 页。

③ 毛泽东：《反对本本主义》，《毛泽东选集》第一卷，人民出版社 1991 年版，第 110 页。

④ 陈云：《做好商业工作》，1956 年 11 月 19 日，《陈云文选》第三卷，人民出版社 1995 年版，第 34 页。

的“一九开”的基本国情判断（1949）①，在《论十大关系》中的“一穷二白”国情特点（1956）②，在《正确处理人民内部矛盾》中关于中国工业化道路的“发展工业必须和发展农业同时并举”的基本思路（1957）③（1959—1960）④，在“七千人大会”上“人口多、底子薄、经济落后”的国情特征（1962）。⑤ 当然毛泽东也有过脱离国情、超越发展阶段的深刻教训。如何在世界现代化进程中，认识中国这样落后的东方大国的基本国情，始终是中国领导人和学者研究的重大课题。1987 年党的十三大报告曾指出，“在中国这样落后的东方大国中建设社会主义，是马克思主义发展史上的新课题。我们面对的情况，既不是马克思主义创始人设想的在资本主义高度发展的基础上建设社会主义，也不完全相同于其他社会主义国家。照搬书本不行，照搬外国也不行，必须从国情出发，把马克思主义基本原理同中国实际结合起来，在实践中开辟有中国特色的社会主义道路。在这个问题上，我们党做过有益探索，取得过重要成就，也经历过多次曲折，付出了巨大代价。这种情况教育我们，清醒地认识基本国情，认识中国所处的历史阶段，是极端重要的问题”。⑥

毛泽东的《论十大关系》就是调查研究的成果，成为毛泽东关于中国国情分析的代表作。从 1956 年 2 月 24 日毛泽东开始调查研究，到 4 月 24 日结束，先后共听取了国务院 34 个部门的工作汇报，还有国家计委关于第二个五年计划的汇报。他是边调查，边研究，直到 4 月 19 日，毛泽东提出了三个关系，4 月 20 日提出了五个关系，4 月 24 日归纳出“六大矛盾”，不久又提出四个关系，最后成为十大关系。⑦

研究中国国情必须要关注重大矛盾和重大关系。⑧ 毛泽东讲，“世界是由矛盾组成

---

① 毛泽东指出：第一，中国已经有 10%左右的现代性工业经济，这是进步的，是和古代不同的。第二，中国还有 90%左右的分散的个体农业经济和手工业经济，这是落后的，是和古代没有多大区别的。我们还有 90%左右的经济生活停留在古代的落后状态。毛泽东：《在中国共产党第七届中央委员会第二次全体会议上的报告》（1949 年 3 月 5 日），《毛泽东选集》第四卷，人民出版社 1991 年版，第 1430 页。

② 毛泽东指出：“我们一为‘穷’，二为‘白’。‘穷’，就是没有多少工业，农业也不发达。‘白’，就是一张白纸，文化水平、科学水平都不高。”毛泽东：《论十大关系》（1956 年 4 月 25 日），《毛泽东文集》第六卷，人民出版社 1999 年版，第 43—44 页。

③ 毛泽东：《关于正确处理人民内部矛盾的问题》（1957 年 2 月），《毛泽东文集》第七卷，人民出版社 1999 年版，第 241 页。

④ 毛泽东指出，在优先发展重工业的条件下，工农业同时并举。我们实行的几个同时并举，以工农业同时并举为最重要。毛泽东：《读苏联〈政治经济学教科书〉的谈话（节选）》（1959 年 12 月—1960 年 2 月），《毛泽东文集》第八卷，人民出版社 1999 年版，第 121 页。

⑤ 毛泽东指出：“中国的人口多、底子薄，经济落后，要使生产力很大地发展起来，要赶上和超过世界上最先进的资本主义国家，没有一百多年的时间，我看是不行的。”毛泽东：《在扩大的中央工作会议上的讲话》（1962 年 1 月 30 日）《毛泽东文集》第八卷，人民出版社 1999 年版，第 302 页。

⑥ 赵紫阳：《沿着有中国特色的社会主义道路前进——在中国共产党第十三次全国代表大会上的报告》，人民出版社 1987 年版。

⑦ 中共中央文献研究室编：《毛泽东传（1949—1976）》（上），中央文献出版社 2003 年版，第 471—483 页。

⑧ 胡鞍钢：《中国领导人如何研究国情》，中国科学院—清华大学国情研究中心《国情报告》2012 年第 3 期。

的。没有矛盾就没有世界。我们的任务，是要正确处理这些矛盾”。[①] 中国是一个充满矛盾又不断变化的社会，但并不是所有的社会矛盾都对中国的社会发展产生重大影响。中国必须抓住那些关键性的、影响全局的重大矛盾，抓住这些矛盾也就抓住了认识中国国情和发展问题的关键所在。毛泽东所讨论的十大关系中，把重工业、轻工业和农业作为中国工业化初期的第一大关系[②]；1995 年江泽民讨论十二大关系，其中把改革、发展、稳定作为经济转轨期的第一大关系[③]；2007 年胡锦涛在党的十七大报告提出，要正确认识和妥善处理重大关系，其中把城乡关系作为 21 世纪初期的第一大关系。[④]

认识国情是制定正确国家战略的客观基础，也是确定适宜的发展目标、拟定有效的发展政策的根本依据。可以看到，中国的历届领导人都依据不同时期所认识的国情，提出了中国社会主义现代化总目标和阶段性目标及其战略设想。

1954 年 9 月，周恩来根据党中央和毛泽东的思想，在全国一届人大一次会议的《政府工作报告》首次提出“四个现代化”目标：“建立起强大的现代化的工业、现代化的农业、现代化的交通运输业和现代化的国防”。[⑤]

1964 年毛泽东和周恩来同志正式提出“两步走”战略设想：第一步，用 3 个五年计划的时间，建立一个独立的比较完整的工业体系和国民经济体系；第二步，在 21 世纪内，全面实现农业、工业、国防和科学技术的现代化，使中国经济走在世界的前列。毛泽东还批评了爬行主义，提出了赶超战略。他说：我们不能走世界各国技术发展的老路，跟在别人后面一步一步地爬行。我们必须打破常规，尽量采用先进技术，在一个不太长的历史时期内，把中国建设成为一个社会主义的现代化的强国。[⑥] 1975 年毛泽东、周恩来再次重申了这一设想。[⑦]

邓小平根据中国的基本国情，修正了毛泽东等领导所提战略的时间目标，提出新的中国现代化战略，先是“两步走”战略，后是“三步走”战略。1979 年 12 月，邓小平

① 毛泽东：《论十大关系》，1956 年 4 月 25 日，《毛泽东文集》第七卷，人民出版社 1999 年版，第 44 页。

② 毛泽东：《论十大关系》，1956 年 4 月 25 日，《毛泽东文集》第七卷，人民出版社 1999 年版，第 23—44 页。

③ 江泽民：《正确处理社会主义现代化建设中的若干重大关系》，1995 年 9 月 28 日，《江泽民文选》第一卷，人民出版社 2006 年版，第 460—475 页。

④ 胡锦涛：《高举中国特色社会主义伟大旗帜，为夺取全面建设小康社会新胜利而奋斗——在中国共产党第十七次全国代表大会上的报告》，人民出版社 2007 年版。

⑤ 周恩来：《把中国建设成为强大的社会主义现代化的工业国》，1954 年 9 月 23 日，《周恩来选集》下卷，人民出版社 1980 年版，第 132 页。

⑥ 毛泽东：《把中国建设成为社会主义的现代化的强国》，1964 年 12 月 13 日，《毛泽东文集》第八卷，人民出版社 1998 年版，第 341 页。

⑦ 周恩来：《向四个现代化宏伟目标前进》，1975 年 1 月 13 日，《周恩来选集》下卷，人民出版社 1980 年版，第 479 页。

提出了“中国本世纪的目标是实现小康”的现代化。① 根据这一设想，1982 年党的十二大报告提出“两步走”战略：力争使全国工农业的年总产值翻两番。中国国民收入总额和主要工农业产品的产量将居于世界前列，整个国民经济的现代化过程将取得重大进展，城乡人民的收入将成倍增长，人民的物质文化生活可以达到小康水平。②

1987 年 4 月，邓小平同志提出“三步走”的中国现代化发展战略：第一步，人均国民生产总值翻一番，达到 500 美元。第二步，到 20 世纪末，再翻一番，人均（国民生产总值）达到 1000 美元。实现这个目标意味着我们进入了小康社会。第三步，在 21 世纪用 30 年（指到 2030 年）到 50 年（指到 2050 年）再翻两番，大体上达到人均 4000 美元，中国就达到中等发达国家的水平。③ 经党的十三大正式批准为 70 年（指 1980—2050 年）的中国社会主义现代化路线图。

1997 年党的十五大又提出了 2010 年远景目标：实现国民生产总值比 2000 年翻一番，使人民的小康生活更加宽裕，形成比较完善的社会主义市场经济体制；到建党一百年（指 2021 年）时，使国民经济加速发展，各项制度更加完善。④

2002 年党的十六大提出了 2020 年发展目标：全面建设惠及十几亿人口的更高水平的小康社会，国内生产总值到 2020 年力争比 2000 年翻两番，基本实现工业化，建成比较完善的社会主义市场经济体制和更具活力、更加开放的经济体系。⑤

2007 年党的十七大重申了 2020 年全面建设小康社会的奋斗目标，提出了人均国内生产总值到 2020 年比 2000 年翻两番，将成为工业化基本实现、综合国力显著增强、国内市场总规模位居世界前列的国家等。⑥

每一代领导人都具有十分明确的长远目标和宏大战略构想，这些目标和战略之间既有继承性、连续性，也有发展性、创新性。上述目标及战略设想都围绕着三个基本要素展开：一是，实现现代化目标及战略，这是以发达国家为追赶目标，加速缩小与他们的

① 邓小平：《中国本世纪的目标是实现小康》，1979 年 12 月 6 日，《邓小平文选》第二卷，人民出版社 1994 年版，第 237 页。

② 胡耀邦：《全面开创社会主义现代化建设的新局面——在中国共产党第十二次全国代表大会上的报告》，人民出版社 1982 年版。转引自胡鞍钢：《中国领导人如何研究国情》，中国科学院—清华大学国情研究中心《国情报告》2012 年第 3 期。

③ 邓小平：《吸取历史经验，防止错误倾向》，1987 年 4 月 30 日，《邓小平文选》第三卷，人民出版社 1993 年版，第 226 页。

④ 江泽民：《高举邓小平理论伟大红旗，把建设有中国特色社会主义事业全面推向二十一世纪》，1997 年 9 月 12 日，《江泽民文选》第二卷，人民出版社 2006 年版，第 4 页。

⑤ 江泽民：《全面建设小康社会，开创中国特色社会主义事业新局面》，2002 年 11 月 8 日，《江泽民文选》第三卷，人民出版社 2006 年版，第 543 页。

⑥ 胡锦涛：《高举中国特色社会主义伟大旗帜，为夺取全面建设小康社会新胜利而奋斗——在中国共产党第十七次全国代表大会上的报告》，人民出版社 2007 年版。转引自胡鞍钢：《中国领导人如何研究国情》，中国科学院—清华大学国情研究中心《国情报告》2012 年第 3 期。

相对差距；二是，坚持社会主义目标及原则，这是加速现代化的必由之路，能够充分利用社会主义制度集中力量办大事的政治优势，又是中国现代化的政治方向，保证全体人民共同发展、共同分享、共同富裕；三是，具有中国特色、中国风格、中国文化的共同家园，共同构建包括中国大陆，还包括港澳台在内的中华家园，实现中华民族的伟大复兴，尤其是文化复兴。①

二、新常态下的国家发展战略

习近平总书记对国情的认识集中体现在关于新常态的阐述。习总书记第一次提及“新常态”是在2014年5月考察河南的行程中。当时，他说：“中国发展仍处于重要战略机遇期，我们要增强信心，从当前中国经济发展的阶段性特征出发，适应新常态，保持战略上的平常心态。”2014年11月9日的亚太经合组织工商领导人峰会上，习总书记进一步系统地阐述新常态有几个主要特点：一是从高速增长转为中高速增长。二是经济结构不断优化升级，第三产业、消费需求逐步成为主体，城乡区域差距逐步缩小，居民收入占比上升，发展成果惠及更广大民众。三是从要素驱动、投资驱动转向创新驱动。新常态将给中国带来新的发展机遇。

国情不断发展着，新常态是当前国情的总体面貌，在新常态下需要与之相应的国家发展战略。大体上可以把新中国成立以来的国家发展战略划分为三代，第一代是计划经济时期（1950—1977年）；第二代自改革开放从摸着石头的探索到科学发展观的形成（1978—2011年）；第三代以步入新常态为标志（2012年至今）。通过比较，可以看出新常态下国家发展战略的变化（见表13-1）。

表13-1　三代中国发展战略的变化

发展轴	第一代战略	第二代战略	第三代战略
平均速度	6.23%（1953—1978年）	9.8%（1979—2012年）	7%左右
增长波动性	大起大落	小波动	更趋平稳
市场作用	无	基础性作用	决定性作用
驱动因素	要素、投资驱动为主	从要素、投资驱动转向创新驱动	创新驱动为主
生产能力	供给不足	供给过剩	产能“走出去”
积累与消费的关系	高积累、低消费 强调生产性投资	较高积累、刺激消费 强调硬件、软件、人力资本投资	内需拉动 强调软件、人力资本投资

① 胡鞍钢：《中国领导人如何研究国情》，中国科学院—清华大学国情研究中心《国情报告》2012年第3期。

续表

发展轴	第一代战略	第二代战略	第三代战略
消费形态	抑制消费	模仿型、排浪式消费	个性化、多样化消费
产业发展结构	优先发展重工业 优先发展军事工业	利用比较优势 重视产业结构调整 科教兴国战略 知识信息发展战略	战略新兴产业、服务业、小微企业作用凸显
市场竞争	缺乏竞争	低成本优势	质量型、差异化为主
国内与国际市场的关系	自给自足、进口替代 主要依赖国内资源和市场 高度国内保护主义	资本净输入 对外开放 出口导向增长 利用两种资源、两个市场 低水平的自贸区建设	资本净输出 全球互联互通 重塑全球供应链、全球制造网 高水平自贸区建设
收入分配关系	平均主义	从先富论到共同富裕论	共同富裕论
经济、社会、政治、文化、生态发展	注重社会发展	经济优先发展到经济社会协调发展	经济、社会、政治、文化、生态五位一体发展

从表13-1可以看到，国家发展战略沿着市场、驱动因素、生产能力等各发展轴而不断演进并日趋全面和科学。在这过程中，开发性金融不断适应、服务和推动国家发展战略前进。在市场发展轴上，开发性金融一方面自身不断走向市场化运作，另一方面也在建设市场，使得市场在经济中发挥出越来越重要的作用；在驱动因素发展轴上，开发性金融从支撑以要素和投资驱动为主的“两基一支”，逐渐拓展向支撑以创新驱动为主的高科技产业；在生产能力发展轴上，从贷款扩展产能满足国内需求，到在产能过剩情况下支持企业“走出去”等。

从认识国情到服务国家发展战略还有一个中间环节，那就是规划。毫无疑问，开发性金融更充分地参与规划，将会更好地服务国家发展战略。“规划先行”是开发性金融认识国情的具体体现，是开发性金融的知识性和智库性特征。

第二节　知识性银行参与规划

一、五年计划的“两手抓”与开发性金融的作用

（一）中国五年计划转型

计划体制曾在占世界总人口三分之一的国家取得了辉煌成就，被视为社会主义优越性的重要体现。世界银行（1996）认为计划体制的成就包括：产出的增加，实现了工

业化，向全体人民提供基础教育、卫生保健、住房和工作，而且似乎不受 20 世纪 30 年代大萧条的影响。收入的分配相对公平，广泛的国家福利能使每个人都能享受到基本的商品与服务。

20 世纪 90 年代，随着苏联解体、东欧剧变，社会主义国家纷纷转轨，彻底抛弃了计划体制，转向市场经济似乎已经成为不二之选。著名转轨经济学家科尔奈断言，“经典社会主义体制无法走出自己的影子，局部改革永远不可能突破自身，因此必须要有体制上的彻底变革”。但是当这种体制开始改革的时候，它也破坏了自身的连续性。因此，“当最终发生真正的革命性变革之后，经典社会主义体制将一去而不复返，社会也将从此迈向资本主义的市场经济”（科尔奈，2007）。

但是，中国的计划体制并没有出现他所预言的大崩溃，而是表现出出乎意料的适应性、灵活性和创新性，通过逐步改革实现了转型，重新焕发出活力，发展计划不但没有随着计划经济的瓦解而消失，反而持续活跃在发展政策舞台的中心，发挥着日益重要的作用。中国的改革，并不是简单地引入市场体制取代传统的计划体制，而是市场经济不断发展的同时，计划本身也不断转型，继续发挥作用，计划和市场都成为中国发展相互补充、相互促进的手段。①

市场与计划各有长短，这导致大部分学者对二者持一种“中间立场”，逐渐从两者相互排斥的观点，转向两者相互补充的立场（Chowdhury，A. 和 Kirkpatrick，C.，1994）。正如世界银行《1991 年世界发展报告》（World bank，1991）指出的那样：“问题不是要政府还是要市场：二者都扮演着重要的不可或缺的角色。”市场与计划需要相互补充与相互促进，才能创造出最佳的经济发展绩效，这是中国经济体制转型的内在历史逻辑，也是五年计划转型的历史逻辑。②

根据胡鞍钢对十一个五年计划的总结，“一五计划”是中国从苏联学习的计划经济制度，中国当时面临的问题是如何在后发的农业国强制性地发动工业化。这一时期是“大推动计划期”，这在当时市场发育水平低下的条件下，对发展起了一种“大推动的作用”③，它替代市场快速地动员和集中资源来强制发动工业化，取得了很好的成效。

---

① 邓小平认为：“计划多一点还是市场多一点，不是社会主义与资本主义的本质区别。计划经济不等于社会主义，资本主义也有计划；市场经济不等于资本主义，社会主义也有市场。计划和市场都是经济手段。”引自《在武昌、深圳、珠海、上海等地的谈话要点》（一九九二年一月十八日——二月二十一日）一文，载《邓小平文选》第三卷，人民出版社 1993 年版，第 373 页。

② 胡鞍钢、鄢一龙：《从经济指令计划到发展战略规划：中国五年计划转型之路（1949—2009）》，中国科学院—清华大学国情研究中心《国情报告》2009 年第 36 期。

③ 大推动（Big Push）理论是英国著名发展经济学家 P. N. Rosenstein-rodan（1943）在《东欧和东南欧国家工业化的若干问题》一文中提出来的。它强调经济发展的初期阶段由于企业投资的成本大于收益，经济增长会出现低增长陷阱，需要政府的发展规划在社会效益较大的领域进行大规模的投资，为经济增长提供大推动。

“二五”至“五五”是“统制计划期”，中国计划体制已经基本建立，发展计划对国民经济发展各个环节实施控制，市场机制的作用非常有限，随着经济规模的扩大，计划失灵问题也日益突出。“六五”以后计划机制逐步退出微观经济活动，计划或者范围缩小，或者变成指导性，进入了“混合型计划期”与“指令性计划期”。在向市场经济转型的过程中，市场失灵问题也开始突出，这使得发展计划面临着两大转型任务，一方面是在通过“去计划化”来克服计划失灵，另一方面是通过“强化计划化”来克服市场失灵。“十五”计划开始强调市场和计划的有效结合，2006年起，中国开始实施第十一个五年规划，这是中国第一次使用“规划”而不再是“计划”。“十一五”规划被评价为具有全面性和综合性，恰当地处理了政府与市场的关系，是中国迈向市场经济的又一关键之步。计划进入“发展战略规划”期，逐步实现有效市场和有效计划的相结合。

经过近六十年的不断探索与实践，五年计划已经由苏联特色转变为中国特色，成为体现中国体制优势的重要组成。一方面，它保留了计划体制中最核心的特征，即保证发展活动是“有政府”“有计划、按比例”的；另一方面，计划的对象已经大大不同，它已经由经济计划变身为一个战略规划。由经济计划转向全面发展规划，由微观转向宏观领域，由短期计划为主转向中长期为主，由经济指标为主转向公共服务指标为主。

从中国的六十年发展历程来看，市场与计划两手不可或缺，两手都要硬，两手要相互促进。改革以来，随着中国向社会主义的市场经济转型，逐步由计划一手硬，到市场计划两手都硬的转型。计划经济时期，中国主要是依靠计划这一有形之手来配置资源，计划这一手硬，但市场这一手软。改革以后，市场这一无形之手开始不断变硬，成为资源配置的手段，与此同时，计划这一有形之手在微观经济领域被削弱的同时，在公共服务领域却被强化。我们既要充分发挥市场在资源配置中的决定性作用，又要有效克服市场的盲目性，既要加强宏观调控，规范市场和微观主体行为，又不能代替市场功能，造成市场扭曲。两手都要硬，看不见的手要发挥它的决定性作用，看得见的手发挥它的补充作用。①

（二）开发性金融的作用

开发性金融的市场化运作与五年计划的市场化转型的步调是协调跟进的。市场取代计划过程是逐步的，经历了“计划经济为主、市场调节为辅”（1982年）②，“有计划的

① 胡鞍钢、鄢一龙：《从经济指令计划到发展战略规划：中国五年计划转型之路（1949—2009）》，中国科学院—清华大学国情研究中心《国情报告》2009年第36期。

② 1982年9月党的十二大确立了中国实行“计划经济为主、市场调节为辅”的经济体制改革原则，提出“要正确划分指令性计划、指导性计划和市场调节各自的范围和界限”。

商品经济”（1984 年）[①]，计划经济与市场调节相结合（1989 年）[②] 的几个步骤，最终确立了社会主义市场经济的改革取向（1992 年）。[③]

中国计划退出经济领域，采取了“走一步，看一步”的办法[④]，集中出台改革政策，根据后几年的实施情况，决定是否推进下一步改革。1981—1984 年是快速去计划期，国家计委管理的工业指令性计划产品由 120 种（1980 年）下降到 60 种，减少了一半。国家计划统配物资由 256 种（1979 年）下降到 56 种。1985—1992 年则处于调整期，计划体制的退出相对较为缓慢，1985—1992 年国家计委管理的工业指令性产品只减少了 1 种，国家计委统配的物资也只减少了 1 种。1992 年以后，又进入了快速改革期。价格管理方面 1992 年年底国家物价局一下子放开了 571 种产品价格，下放省管 22 种，1992—1993 年国家计委管理的工业指令性计划产品削减了 23 个。

与此同时，“八五”的定位也发生了变化，要求对任务、方向、政策和改革开放总体部署作出规定，而不是做具体的经济计划。“九五”定位为宏观性、战略性和政策性规划，指标主要是宏观指标，基本上取消了实物量指标。改革开放以来，“五年计划”的实物量指标不断减少，“六五”计划有 65 种，到“八五”就减少到 29 种，到“九五”虽然还有 12 个实物量指标，但它只是预测性的，事实上已经取消了对工农业产品生产下达计划，“十五”以后连预测指标也彻底取消了。[⑤]

以上分析可见，“八五”或者说 1992 年是五年计划市场化转型的关键时期。对金融体系的市场化改革也是如此。改革开放前，中国所有经济活动都由计划指令来确定，几乎没有政策性金融。1992 年，党的十四大提出建设社会主义市场经济体制的决定，由此开始了以市场为导向的金融体制改革。1993—1997 年，中央提出金融改革方案，工、农、中、建四大国有专业银行向商业银行转化，成立国家开发银行等三家政策性银

---

① 1984 年 10 月，中共十二届三中全会通过的《中共中央关于经济体制改革的决定》明确提出“社会主义经济是公有制基础上的有计划的商品经济”。并要求“对关系国计民生的重要产品中需要由国家调拨分配的部分，对关系全局的重大经济活动，实行指令性计划；对其他大量产品和经济活动，根据不同情况，分别实行指导性计划或完全自由市场调节”。

② 向市场经济转型过程不是一帆风顺的，1989 年政治风波之后，鉴于当时政治经济形势，邓小平在 6 月 9 号接见首都戒严部队讲话时强调：“我们要继续坚持计划经济与市场调节相结合，这个不能改。实际工作中，在调整时期，我们可以加强或者多一点计划性，而在另一个时候多一点市场调节，搞得更灵活一些。”（参见邓小平：《在接见首都戒严部队军以上干部时的讲话（一九八九年六月九日）》，《邓小平文选》第三卷，人民出版社 1993 年版，第 306 页。）随后国家在治理整顿中过分采用行政性的计划手段，带来了国民经济运行的“急刹车”与“硬着陆”。

③ 1992 年 10 月党的十四大报告明确提出：社会主义市场经济体制是中国经济体制改革的目标。市场要在国家宏观调控下对资源配置起基础性作用。

④ 邓小平 1985 年提出：“我们的方针是：胆子要大，步子要稳。走一步，看一步。”参见《邓小平文选》第三卷，人民出版社 1993 年版，第 113 页。

⑤ 胡鞍钢、鄢一龙：《从经济指令计划到发展战略规划：中国五年计划转型之路（1949—2009）》，中国科学院—清华大学国情研究中心《国情报告》2009 年第 36 期。

行。政策性金融被动地执行政府指令，在提供贷款时，采取的是指令式的运作方式。开发性金融的运作方式相比政策性金融更具市场化。可见，中国政策性金融从无到有，并向开发性金融演进是和中国五年计划的市场化转型密切相关。在国家计划的实施中，政府之手让位于市场之手这一转变过程中，开发性金融以其市场化运作方式部分承担了政府之手的越位干预范围。开发性金融正是中国发展战略规划中政府与市场两手抓的集中体现。

二、五年规划的民主决策与开发性金融的积极参与

中国历次五年计划决策模式经历了五个阶段的演变：第一阶段是内部集体决策模式（“一五”—“二五”前期），第二阶段是“一言堂”决策模式（“二五”后期—“四五”），第三阶段是内部集体决策模式的重建（“五五”—“六五”），第四阶段是咨询决策模式（“七五”—“九五”），第五阶段是集思广益型决策模式（“十五”—“十二五”）。[①] 中国五年计划决策模式逐步走向科学化、民主化、制度化。正如一位曾经主持编制“十一五”规划《纲要》的领导所言，“只要你把每个程序都踏踏实实走好，你就用不着担心规划编制质量不高，你想想有多少人会替你把关”。[②]

根据鄢一龙等人的总结，“十二五”规划制定过程是集思广益型民主决策模式。“集思广益型”是指通过一定的程序和机制安排，以集中代表着不同方面观点参与者的智慧，不断优化政策文本的决策过程。“集思广益型”过程实际上就是分散的信息不断被集成的过程，由于知识是分散的，群众路线正是认识实践并与实践紧密结合的方法。这也是将群众的“分散的无系统的”意见化为“集中的系统的意见”的过程。

“集思广益”是反复的“民主、集中；再民主、再集中”的政策草案的产生流程，从制度形式上看，是一个“参与、集成；再参与、再集成”的过程；从各方表达意见上看，是一个“屈群策、集众思；再屈群策、再集众思”的过程；从形成纲要文本来看，是一个“讨论、修改；再讨论、再修改”的过程。这一流程可以分为五个环节（如图 13-1）：

屈群策（发散思维）[③]：在编制前期，通过一些机制安排发动方方面面为决策提供意见与建议。中国的政治体制十分重视基层和实地调研，以认识实际情况。除了起草小

① 鄢一龙、胡鞍钢、王绍光：《中国政府决策模式的演变——以五年计划编制为例》，中国科学院—清华大学国情研究中心《国情报告》2012 年第 12 期。

② 鄢一龙、王绍光、胡鞍钢：《中国政府“集思广益型”民主决策——以“十二五”规划编制为例》，中国科学院—清华大学国情研究中心《国情报告》2012 年第 11 期。

③ 扬雄《法言·重黎》：“汉，屈群策，群策屈群力”；李轨注：“屈，尽”。

图 13-1　“集思广益型”决策模式

组人员以外，各级领导（包括中共中央政治局常委及其他国家领导人、全国人大、全国政协、民主党派）分赴全国各地就“十二五”规划编制进行专题调研。这一环节的意义在于收集分散的信息与观点，以形成更为全面、深入的认识，获得思路启发。

集众思（群策群力）：起草人员对征集来的信息进行分析、比较、鉴别，“去粗存精、去伪存真”，并在此基础上，起草阶段性政策文本。

广纳言（征求意见）：阶段性政策草案形成后，要发给相关方面，征求他们的意见。起草者则需根据意见反馈来修改草案，目的是克服草案起草者思维上的片面性、主观性。在规划编制的四个阶段中，每个阶段的前期与后期都会有两次大规模征求意见，前期征求意见是一种“头脑风暴”，目的是最大限度地吸收不同的思路、意见、看法；后期征求意见是阶段性初稿已经形成之后，通过征求意见来不断修改完善，并达成政治共识。征求意见的范围很广泛，包括各民主党派、工商界、企业界、各部门、地方、专家、学者。中国还十分注意吸收外国专家和外国机构的意见，在编制五年规划过程中十分注意吸收国际研究机构、世界知名学者的意见和建议，多次召开国际研讨会讨论“十二五”规划编制相关的问题。规划编制者总是力图使各方面的意见都能得到反映。

合议决（集体商定）：在不同决策层面，领导人或领导机构经过商议确定本层面的政策草案，直至最高决策层面确认最终政策文件，使之获得法律效力。

告四方（传达贯彻）：是指将已经形成政策文件，向各方面进行传达，其目的要么是为下一层面的决策征询意见，要么是为最终政策的执行打下共识基础。

实证研究表明，“十二五”规划编制历时两年多，经历了四轮“集思广益”的过程，分别为“十一五”中期评估、“十二五”基本思路研究、党中央《建议》编制、正式编制《纲要》，每一轮的“集思广益”都经历了上述的五个环节（见表 13-2）。

表 13-2　“十二五”规划不同编制阶段的“集思广益型”机制

	屈群策	集众思	广纳言	合议决	告四方
《基本思路》编制	课题研究、部门和地方思路、研讨会	起草基本思路	地区片会、专家委员会会议	国务院、政治局常委	调研、省部级学习班

续表

	屈群策	集众思	广纳言	合议决	告四方
《建议》编制	课题研究、部门专题研究、人大政协建言、起草组调研	听取汇报、集中学习、汇编意见、研讨、起草	内部征求意见，7次大范围征求意见	政治局常委会、政治局会议、中共中央委员会会议	宣讲会、各地各部门党委会议、宣传与动员
《纲要》编制	公众建言献策、调研、研讨会	起草、内部研讨	总理座谈会、副总理座谈会、专家委员会会议、征求部门地方意见	国务院常务会议、国务院全体会议、政治局常委会、政治局会议、全国人大会议	宣传与动员

资料来源：鄢一龙、王绍光、胡鞍钢：《中国政府“集思广益型”民主决策——以“十二五”规划编制为例》，中国科学院—清华大学国情研究中心《国情报告》2012年第11期。

从“十二五”规划的制定过程可以看出，开发性金融参与的空间和可发挥的作用是巨大的。在《基本思路》编制、《建议》编制、《纲要》编制等每一阶段的“屈群策”“集众思”“广纳言”“合议决”“告四方”五个环节中，后两者属政府职能，前三者则是开发性金融可积极参与的环节（见表13-3）。

表13-3　开发性金融在规划编制各阶段的参与

	屈群策	集众思	广纳言
《基本思路》编制	●国家发改委领导和起草成员开展“十二五”前期开发性金融相关课题调研。开发性金融机构也同步开展基本思路研究，并上报中央与国家发改委，为国家五年规划基本思路提供开发性金融视角的重要支撑，使得规划的起草一开始，就充分奠定在开发性金融支撑的基础上 ●参与发改委直接委托或招标的课题研究 ●参与各种相关课题的研讨会、论坛		●发改委形成基本思路初稿后，征求开发性金融机构意见
《建议》编制	●开发性金融代表参与文件起草小组 ●承担国务院布置的重大专题研究和中央财经领导小组办公室组织的重大课题研究 ●围绕规划制定提交政协提案 ●配合人大和政协开展专题调研	●配合起草组赴各地的调研 ●参与讨论和反馈各阶段的稿件	●参与对送审稿的意见征求并反馈意见
《纲要》编制	●围绕规划编制，配合发改委调研，参与座谈会、专题研究班 ●协助开展规划建言献策活动 ●围绕规划的制定和实施提交政协提案	●对征求意见稿进行反馈	

开发性金融作为连接政府与市场的桥梁，一方面贴近服务于国家战略，另一方面又直接面对市场，因而能够同时掌握宏观信息和微观信息，对参与国家战略规划的制定具有得天独厚的优势，应该充分参与和积极发挥建言献策的作用。

实际上，2009 年，国家“十二五”规划编制工作正式启动，国家开发银行以此为契机，开展行业“十二五”规划前期重大发展专题研究，参与或直接承担外部行业“十二五”规划编制工作，从规划阶段了解政府组织推行行业发展的战略思路，从源头上开发项目与控制风险。这一年，国家开发银行与国家发展改革委、工信部、国家能源局、国家旅游局、国家林业局等有关部门举行多次高层会晤，共商规划合作大计。

2009 年 12 月 1 日，国家开发银行与国家能源局签署《规划研究长期合作备忘录》，共同确定了“十二五”能源供需总量和结构分析及系统优化研究、“十二五”新兴能源优先发展领域及战略任务等研究领域，并在这些研究成果的基础上，制定《规划项目开发指引》，有所侧重地支持能源产业发展，积极为中国能源结构调整建言献策。

2010 年 1 月 22 日，国家开发银行与国家发展改革委签署了《规划合作备忘录》。国家发展改革委表示，愿从“十二五”环保产业及相关治理规划入手，与国家开发银行展开全面、长期规划合作。5 月，为助力国家产业转型和升级，转变发展方式、抢占未来经济科技战略制高点，国家开发银行再次与国家发展改革委签订规划合作备忘录，参与起草《国务院关于加快培育战略新兴产业的决定》和编制《战略性新兴产业“十二五”发展规划》。

截至 2012 年年底，围绕国家产业结构调整的总体思路，国家开发银行积极支持了发改委等 11 个部委的近二十项重要规划编制，完成了 185 项行业系统性融资规划，并作为唯一的金融机构参与了能源、环保、战略性新兴产业等领域的“十二五”规划编制工作。①

三、作为知识性银行提供技术援助

1978 年中国是一个十分封闭的既无内债又无外债的国家。尽管中国人口占世界总人口比重的 22%，但占世界出口总额比重不足 1%。当时的中国是世界最贫穷的国家之一，人均 GDP 仅相当于低收入国家平均水平的一半，既缺少经济建设资金，又缺乏经济改革经验。中国面临着农业、能源、交通等行业发展水平低下的问题，企业技术装备和经营管理水平落后，科技人员和熟练工人严重不足，文盲半文盲人口占到总人口的三分之一，农村有数亿贫困人口，中国正处在百废待兴、经济起飞和转轨的初期。在党的十一届三中全会之后，中央决定我国加入世界银行，利用国际金融组织贷款，作为中国

---

①《国家开发银行史》编辑委员会：《国家开发银行史》，中国金融出版社 2013 年版，第 320 页。

对外开放的重要起点。

国际金融组织对中国贷款援助作用不仅仅局限于投资，还包括技术援助、政策咨询、项目咨询、人员培训、国际经验与学习和借鉴等多个方面。国际金融组织对中国援助时间并不长，只有三十多年，但相当成功，主要在于中国改革开放，国内环境的明显改善，使得中国在利用贷款、实施项目、提高发展能力等方面有明显的提高，外部援助与内部资金、外部建议与内部改革相匹配、相适应、相支持。

世界银行、亚洲开发银行等开发性金融组织不仅仅是项目资金贷款者，更已成为广泛意义上的发展援助机构，通过提供一整套包括投资、制度建设支持、加强管理能力、政策咨询、全球知识网络、全球人才网络在内的各类资源，从而更大程度地实现全球千年发展目标。对此中国政府给予高度评价，国务院前任副总理李岚清同志评价："世界银行和外国政府优惠贷款，对我国的教育事业和人才培养、基础设施建设、企业技术改造等，都发挥了积极的作用。"① 中国获得国际金融组织贷款援助最重要的意义在于使中国能够从一个闭关自守的国家顺利地实现对外开放，结束了长期以来的孤立主义状况，走向国际、走向世界。也正如邓小平所反复强调的："对外开放具有重要意义，任何一个国家要发展，孤立起来、闭关自守，是不可能的，不加强国际交流，不引进发达国家的先进经验、先进科学技术和资金是不可能的。"② 国际金融组织贷款使邓小平的这一设想成为可能。

发展知识与贷款相比有着更为明显的外部效应，如果说援助贷款具有的是局部性的贡献，那么政策知识则具有全局性的效果。比如世界银行、亚洲开发银行等国际开发性金融组织不仅仅是扮演贷款提供人的角色，更重要的是发挥提供发展知识的作用。世界银行集团拥有一支高水平的经济学家和精通各领域专业技术的专家，有大量的研究经费，拥有广泛的国际经验与知识，他们的研究报告特别是每年发表的《世界发展报告》将最新的发展理论与发展实践进行及时的介绍和总结，针对当前和长远发展重大问题的深入分析和讨论，建设性地提出发展与改革政策思路和制度建设。他们非常强调对发展中国家提供政策指导、知识和信息的服务。

三十多年前世界银行就开始对中国经济进行比较系统的研究，在中国经济转轨的不同关键阶段针对不同的重大问题和挑战，为中国政府提出了重要的建议，发挥了旨在促进发展的"知识银行"的作用，即知识创新、知识传播、知识交流和知识分享作用。1980 年，世界银行发表了第一份研究报告《中国：社会主义经济的发展》，对中国 1949—1980 年所取得的经济发展成就作出了重要评价，分析了中国经济发展和部门发

① 李岚清：《李岚清教育访谈录》，人民教育出版社 2003 年版，第 19 页。
② 刘强伦、汪太理：《邓小平卓越智慧》，当代中国出版社 2001 年版，第 56—57 页。

展中存在的主要问题，提出了中国经济发展和经济改革的若干建议。1984 年世界银行发表了《中国：长期发展的问题和方案》。该报告就中国到 2000 年所可能面临的若干问题和可选方案作出了探讨。到目前为止已发表中国国家经济报告 22 份，分省报告 5 份，部门报告 74 份，政策研究报告 75 份（见表 13-4）。

表 13-4　世界银行集团对中国贷款相关经济研究报告数据统计

项　　目	数量	比重（%）
经济和部门研究	101	47
国家经济	22	
分省经济	5	
社会部门	7	
教育、卫生、环境	16	
财政、金融、贸易	14	
农业、水利	12	
工业、能源	15	
交通运输	10	
讨论报告	29	14
技术报告	1	0. 4
政策研究报告	75	35
其他出版物	7	3
合计	213	

资料来源：世界银行集团中国业务概览 2002 年 7 月。

从 1981 年以来，世行支持中国财经出版社和清华大学出版社出版每年的《世界发展报告》中文版，迄今为止已经出版三十几期，这些报告集中反映了不同时期发展理论的最新成果，各国发展的重要经验与教训。20 世纪 90 年代以来，《世界发展报告》多次介绍中国改革与转轨的经验，如《1996 年世界发展报告：从计划到市场》首肯中国渐进和分阶段的改革经验。《2000/2001 年世界发展报告：与贫困做斗争》也充分肯定了中国对于世界减贫的重要贡献。亚洲开发银行也定期地向中国政府提供《中国国家经济报告》，提供宏观分析以及发展政策建议。

这些报告中的发展知识在中国政府和学术界都得到了广泛传播，为中国的经济发展和转轨提供了重要的参考。仅 1994—2003 年中国期刊网收录的文章引用世界银行出版物近 2800 次。另外，世界银行通过全球发展学习网络和全球发展门户网站帮助中国发展知识经济。世界银行学院利用北京的全球发展学习中心开展培训活动，并帮助开发中文课程，直接为西部地区进行远程教育培训，将全球发展学习网络与中国教育科研网联网，使所有成员都能以较低的成本获取知识。

这些国际开发性金融组织在提供发展政策所需要的相关信息和知识方面的作用日益突出，利用各方面的专家和全球性专家网络对中国进行大量系统跟踪、政策分析、咨询活动、政策建议、综合报告、学术研讨会、人员培训、远程教育培训等，为中国发展的需求，提供更为综合的发展知识的传播和分享。这些知识和经验帮助中国逐步从计划经济向市场经济转型，形成更开放的统一的市场，以及建设具有中国特色的市场经济体制。无论是中国经验还是国际经验，一个有效的发展政策和良好的发展环境比巨额的国际援助更有可能促进经济发展和社会进步。从某种意义上看，对中国而言，与其说他们是一个资金的贷款者，不如说他们是全球性发展知识和经验的提供者和传播者。

一方面，世界银行和亚洲开发银行在项目设计中非常重视国有企业的改革，产权结构改革，结构调整，社保制度，治理结构的改善。另一方面，世行、亚行也在协助中国加强中国各地银行对中小企业贷款的能力建设，帮助改善中小企业融资渠道，提供公司治理的方案，支持国有公司重组和所有权多元化。为了支持中国改善金融体制，世行发表多项政策性报告，涉及国有商业银行重组战略，建立有效的银行监管体制，为政策性银行制度建设提供技术援助。国际金融公司将支持中国金融改革作为对华业务的重点，积极参与城市银行改革以及不良资产处理。

在受益的同时，我们也正利用“援助与发展”的开发性金融的思想，通过世界最大规模开发性金融组织国家开发银行和由中国主导建设的亚投行、丝路基金等国际开发性金融组织，把经济社会建设、治国理政的先进治理经验，输送给国内较落后地区和周边及世界各国，造福人类，为人类发展做贡献。中国开发性金融作为知识性银行参与“援助与发展”的集中体现就是国家开发银行为各国提供的国家规划和跨国规划咨询服务。截至2012年年底，国家开发银行共与54个国家达成规划合作、签署规划合作协议，组成专家团队赴27国考察调研，召开了31次国家国情研讨会和13次投资论坛，完成27个国家规划报告征求意见稿。其中，哥斯达黎加、玻利维亚、斯里兰卡、瑞典、津巴布韦、老挝、委内瑞拉等7国的规划报告已通过国内外专家验收，并正式提交合作国政府。国家开发银行共组织开展了21项重大跨国跨区域规划，完成了45份跨国规划阶段性报告，形成了平台型规划和枢纽型规划互为依据和支撑的跨国规划业务格局，成为我国和合作国全局规划中不可缺少的一环。①

① 国家开发银行：《国家开发银行史》，中国金融出版社2013年版，第328、330页。

第三节　开发性金融对央企和重大项目的支撑

一、开发性金融支持央企发展，服务国家战略的责任和影响要素

2015年上半年，中国经济成功实现“保七”的目标，开发性金融的作用功不可没，仅国家开发银行新增发放的本外币贷款就超过全行业的1/6。国家开发银行的信贷主要投放于棚户区改造、铁路、水利、新型城镇化、扶贫开发、“一带一路”等重点领域和重大发展战略上。截至2014年年末，国家开发银行资产总额10.1万亿元，贷款余额7.8万亿元，不良贷款率0.63%，连续4年入选全球50家最安全银行；城镇化贷款余额4.76万亿元，占全行人民币贷款余额的77%；保障性安居工程建设贷款余额7839亿元，其中棚改贷款余额6362亿元，同业占比80%以上；累计支持铁路里程6万公里，约占全国总里程的50%；累计发放水利建设贷款5044亿元，贷款余额2580亿元，同业占比50%以上；外汇贷款余额近3200亿美元，业务覆盖全球115个国家和地区。这些数字从一个侧面体现了开发性金融对城镇化、社会民生、基础设施、国际合作等国家战略的重要支撑。

鉴于央企是国民经济命脉，也是重点工程的实施者，开发性金融服务国家战略很大程度上通过对央企的支撑来实现。目前对央企提供开发性金融支撑主要是国家开发银行的企业局。十年来，企业局始终以服务国家战略、服务国家宏观经济发展、服务央企为使命，与中央各大部委、央企集团合作，先后与48家央企客户签订开发性金融合作协议，与87家央企（不含中铁总）建立业务联系。截至2014年6月底，央企集团（含控股子公司）在国家开发银行的贷款余额为12989亿元，占国家开发银行贷款余额的17.2%。人民币贷款平均执行利率6.07%，相当于基准利率下浮7.3%，比全行平均水平低33个BP，外汇贷款平均执行利率2.35%，比全行平均水平低95个BP。不良贷款率0.28%，资产质量整体较好。这些央企客户（含子公司）在国家开发银行全系统内贷款余额1.63万亿元，约占全行25%上下。

开发性金融基于以下要素服务和影响央企乃至国家战略。其一，开发性金融是连接政府和市场的桥梁，是政府失灵和市场失灵之间有效协调的一种金融形式。开发性金融同时带有政策和市场属性，是一种金融方法。开发性金融把政府、市场和金融等资源和力量有效结合，推进市场建设和政府职能完善，用市场化方式实现政府和央企的发展目标。

其二，在经济发展过程中，任何经济主体都避免不了周期性波动，但开发性金融通过市场建设构造经济平稳增长的制度基础，做到“顺境隐于市，逆境托举市”，也就是在经济快速增长周期，开发性金融隐于市场，通过为项目构造市场出口，让出更多的空间，引入商业资金发挥作用；在经济下行时期，开发性金融加大对瓶颈领域的支持力度，为经济平稳较快增长注入强大动力。

其三，在市场失灵和政府失灵的双失灵情况下，资源的配置无法通过市场和政府两种手段来达到最优。作为政府与市场连接桥梁的开发性金融，是解决市场失灵和政府失灵的有效方式，从而有效地促进产业结构调整。

其四，主要由央企投资建设的基础设施所需资金投入巨大、期限长，项目运营市场化程度一般不高，投资利润率低，投资收益与风险不匹配。这使得以营利为目的的商业性金融介入基础设施建设的积极性不高，而政策性金融的介入则存在资金来源有限和容易形成不良贷款。

其五，开发性金融的知识性和智库性特征体现为“规划先行”服务央企和国家战略。“规划先行”紧紧围绕国家中长期发展战略和贴近央企实际情况，提出与时俱进地做好科学发展规划，大力开展区域、产业、社会、市场、国际合作、富民及系统性融资规划编制。

二、新时期央企在国家中的重要地位

（一）加强党对央企的领导

2015 年 6 月 5 日，习近平总书记在主持中央全面深化改革领导小组第十三次会议时强调“确保党的领导、党的建设在国有企业改革中得到体现和加强”。在新常态和“四个全面”战略布局等大背景下，加强党的领导对央企准确把握战略方向和坚持正确性质显得尤为重要。个别企业领导权力寻租、以权谋私、比阔气等现象表明党的领导出现弱化，难以形成有效监督。对此，中央全面深化改革领导小组第十三次会议已经明确将从两个方面发力，一是选人用人，坚持党管干部原则，按照“现代企业制度要求和市场竞争需要”选任干部；二是把加强党的领导和完善公司治理统一起来，明确国有企业党组织在公司法人治理结构中的法定地位。

（二）国际竞争中的中坚力量

2015 年，美国《财富》发布的世界 500 强名单，中国上榜企业达 106 家，上榜企业数量稳居世界第二，仅次于美国的 128 家。而在 13 年前，仅有 11 家中国企业上榜，美国、日本则分别为 198 和 88 席。从中可见，各国上榜企业的数量和国家经济实力排名有着惊人的相似，尤其是上榜企业数量最多的六个国家，同时也是在 GDP 世界排名中最靠前的六个国家。从某种意义上讲，国与国之间的竞争，就是大企业之间的竞争。因此，培育具有国际竞争力的世界一流企业，已成为重要的国家战略。2015 年上榜的央企达 47 家，占世界 500 强约 1/10，这表明央企正成为中国在国际竞争中的中坚力量。

（三）创新驱动发展的重要引擎

习近平总书记指出，实施创新驱动发展战略，是立足全局、面向未来的重大战略，是加快转变经济发展方式、破解经济发展深层次矛盾和问题、增强经济发展内生动力和活力的根本措施。央企是落实创新驱动发展战略，进而打造促进经济增长和就业创造的重要引擎，必须切实提高创新驱动发展的主动性和自觉性，努力发挥“国家队”的示范带动作用。

（四）“四个全面”战略部署下重塑央企全面发展

在“四个全面”战略部署下，央企正进行新一轮全面深化改革。国企改革总体改革方案由国家发展改革委、财政部、国资委、人社部分别牵头，各部委分工已经明确：由国家发展改革委负责制定混合所有制改革办法；财政部负责牵头三个文件，包括国有资产管理体制改革、成立和改组国有资本运营公司及投资公司的方案文件以及国有资本预算改革方案的制定；人社部主要负责薪酬改革方案及细则制定；国资委则牵头两个文件，深化国企改革指导意见以及国有企业功能界定和分类。“四个全面”战略部署不只成为央企改革的更全面根据，还为央企净化发展环境、保护知识产权、降低发展成本，从而重塑央企的全面发展。

三、央企经营的发展变化和趋势

（一）央企的中国式公司治理的特点

中国的大中型国有企业改革没有走苏联或者俄罗斯全面私有化的道路，不是转向资本主义改革的政治方向，而是坚持了社会主义改革的政治方向，形成中国式公司治理。作为社会主义企业的中国式国企至少有三大优势：国有资本优势；政治优势，即党组织的核心作用；组织优势，就是全心全意依靠我们工人阶级。企业文化方面它不同于西方的个人主义文化，它更加强调和谐、集体主义、奉献精神。中国国企改革成功的关键在于不断探索出协调运转、有效制衡的公司治理模式，尤其是在以混合所有制经济作为深化改革的指引方向下，将为央企公司治理注入活力，形成既能坚持党的领导和公司治理的统一，又符合现代公司制度的中国式公司治理模式。

（二）央企在适应国家生命周期的战略转型期与战略定位

国家生命周期的核心问题就在于能否创新，能否持续地创新。中国进入 21 世纪，意味着进入大规模创新的时代、加速创新的时代、全面创新的时代。当前的创新驱动发展战略正是适应国家生命周期的战略转型和战略定位。央企也从数量扩张的外延式增长转向主要依靠科技进步的内涵式发展的关键节点上，实现这一历史性转变，既是攻坚战也是持久战，既有内在压力也面临着难得的历史机遇。

（三）央企困难重重的国际竞争环境，是促进发展的机会

央企虽在世界500强中占据47家，但仍存在大而不强、不优的尴尬。例如优秀的全球性企业有52%的收入来自本土以外的国家，反观中国企业，即使作为盈利能力最强的工商银行，其境外收入也仅占总收入的5%左右。央企要成为真正意义上的全球性企业必然面对困难重重的国际竞争环境。在国际竞争过程中，央企走过从盲目效仿到恶性竞争，在规模扩张中又落入国际并购陷阱与政治干预对抗。因此，加强央企国际资源整合能力、技术创新、调整产业结构、品牌建设、风险管控等成为央企提高国际竞争力的关键，而在此过程中需要借力“一带一路”、国际产能合作等国家战略形成合力共同促进。

（四）央企间的竞争加剧趋势

在产能过剩和重复建设等情况下，央企间的国内和行内竞争加剧趋势产生巨大政治、经济、社会、文化、生态、制度建设等成本。因此，产能合作、兼并重组，进一步优化央企国内和行内竞争格局，塑造良好竞争环境以更好地促进央企健康发展是大势所趋。央企深化改革因而不只局限在企业范围，更是整个产业链的重组，产能的再平衡，产业结构的升级换代。央企竞争格局将突出“进、退、稳、优”四个调整方向。“进”是在国家安全、国民经济命脉的重要行业和关键领域巩固和提高控制力，保持投入强度，做到进而有为；“退”是指加快淘汰和转移低端过剩产能；“稳”是指不再进行低端重复建设，更加注重产业链整合、价值链延伸、代表技术演进方向的细分行业发展；“优”是指向优势企业、优势板块集中。

（五）央企在国内和国外的本地化发展变化

国内的市场不同，城乡、地区发展不均衡，贫富差距，文化差异，政治生态特质不同等，决定着央企不同的本地化方式。央企在跨国公司建设过程中所面对的国外本地化问题尤为突出。本地化成为央企拓展市场空间并成为全球性公司的成败关键，央企本地化与全球化相辅相成。致力于全球化的央企在本地化趋势下将着重跨区域兼并和人力资源发展、本地信息情报工程构建、文化融合、企业社会责任担当。

（六）央企软实力积累同质化

软实力包括制度、信用、管理、业务模式、盈利来源、企业文化等，沉淀和升华自央企的广泛实践，形成一种共识、共同价值取向、文化认同，并带有政治、经济、社

会、文化、生态等正外部性。央企软实力积累的同质化是事物从个体到全体，从片面到全面，从特殊到普遍的必然演进，并将成为共同的无形财富，超出自身而拓展为国家软实力的重要组成部分。

（七）央企财务中心的功能逐步完善成为全财务与金融业务平台

截至2012年年底，共有70家央企设立了集团财务公司。在集团内部设立财务公司，已成为很多大型企业，尤其是央企的共同选择，它可以在资金集中管理和提高资金使用效率方面发挥积极作用。根据各行业各央企的业务需求，财务公司的功能包括发挥商业化、投资银行、内部银行、产业金融机构、金融顾问平台等。随着功能的逐步完善，央企财务公司将逐渐演进为全财务和金融业务平台。央企金融脱媒趋势更加明显。

（八）央企廉价劳动力与货币成本对冲能力提高

随着比较优势的变化，央企原来基于廉价劳动力等优势逐渐消失，在向新领域拓展时又面临一系列风险。央企适应这种变化所伴随的是整体对冲能力的提高。风险并不总是负担，同时也是机会，风险管理与发展息息相关。风险管理的重点在于能够采取克服风险管理障碍的集体行动，从而从分散的、无秩序的、盲目的管理方式转向整体性的风险管理方式。认识到风险管理的机会性和整体性，对央企而言，需要从全局上将技术对冲、资产对冲、国际融资对冲等对冲手段纳入综合风险管理方案。

（九）央企制度建设过程中对企业发展经营的影响

央企的改革历程也是制度不断建设的过程，其制度建设的每一次落实实质上就是各利益主体激励相容的利益承载与保障、权责的明确、博弈达成的均衡，它一方面在一定时期内保障企业相对稳固的经营，另一方面也成为企业革新的制约。当前的央企制度建设体现为管理扁平化、全产业链和全价值链打造等，是全球化、互联网化、大数据化趋势下的必然演进结果。

（十）央企全球经营网构建的发展趋势

央企全球经营网的构建既是国家任务也是企业发展规律的必然结果。历史发展表明每一大体量的经济体崛起必将重塑世界经济地理，而今这一历史使命重新落在中国身上。以中国为首的东方和南方国家的崛起，尤其是在“一带一路”推动下，正重塑着世界经济地理。在此过程中，以企业为主的非国家行为体的作用日益重要，而央企目前已占世界500强的1/10，足见央企在重塑世界经济地理中的重要作用。从这一角度来讲，世界经济地理的重塑也有助于全球经营网的构建。全球经营网已超出了个别企业、个别行业专业化经营的局限，需要在大企业带动和辐射下广泛联系一切要素参与进来组成全球经营网络。

四、开发性金融服务央企的新机制

（一）规划先行

开发性金融以“规划先行”为抓手，通过与央企的规划合作，推动与央企全方位的深入合作。以客户融资需求为中心，发挥开发性金融的专家优势，将融资与融智相结合，兼顾双方利益，实现与央企客户的长期持续稳定的战略合作。例如，在国家开发银行企业局有贷款余额的65家央企客户中31家央企与企业局开展了规划合作，覆盖了中铁总、五矿集团、中石化集团、中核集团、五大电力集团等一大批龙头企业。规划先行是开发性金融区别于其他商业性金融的有力武器，正成为开发性金融服务央企的重要环节，通过规划和平台建设，把规划转化为生产力和开发性金融核心竞争力，牢牢把握发展主动权。

（二）“总对总”服务模式

目前，74%的央企实现了集团化的资金集中管理，需要相应的“总对总”金融服务。央企规模大，发展速度快，需要统筹的资金量大，为了解决资金归集问题实现资金集中管理，内部设立财务公司统一调配下属子公司的资金应用，从而形成了筹资需求大额集中、统筹调度、借款主体统一、融资效率高、手续便捷快当的特点。需要开发性金融满足这一需求变化，提供对应的“总对总”金融服务。

（三）全牌照的综合营销机制

在利率市场化加快推进、金融脱媒逐渐加剧的形势下，开发性金融可发挥“投资、贷款、债券、租赁、证券”全牌照优势，以客户为中心、总分行联动，子公司协同的“一揽子”服务的综合营销机制。通过加强同业合作，开展银团贷款、债券承销等业务，开展理财、信托、财务顾问等表外业务。可充分发挥“一拖二”架构的优势，树立开发性金融一盘棋思想，统筹各业务条线的发展，逐步形成品牌、规划、资金、网络、客户等方面的系统优势。

（四）建设集约服务平台

面对经济金融形势的深度调整，同业竞争态势的全面升级，央企治理结构的深刻变革，开发性金融传统自营为主的经营管理模式越来越受到来自人力资源、产品创新、风险防控等诸多方面的挑战，进一步完善和创新经营管理模式刻不容缓。在现行的经营与考核体制下，开发性金融各部门难以形成合力，仍然存在多头对外、信息不畅、缺乏统一协调的问题，需要建设集约服务平台，集中资源与央企开展整体合作，通过整体开发、统一授信、归口管理和综合服务巩固与央企的合作关系。

（五）兼顾加快业务发展、管控业务风险、提高综合收益

开发性金融按照“项目自身的战略必要性、整体业务的财务可平衡性和机构发展的可持续性”三大原则，加快业务发展。一是要加快完善集团客户服务和管理体系，构建新型集团客户服务管理体制。二是要大力推进开发性金融央企业务板块大发展，不断提高对业务的贡献度。管控业务风险，是指要积极构建系统性风险防范体系，重视风险预警和有效化解机制的建设，为业务快速发展保驾护航。提高综合收益，是指在服务客户、巩固关系的同时，不断提高客户对开发性金融的价值贡献度，实现经济效益和社会效益双丰收。

（六）构建新型央企客户服务体系

构建并完善新型央企客户服务体系，逐步形成一套客观、可行的央企客户系统开发、评审、授信、信贷和风控管理体系。开发性金融对接国资委等中央政府部门，宏观上把握与央企合作的方向、节奏和力度；与央企集团总部保持密切关系，量身定制系统化综合服务方案；统筹信贷政策和贷款条件，整体开发客户融资需求；组织评审、统一授信、归口管理和风险管控。同时，各开发性金融分支机构负责配合做好与央企下属成员公司的项目对接，为项目公司提供信贷管理和相关服务；推动建立适应央企客户业务需求的信息管理系统，完善客户关系管理系统，推广大客户现金管理系统，推动改造核心系统存款模块，加快网银系统现代化改造；等等，使 IT 成为管理提升、服务转型的重要支撑。

（七）建立综合收益管理机制

实现从单一贷款融资向提供综合金融服务的转变。除贷款业务外，积极开发债券承销、保函、保理、票据、理财、海外代付、结售汇、掉期交易等中间业务产品，既能满足客户需要，又能提高客户综合收益。通过综合营销、综合服务，提高综合收益。要在已建立的客户综合收益台账基础上，加强信息维护和更新，算细账、算大账、算综合账，不断使用综合收益理念指导业务工作，不断加强集团综合收益分析的自动化、系统化、科学化水平。建立综合收益评估机制，加强综合收益管理，体现从追求规模、速度向注重质量、效益的转变。

（八）完善系统性风险管控体系

建立基于央企客户的风险管理架构。一是加强对重点行业、重点领域、重点客户的风险识别工作。完善风险识别和报告机制，侧重对宏观经济、行业、区域以及特定客户群等系统性风险的整体识别。二是加强集团客户风险预警分析。完善预警指标体系，综合内外部信息，进行动态监控，重点防范央企系统性风险，对风险客户实行名单制管理。三是加强央企客户风险管理协调工作。通过协调央企总部和有关部委，联合总行相

关厅局，联动分行和地方政府，对央企及其子公司、分公司出现的风险进行综合管理和有效控制。四是加强对集团客户风险收益水平的系统化测量和分析评价，为经营管理和业务发展提供决策依据。五是加强国别风险管理。加强与境外分支机构和国别组的沟通联系，积极收集国别风险报告和国情调研报告，动态掌握国际政治经济金融形势新变化，及时对国别风险进行识别并采取有效对策，维护开发性金融境外资产安全。

第四节　开发性金融对国家战略举措的支撑

一、中国的全球治理格局的历史继承和发展

“中国梦”的提出有其深厚的历史渊源。新中国成立初期，毛泽东就以豪迈的气概对参加党的八大代表讲，“中国要赶上世界最强大的资本主义国家，就是美国。美国只有一亿七千万人口，中国的人口比它多几倍，资源也丰富，气候条件跟它差不多，赶上是可能的。应不应该赶上呢？完全应该。假如我们再有五十年（指到 2006 年，引者注）、六十年（指到 2016 年，引者注）就完全应该超过它。”这是毛泽东赶超世界一流国家的“中国梦”。而现在正好是毛泽东的“中国梦”设想实现的年限。赶超美国，意味着中国重拾昔日世界领袖的辉煌。

梦回汉唐，当时全球是怎样的治理格局？当今全球治理格局又是跟史上哪个时期更相似呢？

据安格斯·麦迪森的计算（2001），公元元年，中国 GDP 比重占世界的 26.2%，公元 1000 年、1500 年、1600 年这一比例分别为 22.7%、25%、29.2%，表明中国经济长期大幅领先世界。除了经济指标，判断一个国家是否达到世界级领袖至少还看其疆域面积、人口以及文化影响在同一时期是否远超其他国家。按照这些标准，从公元前 4000 年到公元 1500 年，依次出现的世界级领袖分别有古埃及（前 4000—前 343 年）、周朝（前 1046—前 256 年）、波斯（前 550—前 334 年）、孔雀王朝（前 324—前 187 年）、汉朝（前 202—220 年）、罗马帝国（前 27—395 年）、唐朝（618—907 年）、阿拉伯帝国（632—1258 年）、元朝（1271—1368 年）、明朝（1368—1644 年）十个朝代（见表 13-5）。

从文明传承性来看，古埃及、波斯、孔雀王朝均后继无人，在世界领袖的遴选中虽辉煌一时但已遭淘汰；其他 7 个世界级领袖分别属于中华文明，伊斯兰文明和古罗马、古希腊、基督文明等世界三大文明体系，其中中华文明占了 5 个。

从空间分布来看，古埃及、波斯、罗马帝国、阿拉伯帝国位于西边，其他6国位于东边。由于历史条件限制，东西方之间来往有限，因此呈现出世界东西分治的基本格局，或者说两极治理格局。西方世界的治理由古埃及、波斯、古罗马、古希腊、基督、伊斯兰等不同文明轮替着，而东方世界的治理则始终由中华文明肩负。在不同历史时期，世界两极治理格局分别从夏、商、周对古埃及、波斯帝国，到汉朝对罗马帝国，再到唐朝对阿拉伯帝国。自蒙古帝国消灭阿拉伯帝国后，世界呈现元朝和明朝一极独大的世界治理格局。

表 13-5　世界领袖历史谱系

领袖国	年　份	全盛时期疆域面积（万平方千米）	人口（万人）	占世界人口比重（%）	所属文明	文明变迁
古埃及	前4000—前343年	420（前1400年）	400（前1400年）	10	埃及古文明	先后为基督文明、阿拉伯、伊斯兰文明所取代
周朝	前1046—前256年	320（全盛时期）	3000（前230年）	15	中华文明	九皇、五帝、三王一脉相承
波斯	前550—前334年	695（前485年）	1800（前485年）	18	琐罗亚斯德教（拜火教）	先后被希腊化、伊斯兰化
孔雀王朝	前324—前187年	378（前250年）	2650（前250年）	19. 3	婆罗门文明、佛教文明	佛教文明在印度消失，演变为印度教文明
汉朝	前202—220年	610（1年）	5960（1年）	33. 1	中华文明	
罗马帝国	前27—395年	590（全盛时期）	4750（200年）	25	古罗马文明、古希腊文明、基督文明	
唐朝	618—907年	1240（670年）	5292（755年）	24. 6	中华文明	
阿拉伯帝国	632—1258年	1340（750年）	3400（750年）	15. 8	伊斯兰文明、阿拉伯文明	
元朝	1271—1368年	2270（1300年）	10000（1300年）	17. 8	中华文明	
明朝	1368—1644年	997（1424年）	13000（1600年）	23. 9	中华文明	

资料来源：主要从琼斯的《世界历史人口图集》，胡焕庸的《中国人口史》等提取。

自大航海时代和工业革命后，世界领袖由古罗马、古希腊、基督文明体系内部轮替。中华文明和伊斯兰文明虽有康乾盛世和奥斯曼帝国的强盛，但已是明日黄花。

从文明传承性看，无论是葡萄牙、西班牙、英国、美国等一代霸主，还是法、德、俄罗斯等文明体系的内部挑战者，都属于罗马帝国的继承者。它们内部曾有过血腥的全球霸权争夺，也有像英国与美国之间的和平禅让。总的来讲是由丛林规则向制度化方向发展的。

中国在经济规模上正逐渐超越美国，对全球治理格局必将产生重要影响。当今中国所处的全球治理格局更像是汉朝时期，所面对的是古罗马、古希腊、基督文明体系的罗马帝国；不像唐朝所面对的是伊斯兰文明的阿拉伯帝国；更远没达到元朝、明朝一极独大的全球治理格局。也就是说全球治理正恢复两极共治的局面。之所以说“共治”而不是“分治”，这是因为当前已是全球化、一体化时代，有别于汉朝与罗马帝国分治的局面。

因此，中国的世界领袖地位是对自身的历史传承，而绝非继承自美国。而且从整个人类历史发展的长河看，中国这一世界领袖地位相比美国更具历史正当性。世界历史曾至少五次选择中国作为世界领袖，而美国才头一回。应该看到，美国的世界领袖地位有其文明渊源，即罗马帝国或者说古罗马、古希腊和基督文明，这正是美国力量的可持续性的来源。同样，中国不能当无源之水、无本之木的世界领袖，而必须根植于自身的历史传承和文化传统。只有中华文明的世界影响不断拓展，中国的世界领袖地位才越稳定。

二、中国对全球治理格局重塑的战略举措

当前，中国对全球治理格局重塑的最大战略举措就是“一带一路”，亚投行、丝路基金、上海合作组织开发银行、中国中东欧开发基金、互联互通等均围绕它而展开。此外，还有金砖国家开发银行等，正共同重塑着世界经济和金融秩序。

史上的丝绸之路曾联通汉朝和罗马帝国，当时的世界处于汉朝对罗马帝国的两极全球治理格局下。当今的“一带一路”战略举措正推动全球治理重回昔日两极格局。

“一带一路”对全球治理格局的重塑是从互联互通开始的。2009 年世界银行发展报告《重塑世界经济地理》① 将密度、距离和分割②视为重塑世界经济地理的三大维度，而“一带一路”所提的互联互通正是通过缩短距离，减少分割来达到重塑的目的。习近平总书记 2014 年 11 月 8 日在加强互联互通伙伴关系对话会所发表的《联通引领发展　伙

① 世界银行:《重塑世界经济地理》，清华大学出版社 2009 年版。

② 密度指每单位面积的经济总量，它反映了经济的集中程度，往往是经济越集中的地方，越富裕；距离指商品、服务、劳务、资本、信息和观念穿越空间的难易程度，由此落后地区应重新定义为相对于经济聚集区的偏远地区，这不单指空间距离，更重要的是由于基础设施落后和制度障碍造成的经济距离；分割指国家之间、地区之间商品、资本、人员和知识流动的限制因素，简而言之，就是阻碍经济一体化有形和无形的障碍。

伴聚焦合作》重要讲话，对“互联互通”的完整阐述为“我们要建设的互联互通，不仅是修路架桥，不光是平面化和单线条的联通，而更应该是基础设施、制度规章、人员交流三位一体，应该是政策沟通、设施联通、贸易畅通、资金融通、民心相通五大领域齐头并进。这是全方位、立体化、网络状的大联通，是生机勃勃、群策群力的开放系统”。

习近平总书记所提出的政策沟通、设施联通、贸易畅通、资金融通、民心相通五大领域互联互通正成为全球治理网的坚实基础。其中，设施联通又是互联互通的基础。但由于资金投入巨大，建设周期较长，基础设施已成为当前区域互联互通的瓶颈。因此，相应的金融战略举措相伴而生。

“一带一路”涉及俄罗斯、蒙古、东南亚11国、独联体其他6国、南亚8国、西亚北非16国、中东欧16国、中亚5国共64个国家，比美国马歇尔计划所覆盖的国家多得多，是一次互联互通人类共享行动，沿途各国将切实享受中国的综合国力和改革开放的世界红利。①

“一带一路”是全局性战略举措，所带动的战略举措包括：带动南方国家发展实现世界共同发展、共同繁荣，推动世界多极化发展，国际制度建设民主化；重塑由美国金融霸权主导的世界金融秩序，打造亚洲命运共同体，为中国提供国家安全保障，消化中国过剩产能，推动东中西部平衡发展，推动人民币国际化，传播中华文化等。在“一带一路”战略举措的带动下正重塑着全球治理格局。

三、开发性金融对国家战略举措的支撑

2015年3月28日，国家发展改革委、外交部、商务部联合发布的《推动共建丝绸之路经济带和21世纪海上丝绸之路的愿景与行动》明确指出，“资金融通是‘一带一路’建设的重要支撑”。之所以由中国而不是任何别的国家提出“一带一路”这样宏伟的战略是因为只有中国才具备雄厚的开发性金融实力做后盾。而像亚洲基础设施投资银行这样的开发性金融之所以能得到众多国家响应，也是因为有“一带一路”这样的宏伟战略举措为前提。开发性金融与国家战略举措相辅相成、相互促进。目前，在国内外不同服务领域，在不同的国际合作框架，中国已独资或主导在建不同的开发性金融机

① 之所以说“世界红利”而不说“中国红利”，因为“中国红利”是基于中国国家利益立场对世界所做的红利贡献属于中国红利，而中国站在天下立场，在天下体系下对世界所做的红利贡献属于世界红利。美国常提出要领导世界，却赤裸裸毫不掩饰地强调其国家利益立场，所以美国对世界的红利贡献充其量只是“美国红利”而不是“世界红利”。中国“一带一路”战略举措突破了狭隘的国家利益立场，而站在世界利益立场，因而能实现“世界红利”。老子有言：“故以身观身，以家观家，以乡观乡，以国观国，以天下观天下。吾何以知天下然哉？以此。”说的是要以天下的立场来观察天下。谏大夫鲍宣曾劝告汉哀帝说：“治天下者，当用天下之心为心”（《资治通鉴》卷第三十四）。历史上的中国都是站在天下立场来治理天下。

构，形成对各项国家战略举措提供全面支撑的开发性金融体系（见表 13-6）。

表 13-6　支撑中国国家战略举措的开发性金融

开发性金融机构	规　模	参与国家/地区	服务领域
亚洲基础设施投资银行	法定资本 1000 亿美元	57 个意向创始成员国	基础设施
丝路基金	中国出资 400 亿美元		基础设施、资源开发、产业合作
金砖国家开发银行	初始资本 1000 亿美元，初始认购资本 500 亿美元	中国、印度、俄罗斯、巴西、南非	金融安全、减少对美元和欧元依赖、基础设施
上合组织开发银行		中国、俄罗斯、哈萨克斯坦、吉尔吉斯斯坦、塔吉克斯坦、乌兹别克斯坦、土库曼斯坦	扩大本币结算合作，促进区域经贸往来
中国进出口银行	注册资本 33.8 亿元	中国国企	支持中国企业“走出去”
国家开发银行	注册资本 3000 亿元	中国国企	政府职能转变、经济结构调整升级、社会建设和民生改善、对外开放

资料来源：笔者根据各权威网站新闻资料整理。

总体来讲，中国独资或主导在建的开发性金融机构所支撑的国家战略举措可归结为：

人民币国际化。人民币国际化不可避免地将冲击美国的金融霸权地位，这是美国最核心的利益。自 2009 年到 2014 年年底，有 28 个国家和地区的货币当局购买了 30975 亿元人民币作为外汇储备。目前，在全球的货币家族中，人民币已经挤进了贸易结算额第二把交椅（美元、人民币、欧元、日元、英镑）和金融结算额的第五把交椅（美元、欧元、日元、英镑、人民币）。2015 年 12 月 1 日，国际货币基金组织正式宣布，人民币于 2016 年 10 月 1 日加入 SDR，这是国际货币基金组织对人民币国际地位的认可。人民币国际化使得中国的外汇储备和国际结算不再依靠唯一的美元，各国的外汇储备和结算也有更多选择。这意味着，世界将减持以美元计价的美国国债。过去经验表明，对美元霸权构成威胁的行动都会遭到美国报复打击。① 而美元霸权又跟战争、国防经济、国

① 例如，美联储的最大噩梦是石油输出国组织将其国际交易结算从美元基准转换为欧元基准。伊拉克已在 2000 年 11 月做了这种转换（当时每欧元值 82 美分）。考虑到美元对欧元的稳步贬值，伊拉克此举实际上就像是一个强盗（注：2002 年度美元对欧元贬值 17%）。布什当局，或者更重要的，军工集团的联合体，想要在伊拉克建立一个傀儡政府的真正原因是想恢复到美元基准并保持下去（同时也要禁止石油输出国组织向欧元进一步迈进，特别是伊朗——石油输出国组织第二大产油国正积极讨论将它的石油出口转换为欧元基准）。实际结果是，美国打下伊拉克之后，临时政府发布的第一道法令，就是宣布伊拉克的石油出口，从欧元结算改回美元结算。迈克尔·赫德森：《美元霸权与美国对外战争融资》，《国外理论动态》2005 年第 8 期。

民经济、制度霸权、舆论文化霸权、石油结算等构成相互支撑的格局。人民币国际化所面对的是美国不容挑战的美元霸权，因此，中国在主导构建亚洲基础设施投资银行之际，习近平总书记在2014年博鳌论坛发表主旨演讲“亚洲新未来：迈向命运共同体”，表明中国不会孤立而是以命运共同体去迎面美元霸权，唯有如此，人民币国际化才能顺利实现。开发性金融正是通过构建命运共同体支撑着人民币的国际化进程。

中国企业“走出去”。过去中国企业“走出去”主要由中国进出口银行、国家开发银行等政策性金融机构支撑。如中国进出口银行，截至2014年年末支持船舶、铁路、汽车、工程机械等装备制造业企业在全球投资建厂、设立研发中心项目1832个，贷款余额5700多亿元。随着“一带一路”、上合组织、金砖国家、中国—东盟、中国—中东欧等合作框架的构建，亚投行、上合组织开发银行、金砖国家开发银行、中国—东盟投资合作基金等开发性金融正为中国企业“走出去”提供全方位的支撑。

全球治理网。中国正主导或参与的国际合作制度和框架如“一带一路”、上合组织、金砖国家组织、中国—东盟等正逐渐演进为全球治理新阶段——全球治理网。全球治理网不会自发形成，更不会自然地朝有利于中国的方向发展，而是在全球复杂的利益博弈格局中逐渐走向均衡。在此过程中，中国所主导的开发性金融将起着关键的推动作用。截至2015年10月底，国家开发银行在“一带一路”沿线国家提供融资的项目超过400个，贷款余额超过1000亿美元，占全行国际业务的1/3。国家开发银行发挥金融引擎和先导作用，全力服务“一带一路”建设，在基础设施、能源资源、产业发展、社会民生、金融合作、人文交流等方面取得了积极成效。

第五节　开发性金融对外交的支撑

一、中国金融外交转型

金融外交主要有两种形式：一种是国家为实现金融目标而开展外交活动，即以外交手段为国家谋取金融利益；另一种是指国家为实现外交目标而进行的金融活动，即以金融手段为国家谋求对外关系上的利益。这里所论述的金融外交主要指后者。

随着经济全球化的深入发展，金融外交在国际关系中的作用不断加强。冷战结束后，特别是20世纪90年代以来，金融问题越来越成为影响各国社会政治生活的基本因素，也是造成某些发展中国家政治危机和社会动荡的直接原因。金融力量已成为当代大国外交一种新式的、更加有效的“武器”，成为实现国家战略目标的重要手段。

美国等西方国家已充分认识到，金融外交比核武器有更大的使用价值，它可以在不破坏国际关系基本准则的前提下，利用国际金融体系发展和巩固自己的霸主地位，利用自身强大的金融实力，冲击其他国家的经济主权，以在和平时期控制大多数国家的命运，建立稳定的全球霸权。美国在二战后位居西方的霸主地位，这与其掌控国际金融体系密切相关。美国哈佛大学教授塞缪尔·亨廷顿在《文明冲突和世界秩序的重建》中列举了西方国家控制世界的战略要点，其中有 3 条与金融有关：第一条“控制国际银行”、第二条“控制全球硬通货”、第五条“掌握国际资本市场”。当今世界，金融外交成为各大国角逐国际舞台的重要外交手段。

美国从布雷顿森林会议之后，长期操纵国际货币基金组织、世界银行等国际金融机构，成为国际金融外交战场的主导者。美国提出“马歇尔计划”，即欧洲复兴计划，在 1948—1951 年，总共提供了 131.5 亿美元对西欧国家给予经济援助。其目的很明显，就是要通过融资推动，在政治上巩固资本主义制度的地域范围，实现联合西欧各国共同抵制苏联和东欧的“社会主义扩张”；在经济上，输出战后美国过剩的生产能力，实现美国国内经济目标和对外经济扩张。20 世纪 70 年代以后，布雷顿森林体系瓦解，欧共体崛起，特别是日本经济腾飞，美国的金融主导权一度有所削弱。然而，痛定思痛后的美国利用了一切可以利用的条件，施展种种娴熟的操控手段，在金融外交战场上展开了大“围剿”。20 世纪末的几场金融危机，使墨西哥、东亚、俄罗斯、巴西等介入国不得不向国际货币基金组织求助，由此在一定程度上成为美国金融霸权的受害者，这些国家的经济自主性受到很大伤害。

中国正推动的“一带一路”战略举措被各界称为中国的“马歇尔计划”，虽不尽然，但也有某方面的相似之处。例如，都是通过金融外交输出过剩的产能。但和美国截然相反的是，中国的金融外交恰好是美国金融霸权的平衡，为广大发展中国家提供更多自主选择，摆脱被美国金融霸权操控的命运。金融外交是中国在世界各地争取朋友和商业优势的策略中的一根关键支柱。

不过中国金融外交也存在巨大的风险成本，面临转型的必要。乌克兰严重拖欠了中国贷款，而津巴布韦也没能偿还金额小得多的中国贷款。其他接受中国政策贷款的国家——比如委内瑞拉、厄瓜多尔和阿根廷——都遭遇了不同程度的经济困难，使它们的偿债能力大大减弱。

波士顿大学弗雷德里克·帕迪全球问题研究院（Boston University's Frederick Pardee School of Global Studies）副教授凯文·加拉格尔（Kevin Gallagher）和智库美洲国家对话组织（Inter-American Dialogue）的项目主管马格里特·迈尔斯（Margaret Myers）维护的一个数据库显示，自 2005 年以来，与中国政府相关的对拉美贷款总额已达 1190 亿美元，仅2014年便增加了220亿美元。约翰霍普金斯大学（Johns Hopkins University）教授德博拉·布罗蒂加姆（Deborah Brautigam）管理的一个中非贷款数据库显示，2000—2011年，中国实际对非洲发放了528亿美元的贷款。美洲国家对话组织的数据显示，中国已16次向委内瑞拉提供贷款，总额达563亿美元。美国进出口银行（Export-Import Bank）董事长弗雷德·霍赫贝格（Fred Hochberg）表示，近年来中国国有机构承诺贷款额高达6700亿美元，但其他人提出的数额则比这个低。

中国金融外交让自己在发展中国家中的领导地位更具说服力，但中国与一些信用评级低、政府不稳固以及资源行业出现困境的国家的双边协议已显出不可持续的趋势。

二、作为外交工具的开发性金融

金融对外交的支持固然重要，但也不能以置身高风险中为代价。以市场化运作，尤其是多边化的开发性金融，成为中国金融外交转型的有效选择。中国金融外交模式的变化，对世界更广大地区产生了影响。目前有迹象表明，中国政府越来越不能容忍日益严重的风险，该趋势可能令世界上部分最脆弱的经济体丧失至关重要的信贷来源。中国政府似乎也想分散自身的风险，采取更加机制化、多边化的路径——中国建立亚洲基础设施投资银行和金砖国家开发银行的计划已表明了这一点。

中国金融外交所面临的风险，使得中国更多转向通过由其领导的新多边金融机构输送资金。中国金融外交的目的也在不断变化，过去10年主要目的是寻求获得资源，但现在已让转为另一项紧迫任务——为中国的巨型工程企业打开海外市场。当前，主要围绕基础设施项目所提供的开发性金融贷款可以实现中外双赢，一方面为在国内面临产能过剩的大型企业创造商机，另一方面为当地解决了基础设施建设资金短缺的难题。

此类超大型基础设施工程的性质——建设工期长且横跨多国，使中国不得不通过构建命运共同体来分散风险。为了将损失和风险降到最低，中国需要在有风险的投资上与其他国家合作，不只局限在项目相关国家，而是开放性的以多边金融机构，将更广泛的国家关联进来。从而，在更广范围落实中国的外交目的、国家意志和战略利益。位于华盛顿的智库史汀生中心（Stimson Center）的中国外交政策专家孙云（音译）表示，中国有利用亚投行的贷款“推进中国的经济议程，尤其是中国产品和服务出口”的压力。她补充说，与此同时，一些中国外交政策战略家声称，亚投行“应该支持中国的战略利益，因此，对于不尊重中国的国家，应该给予较少的优惠考虑”。

总体来讲，中国正构建新一代开发性金融机构，与自二战以来在“华盛顿共识”下主导的开发性金融机构世界银行、亚洲开发银行以及其他实体相竞争。

开发性金融对外交的工具性支撑往往集中体现在作为外交重头戏的高访。例如，

2015 年 4 月习近平总书记访问巴基斯坦期间，高访见签了国家开发银行 5 个项目，不到半年时间内，已有 4 个实现贷款承诺，金额 7.516 亿美元，涉及风电、火电、太阳能发电和煤矿开采领域。2015 年 11 月实现的首笔贷款发放，更标志着开发性金融支持中巴经济走廊建设迈出了重要一步。国家开发银行正稳步推进走廊项下其他项目，有望在 2016 年一季度前继续承诺中巴经济走廊能源类优先实施项目总计约 30 亿美元贷款，进一步助力我国加深与巴基斯坦的“全天候战略合作伙伴”关系。

参考文献

1.《陈云文选》，人民出版社 1995 年版。

2.《邓小平文选》，人民出版社 1993 年版。

3.《国家开发银行史》编辑委员会：《国家开发银行史（1994—2012）》，中国金融出版社 2013 年版。

4.《江泽民文选》，人民出版社 2006 年版。

5.《毛泽东文集》，人民出版社 1999 年版。

6.《毛泽东选集》合订一卷本，人民出版社 1964 年版。

7.《深入学习实践科学发展观活动领导干部学习文件选编》，中央文献出版社、党建读物出版社 2008 年版。

8.《十六大报告辅导读本》，人民出版社 2002 年版。

9.《十七大报告辅导读本》，人民出版社 2007 年版。

10.《中共中央关于制定国民经济和社会发展第十二个五年规划的建议》，《人民日报》2010 年 10 月 28 日。

11.《周恩来选集》，人民出版社 1980 年版。

12. 阿瑟·刘易斯：《增长与波动》，华夏出版社 1987 年版。

13. 安格斯·麦迪森：《世界经济千年史》，北京大学出版社 2003 年版。

14. 安格斯·麦迪森：《中国经济的长期表现：公元 960—2030 年》，人民出版社 2008 年版。

15. 白钦先、郭纲：《关于中国政策性金融理论与实践的再探索》，《财贸经济》2000 年第 10 期。

16. 保罗·肯尼迪：《大国的兴衰》，中国经济出版社 1989 年版。

17. 鲍莫尔：《资本主义的增长奇迹》，中信出版社 2004 年版。

18. 陈少华、马丁·瑞沃林：《发展中国家比我们早先的设想更贫困，但反贫困的斗争依然成功》，《世界银行政策研究工作论文》2008 年 8 月 25 日。

19. 陈元：《创建国际一流市场业绩的开发性金融》，《求是》2013 年 10 月。

20. 陈元：《发挥开发性金融促进制度建设的作用——学习贯彻十六届三中全会精神专

论》，《人民日报》2003年12月8日。

21. 陈元：《发挥开发性金融作用，促进中国经济社会可持续发展》，《管理世界》2004年第7期。

22. 陈元：《改革的十年，发展的十年——开发性金融理论与实践的思考》，《求是》2004年第13期。

23. 陈元：《开发性金融与中国城镇化发展》，《经济研究》2010年第7期。

24. 陈元：《开发性金融与中国经济社会发展》，《经济科学》2009年第4期。

25. 陈元：《用开发性金融开创新农村建设新局面》，《金融时报》2006年5月9日。

26. 陈元：《政府与市场之间——开发性金融的中国探索》，中信出版社2012年版。

27. 德怀特·波斯金等：《发展经济学》，中国人民大学出版社2006年版。

28. 丁志刚：《全球化背景下国家利益的认证与维护》，《世界经济与政治》1998年第8期。

29. 杜晓力：《关系问题的理论思考——兼论中国政策性银行转型的依据、方向和评判标准》，《理论探讨》2006年第12期。

30. 冯雪、姜尚：《国家开发银行转型后面临的主要风险及对策建议——基于全球经济下滑背景的思考》，《中国金融》2009年6月25日。

31. 傅勇、白龙：《中国改革开放以来的全要素生产力变动及其分解（1978—2006年）》，《金融研究》2009年第7期。

32. 郭濂：《开发性金融助力经济结构调整》，《21世纪经济报道》2014年5月19日。

33. 郭庆、胡鞍钢：《中国工业化问题初探》，中国科技出版社1991年版。

34. 国家开发银行、财政部财政科学研究所联合课题组：《开发性金融与健康财政的和谐发展》，经济科学出版社2010年版。

35. 国家开发银行、中国人民大学联合课题组：《开发性金融论纲》，中国人民大学出版社2006年版。

36. 国家统计局：《中国统计摘要（2009）》，中国统计出版社2009年版。

37. 国家统计局：《中国发展报告2011》，中国统计出版社2011年版。

38. 国务院新闻办公室：《中国的对外援助白皮书》，人民出版社2011年版。

39. 胡鞍钢、胡光宇：《援助与发展：国际金融组织对中国贷款绩效评价（1981—2002）》，清华大学出版社2005年版。

40. 胡鞍钢、门洪华：《对中国加入WTO的再评价：中国如何全面开放、全面参与、全面合作、全面提升》，中国科学院—清华大学国情研究中心《国情报告》2006年第29期。

41. 胡鞍钢、熊义志：《大国兴衰与人力资本变迁》，《教育研究》2003年第4期。

42. 胡鞍钢、熊义志：《事关全面建设小康社会成败应全面开发人力资源》，《科学咨询（教育科研）》2003年第8期。

43. 胡鞍钢、鄢一龙：《从经济指令计划到发展战略规划：中国五年计划转型之路（1949—2009）》，中国科学院—清华大学国情研究中心《国情报告》2009 年第 36 期。

44. 胡鞍钢：《2030 中国：共同富裕与大同世界》，中国科学院—清华大学国情研究中心《国情报告》2011 年第 1 期专刊。

45. 胡鞍钢：《对中国加入 WTO 的初步评价：中国如何影响世界贸易增长格局（2000—2004）》，中国科学院—清华大学国情研究中心《国情报告》2006 年第 6 期。

46. 胡鞍钢：《构建中国大战略："富民强国"的宏大目标》，中国科学院—清华大学国情研究中心《国情报告》2002 年 11 月专刊。

47. 胡鞍钢：《国家生命周期与中国崛起》，中国科学院—清华大学国情研究中心《国情报告》2005 年第 48 期。

48. 胡鞍钢：《全球背景下的中国能源挑战与战略》，中国科学院—清华大学国情研究中心《国情报告》2009 年第 14 期。

49. 胡鞍钢：《谈中国共产党四大历史使命》，中国科学院—清华大学国情研究中心《国情报告》2012 年第 9 期。

50. 胡鞍钢：《推动政府变革，实现国家良治》，中国科学院—清华大学国情研究中心《国情报告》2007 年第 41 期。

51. 胡鞍钢：《中国：创新绿色发展》，中国科学院—清华大学国情研究中心《国情报告》2012 年第 4 期。

52. 胡鞍钢：《中国国有企业：集体崛起与科学发展》，中国科学院—清华大学国情研究中心《国情报告》2008 年第 27 期。

53. 胡鞍钢：《中国历史发展战略与"十二五"规划》，中国科学院—清华大学国情研究中心《国情报告》2011 年第 16 期。

54. 胡鞍钢：《中国领导人如何研究国情》，中国科学院—清华大学国情研究中心《国情报告》2012 年第 3 期。

55. 胡鞍钢：《中国农业转型之路》，中国科学院—清华大学国情研究中心《国情报告》2008 年第 5 期。

56. 胡鞍钢：《中国应当对人类作出更大的绿色贡献》，中国科学院—清华大学国情研究中心《国情报告》2008 年第 32 期。

57. 胡鞍钢：《追求公平的长期繁荣》，中国科学院—清华大学国情研究中心《国情报告》2006 年第 13 期。

58. 胡光宇：《开发性金融传递中国信心》，《人民日报》2015 年 4 月 23 日。

59. 胡怀邦：《开发性金融的国家使命》，《中国金融》2014 年第 8 期。

60. 胡怀邦：《以改革创新服务国家战略》，《开发性金融研究》2014 年第 1 期。

61. 胡怀邦：《在稳增长中发挥更大作用》，《金融时报》2015 年 4 月 18 日。

62. 胡锦涛：《高举中国特色社会主义伟大旗帜，为夺取全面建设小康社会新胜利而奋斗——在中国共产党第十七次全国代表大会上的报告》（2007 年 10 月 15 日），新华社北京 2007 年 10 月 24 日电。

63. 胡锦涛：《在庆祝中国共产党成立 90 周年大会上的讲话》，新华社北京 2011 年 7 月 1 日电。

64. 胡绳：《中国共产党的七十年》，中共党史出版社 1991 年版。

65. 胡耀邦：《全面开创社会主义现代化建设的新局面——在中国共产党第十二次全国代表大会上的报告》，人民出版社 1982 年版。

66. 黄国龙、颜军林：《关于政策性金融的研究》，《中山大学学报（社科版增刊）》1998 年第 51 期。

67. 黄薇：《全球经济治理新进展：新兴经济体领导下的开发性金融建设》，《当代世界》2014 年第 12 期。

68. 交通运输部：《2008 年公路水运交通运输业发展统计公报》，《交通运输部网站统计公报》2009 年 4 月 29 日。

69. 杰拉尔德·梅尔、詹姆斯·劳赫：《经济发展的前沿问题》，上海人民出版社 2004 年版。

70. 开斯·格里芬：《社会发展的概念及其与经济发展的关系》，《北京社会发展国际研讨会论文》1994 年 10 月 7—9 日。

71. 李扬：《国家目标、政府信用、市场运作——中国政策性金融机构改革探讨》，《金融改革》2006 年第 1 期。

72. 李志辉、黎维彬：《中国开发性金融理论、政策与实践》，中国金融出版社 2010 年版。

73. 李志辉：《开发性金融理论问题研究》，《南开经济研究》2008 年第 4 期。

74. 厉以宁：《中国经济的双重转型》，《开发性金融研究》2014 年第 1 期。

75. 刘杰：《试论国际机制中的西方规范问题》，《世界经济研究》1997 年第 3 期。

76. 马骏、施娱、姚斌：《绿色金融政策及在中国的应用》，《中国人民银行工作论文》2014 年第 7 期。

77. 迈克尔·赫德森：《美元霸权与美国对外战争融资》，《国外理论动态》2005 年第 8 期。

78. 梅世文：《开发性金融支持新农村建设研究》，《农业信息研究所研究生院》2007 年。

79. 门洪华：《和平的纬度：联合国集体安全机制研究》，上海人民出版社 2002 年版。

80. 门洪华：《美国霸权之翼——论国际制度的战略价值》，中国科学院—清华大学国情研究中心《国情报告》2005 年第 32 期。

81. 门洪华：《新安全观·利害共同体·战略通道——关于中国安全利益的一种解读》，

中国科学院—清华大学国情研究中心《国情报告》2004 年第 79 期。

82. 瑟尔沃：《增长与发展》，中国财政经济出版社 2001 年版。

83. 尚定：《胡乔木在毛泽东身边工作的 20 年》，人民出版社 2005 年版。

84. 世界银行：《2009 年世界发展指标》，中国财政经济出版社 2009 年版。

85. 世界银行：《2010 年世界发展报告：发展与气候变化》，清华大学出版社 2010 年版。

86. 世界银行：《重塑世界经济地理》，清华大学出版社 2009 年版。

87. 世界银行经济考察团：《中国：社会主义经济的发展》，中国财政经济出版社 1983 年版。

88. 宋群、姚淑梅、郝沽：《致富是实现可持续发展的基本前提》，《中国经济导报》2003 年 12 月 2 日。

89. 宋伟农：《论开发性金融的经营理念》，中国经济新闻网，2014 年 7 月 18 日。

90. 唐旭：《金融理论前沿课题（第二辑）》，中国金融出版社 2003 年版。

91. 托马斯·弗里德曼：《与中国比，美国是第三世界》，《纽约时报》2008 年 8 月。

92. 王绍光、夏瑛：《再分配与不平等：香港案例对中国大陆的启示》，中国科学院—清华大学国情研究中心《国情报告》2010 年第 27 期。

93. 王伟：《政策性金融与开发性金融的理论与实践》，《金融教学与研究》2006 年第 5 期。

94. 王伟、张令骞：《中国政策性金融的异化与回归研究》，中国金融出版社 2010 年版。

95. 温家宝：《提高认识，统一思想，牢固树立和认真落实科学发展观》，新华网北京 2004 年 2 月 29 日电。

96. 鄢一龙、胡鞍钢、王绍光：《中国政府决策模式的演变——以五年计划编制为例》，中国科学院—清华大学国情研究中心《国情报告》2012 年第 12 期。

97. 鄢一龙、王绍光、胡鞍钢：《中国政府"集思广益型"民主决策——以"十二五"规划编制为例》，中国科学院—清华大学国情研究中心《国情报告》2012 年第 11 期。

98. 严华：《开发性金融支持产业升级的效应分析》，《货币银行》2011 年第 6 期。

99. 杨德才：《中国经济史新论（1949—2009）》，经济科学出版社 2009 年出版。

100. 袁乐平、陈森、袁振华：《开发性金融：新的内涵、理论定位及改革方向》，《江西社会科学》2012 年第 1 期。

101. 袁立：《开发性金融致力改善民生》，《中国金融》2013 年第 12 期。

102. 约瑟夫·斯蒂格利茨：《新的发展观：战略、政策和进程》，《中国国情分析研究报告》1999 年第 10 期。

103. 张朝方、武海峰：《论开发性金融、政策性金融与商业性金融的相互关系》，《商场现代化》2007 年第 4 期。

104. 张惠彬：《开发性金融对经济增长影响分析及实证检验》，《经济问题探索》2009年第9期。

105. 张培刚：《农业与工业化：农业国工业化问题初探》，华中工学院出版社1984年版。

106. 张平：《〈中华人民共和国国民经济和社会发展第十二个五年规划纲要〉辅导读本》，人民出版社2011年版。

107. 章玉贵：《谋求新多变合作共赢的中国使命与担当》，《上海证券报》2014年10月27日。

108. 赵紫阳：《沿着有中国特色的社会主义道路前进——在中国共产党第十二次全国代表大会上的报告》，人民出版社1987年版。

109. 郑一萍：《金融资源约束下政策性银行的可持续发展问题研究》，厦门大学2006年博士学位论文。

110. 中共中央党史研究室、中国国家博物馆：《中华人民共和国历史图志（下）》，上海人民出版社2009年版。

111. 中共中央文献研究室：《建国以来重要文献选编》（第19册），中央文献出版社1998年版。

112. 中共中央文献研究室：《邓小平年谱（1975—1997）》（下），中央文献出版社2004年版。

113. 中共中央文献研究室：《毛泽东传（1949—1976）》（上），中央文献出版社2003年版。

114. 中共中央研究室：《十六大以来重要文献选编》（上），中央文献出版社2005年版。

115. 中国科学院国情分析研究小组：《生存与发展》，胡鞍钢、王毅执笔，科学出版社1989年版。

116. 朱镕基：《朱镕基答记者问》，人民出版社2009年版。

117. IEA：*World Energy Outlook 2009*，Paris，IEA，2009.

118. IEA，*The Impact of the Financial and Economic Crisis on Global Energy Investment*，May，2009.

119. Jonathan A.，David P.，*Global Research Report*：*United States*. Thomson Reuters Global Research Report Series.

120. Kang K.，Vijaya R.，"Economic Transformation in Korea Rapid Growth without an Agricultural Revolution?" *Economic Development and Cultural Change*，Vol. 47，No. 4，1999.

121. Maddison，"The West and the Rest in the World Economy：1000-2030"，*World Economics*，Vol. 9，No. 4，Oct-Dec 2008.

122. Nelson M. Chad, Mywish K. Maredia, "International Agricultural Research as a Source of Environmental Impacts: Challenges and Possibilities", *Journal of Environmental Assessment Policy and Management*, Vol. 9, No. 1, 2007.

123. Paul Krugman, "China's Dollar Trap", *New York Times* , April 3, 2009.

124. Poulton Colin, "Bulk Export Commodities: Trends and Challenges" , Background Paper fortle World Development Report 2008, 2007.

125. Robert C. , *Approaches to World Order*, Cambridge University Press, 1996.

126. Robert J. , "Security Regimes", *International Organization*, Vol. 36, No. 2, Spring 1982.

127. Robert P. , "Absolute and Relative Gains in International Relations Theory", in David A. Baldwin (ed.), *Neorealism and Neoliberalism: The Contemporary Debate*, New York: Columbia University Press, 1993.

128. Sir W. Arthur Lewis, "Development Strategy in a Limping World Economy", The Elmhurst Lecture, *The International Conference of Agricultural Economists*, Baff, Canada, September 3-12, 1979.

129. UNDP, *Human Development Report* 1996, New York: Oxford University Press, 1996.

策划编辑：郑海燕
责任编辑：孟　雪
封面设计：肖　辉
责任校对：吕　飞

图书在版编目（CIP）数据

开发性金融与国家发展关系/胡光宇 著．—北京：人民出版社，2016.12
ISBN 978－7－01－016457－1

Ⅰ．①开…　Ⅱ．①胡…　Ⅲ．①金融－关系－社会发展－研究　Ⅳ．①F830 ②K02

中国版本图书馆 CIP 数据核字（2016）第 163962 号

开发性金融与国家发展关系

KAIFAXING JINRONG YU GUOJIA FAZHAN GUANXI

胡光宇　著

人民出版社 出版发行
（100706　北京市东城区隆福寺街 99 号）

北京汇林印务有限公司印刷　新华书店经销

2016 年 12 月第 1 版　2016 年 12 月北京第 1 次印刷
开本：787 毫米×1092 毫米 1/16　印张：16
字数：308 千字

ISBN 978－7－01－016457－1　定价：50.00 元

邮购地址 100706　北京市东城区隆福寺街 99 号
人民东方图书销售中心　电话（010）65250042　65289539